上海市教育科学研究项目“基于融合的高中财经课程体系建设研究”（C18015）研究成果



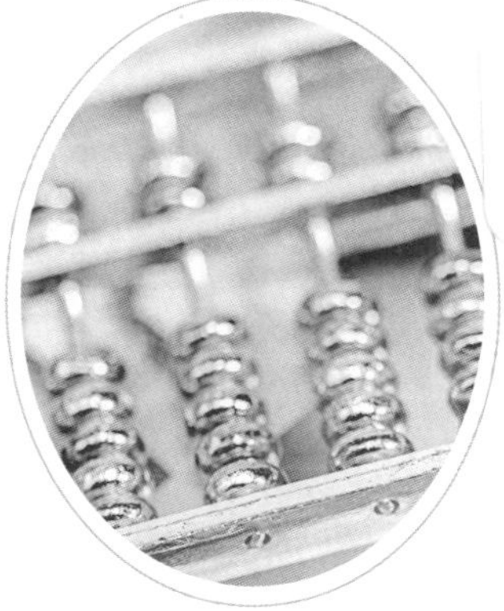

# 财融课程　济学经世

## 高中财经融合课程的建设与实施

唐　群　编著

上海财经大学出版社

**图书在版编目(CIP)数据**

财融课程 济学经世:高中财经融合课程的建设与实施/唐群编著.
—上海:上海财经大学出版社,2021.4

ISBN 978-7-5642-3564-2/F·3564

Ⅰ.①财… Ⅱ.①唐… Ⅲ.①财政经济-课程建设-研究-高中
Ⅳ.①G633.232

中国版本图书馆 CIP 数据核字(2021)第 048565 号

□ 责任编辑 袁 敏

□ 封面设计 贺加贝

**财融课程 济学经世**

——高中财经融合课程的建设与实施

唐 群◎编著

上海财经大学出版社出版发行
(上海市中山北一路 369 号 邮编 200083)
网 址:http://www.sufep.com
电子邮箱:webmaster@sufep.com
全国新华书店经销
上海新文印刷厂有限公司印刷装订
2021 年 4 月第 1 版 2021 年 4 月第 1 次印刷

710mm×1000mm 1/16 22.5 印张(插页:3) 353 千字
定价:68.00 元

# 目　录

# 第一章

# 总　论

## 《基于融合的高中财经课程体系建设研究》的研究报告①

### 一、问题的提出

随着全球经济一体化进程的加速、社会经济的高速发展，财经素养对个人和家庭生活的重要性日益凸显，当前已经有 20 多个国家把财经素养教育作为国家战略并纳入国家的基础教育体系。②

上海要建成国际金融中心需要大批财经专业人才，提高青少年财经素养已成为迫切需要。构建高中基础教育中财经特色课程，并对高中财经融合课程建设进行深入研究，对培育财经拔尖人才具有重要的现实意义。

2016 年虹口区人民政府与上海财经大学合作共建北郊高级中学，我们学校抓住机遇，以培育“国际都市公民财经素养的高素质人才”为目标，基于融合的理念构建实施财经课程体系，围绕教育综合改革提出的大学和中学合作培养财经人才，深化高中管理体制改革，探索高中大学财经贯通式人才培养模式。

---

① 本文系 2018 年度上海市教育科学研究一般项目“基于融合的高中财经课程体系建设研究”（编号：C18015）的研究成果。

② 阴祖宝，倪胜利. PISA 财经素养教育的美国实践及启示[J]. 上海教育科研，2013(6)：49—52.

## 二、国内外研究现状述评

### (一)国外高中财经教育研究述评

财经素养研究最早起源于20世纪90年代早期,由英国和美国一些经济学家、银行和基金会所推动。继英国和美国之后,俄罗斯、瑞典、德国、意大利、荷兰、日本、印度、墨西哥等国家也以不同的形式,将国民财经素养教育提高到国家层面。到目前为止,已有20多个国家把财经素养教育作为国家战略并纳入国家的基础教育体系。

总体来看,一些发达国家的财经素养教育已经形成了以家庭教育为基础、学校教育为主体、社会教育为补充、政府主导推进的三位一体的教育格局,不同国家不同学校结合具体情况有选择地选取课程内容、课程形式,灵活开展财经教育。在学校层面的财经素养教育中,普遍强调基础学科融入财经素养培育的课程形态,即将财经素养教育融入现行的数学、语文、历史等学科课程之中,使学生在学习必修科目的同时,也能接受财经素养培育。这种将学科系统内容融入财经素养培育的方式,不仅能使学生更为有效地学习财经技能,缓解学校课程时间安排的压力,也能使数学、语文、历史等科目的教学更加生动。①

### (二)国内高中财经教育研究述评

在我国,财经素养的培养尚未纳入育人目标的体系中,我国现行的基础教育也没有单独开设财经素养课程。但财经素养教育政策已初露端倪,财经素养教育研究推广机构竞相成立,财经素养教育的受众愿望迫切。2006年,教育部和保监会联合发布《关于加强学校保险教育有关工作的指导意见》,规定把保险教育整合到现有的国家课程之中,这可以看作是财经素养教育政策的酝酿阶段;中国人民银行会同银监会、证监会、保监会研究制定了《中国金融教育国家战略》,呼吁将金融普及教育上升至国家战略层面。2015年,国务院办公厅印发《关于加强金融消费者权益保护工作的指导意见》,要求教育部将金融知识普及教育纳入国民教育体系,

① 陈启山,李文蕊,黄彬彬,原露,杨舒婷. PISA财经素养测评对我国财经教育与财经素养研究的启示[J]. 全球教育展望,2017(3):6－15.

切实提高国民金融素养。2016年,国务院颁布《推进普惠金融发展规划(2016—2020年)》,明确提出要建立金融知识教育发展长效机制,推动部分大、中、小学积极开展金融知识普及教育,鼓励有条件的高校开设金融基础知识相关公共课。①

## 三、研究概况

### (一)概念界定

1. 融合

项目采用"社会发展准则""兴趣需要原则""生活效用原则"(B. O. Smith)的课程融合理念,符合上海经济都市发展的需求,注重高中生自身经验与自发需要、兴趣,培育高中生具备一定的财经素养,以更好地实现人生规划,拥有幸福生活。

图1—1 财经课程体系的融合原则

具体融合内容包括:(1)学校现行的三类课程之间围绕培育财经素养展开融合;(2)将财经素养与各分科课程(包括语数外理化生政史地等)进行融合;(3)上财北郊高中课程与上海财经大学等高校和社会资源进行融合。

2. 财经素养

OECD认为"财经素养"指"一种关于财经概念与风险的知识和理解能力,以及运用这些知识和能力的技能、动机和信心",它可以帮助学生在上海日渐广泛的财经背景中作出有效决策,在参与经济生活中提高个人经济利益。②

① 雷雅缨,郑智潇,江婷婷. 各国财经素养教育的实践及启示[J]. 科教导刊, 2014(9S):39—40.

② OECD. Improving Financial Literacy: Analysis of Issues and Policies[M]. Paris: OECD, 2005.

项目实施采用“三五”策略，即“关注五维内容”“坚持五性原则”“运用五为方法”。

“五维内容”包括积极的财经态度、健康的财经观念、基础的财经知识、基本的财经行为能力、良好的财经品质（涉及四个目标：知识、能力、态度、价值观）；“五性原则”即坚持“实际运用性、情境适应性、个体针对性、技术应用性、素质拓展性”；“五为方法”指以问题解决为导向、以情境创设为依托、以分层教学为手段、以网络媒体为载体、以拓展探究为补充的教学方法。“五维内容”“五性原则”“五为方法”三位一体，有效构成基于财经素养培养策略。[①]

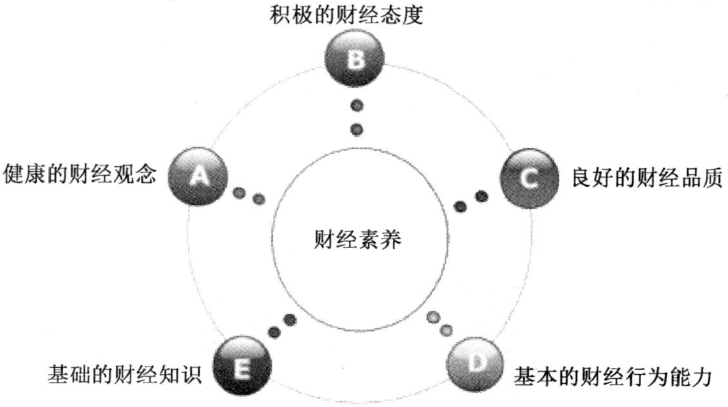


**图 1—2　财经素养“五维内容”示意图**

3. 高中财经课程体系

项目围绕财经素养培育，遵循融合的原则，创新发展原课程内容，建设符合上财北郊校情的“高中财经融合课程体系”。具体指在数学、语文、历史等相关学科中融合财经素养教育，融合学校各类课程，进而构建以培育“国际都市公民财经素养”为目标的校本化课程体系，包括三大类型九个模块，涵盖了财经素养的必备品格和关键能力。

该体系以多元化、特色化和个性化为设计原则，既满足学生学习的适应性、选择性和发展性，同时又协调、融合好基础学科、拓展学习与研究学习的关系[②]，创立“财经奠基课程”“财经广域课程”“财经核心课程”三大类型课程，在夯实学生基础课程的同时，培育学生的财经素养。

---

① 阴祖宝，倪胜利. PISA 财经素养教育的美国实践及启示[J]. 上海教育科研，2013(6)：49—52.

② 陈勇，季夏莹，郑欢. 国外青少年财商教育研究梳要及其启示[J]. 外国中小学教育，2015(2)：24—28.

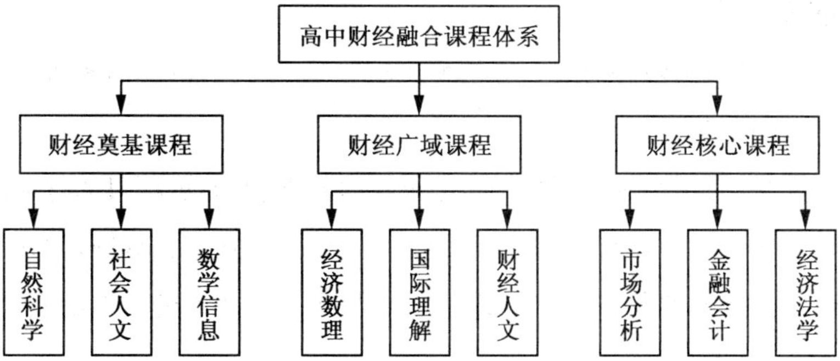


**图 1—3　高中财经融合课程体系**

## (二)研究目标

总体目标:构建高中财经融合课程体系,形成一个具有财经特色的课程群,创建财经教育特色,提高学生的财经素养。

通过"立体课程""多元途径""实践体验"①,使上财北郊高中学生比同学段普通学生更具有财经素养的"必备品格"(如诚信、友善、契约精神),其中部分学生更加具备财经素养的"关键能力"(如市场分析能力、金融决断能力)。

## (三)研究过程

第一步:财经融合课程体系初步调查以及课程基础梳理。

第二步:组建"财经核心课程"开发教师队伍,制定课程开发手册。

第三步:实质推进财经融合课程体系研究。

(1)"财经奠基课程"由语数外等学科教研组长组织完成统整表;

(2)校本课程由项目遴选本校骨干教师开发"财经广域课程";

(3)"财经核心课程"由上海财经大学人文学院、会计学院等学院的教授开发财经核心课程,初步形成若干门财经特色核心课程。

第四步:依照"财经融合课程体系"架构,完善与财经创新实验室软硬件建设。

第五步:完成财经融合课程体系的建设,学生在课程建设中确立研究性课题。

第六步:完成项目结题工作。

---

① 朱小虎,杨玉冬,陆璟.上海学生的财经素养表现及影响因素——基于 PISA 2012 的数据分析[J].比较教育研究,2015,37(6):36—43.

### （四）研究方法

文献法：通过对国内外财经素养培育主题领域进行文献研究，梳理校本财经融合课程构建的理论基础。

行动研究法：通过在校本课程中实施财经融合课程，开展项目的行动研究。

案例研究法：通过对项目实施中发现的问题，选取典型的案例，如在课程中形成的学生财经类研究课题作为案例研究对象，开展项目成效的案例研究等。

## 四、研究内容

### （一）相关情报研究

财经素养研究最早起源于20世纪90年代早期，由英美一些经济学家、银行和基金会所推动。继英美之后，俄罗斯、瑞典、德国、意大利、荷兰、日本、印度、墨西哥等国家也以不同的形式将财经素养教育提高到国家层面。到目前为止，已有20多个国家把财经素养教育作为国家战略，纳入国家的基础教育体系。①

在我国，对财经素养的培养并未纳入育人目标的体系中，我国现行的基础教育课程体系中也没有单独开设财经素养课程。但财经素养教育政策初露端倪，财经素养教育研究推广机构竞相成立，财经素养教育的受众愿望迫切。

由此看来，借鉴国外财经素养教育与学科融入交叉并行的课程形态，本课题在高考改革背景下，在各个现行必修课程中增加生动的财经案例，可以保证在有限课时的现行课程制度中，有效提升财经素养，同时面向不同需求、不同层次学生，以选修课的形式开设独立的财经课程。②

### （二）课程内容研究

我校基于融合的理念建设"三大类型九个模块"的高中财经融合课程，完成课程目标、课程计划、课程组织、课程实施、课程评价等课程开发环节，形成多元化、特

---

① 中国教育科学研究院财经素养教育调研组.中小学实施财经素养教育认知的调查报告[J].大学（研究版），2018（11）：53－67.

② 王春春.国内外财经素养教育政策概述[J].全球教育展望，2017，46（6）：35－43.

色化、个性化、多学科统整协同的课程体系[①]，既满足学生学习的适应性、选择性和发展性，在“显性课程”“隐性课程”中创设情境，使上财北郊学生养成财经素养的“必备品格”，其中部分资优生具备财经素养的“关键能力”。

1. 立足办学目标，建构高中财经融合课程体系

(1)2016 年：合作共建

虹口区人民政府和上海财经大学合作共建上海财经大学附属北郊高级中学。

①与财大建立初步对接。

②大学课程走进高中：财大教师开始来我校为部分学生开设讲座及微课程。

③实践体验课程：个别资优生暑假进入财大课堂，旁听财大暑期长课程。

(2)2017 年：初步建构

①学校确立办成以财经教育为鲜明特色的全国知名、上海一流的大学附中。

②创建“财经人文”“财经应用”两个财经创新班。

财大人文学院、经济学院、法学院三个学院教师为财经创新班学生开设大学先修课程，首次完成两年贯通课程。

③环境建设：创建财经教育的校园环境建设，启动申报财经创新实验室。

(3)2018 年：稳步推进

①课程建设

探索在学科课程中渗透财经教育。

开设多门校本财经特色课程：《财经视角》《闲财每周理》《财商发掘之翔解》《经济地理》。

面向初三学生开设财经慕课：《货币银行学》《放眼世界》《政治经济学》。

②项目研究

区校合作项目：开始总结提炼财经课程内容，完善部分特色财经课程方案。

申报 2018 年度上海市教育科学研究一般项目，立项编号：C18015。开始梳理财经教育的两年实践内容，从课程建设角度开始研究财经课程体系的建设。

---

① 朱小虎，杨玉冬，陆璟. 上海学生的财经素养表现及影响因素——基于 PISA 2012 的数据分析[J]. 比较教育研究，2015，37(6)：36－43.

③学生活动

创办第一届“上财北郊杯”商业挑战赛；

创建“财知社”；

学生在BBC商业挑战赛中崭露头角。

(4)2019年：融合升级

在三年实践的基础上，借助上海市课程领导力项目，深化课程体系。

①贯通培养

财大教师辅导资优生，学校与财大数学学院深入合作。

大学先修课程从固定的财经创新班，逐步打破原有创新班模式，针对学生财经志向与兴趣，对全体学生财经素养进行动态跟踪评价，筛选对财经有兴趣的学生进行深入学习。

②师资建设

引入与自培相结合——引进上海财经大学优秀毕业生，创建财经教研组，组建财经教育的师资队伍，提升教师财经素养，培养校本师资。

教师在课程实施中成长——学校先后开设了《财经视角》《闲财每周理》《财商发掘之翔解》《经济地理》《化学生产成本核算》《博弈论》《商务英语》《金融与贸易》《经济中的法学》等多门拓展课，财经拓展课从无到有、从有到多、从多到精。《财经视角》拓展课荣获区特色课程科目方案二等奖。

③招生

a. 打通各级各类财经院校升学通道：

上海财经大学、中央财经大学、武汉大学金融专业、立信金融会计学院等。

b. 初中、高中、大学贯通式培养模式探索：

向上——与日本JPUE大学合作培养；

向下——集团化办学模式下，培养初中有财经志趣的学生。

2. 细化财经素养，升级课程图谱

(1)“财经素养”内涵细化为三级指标体系

学校将上海财经大学高中生财经素养标准与国家课程标准进行融合，在此基础上对财经素养内容进行校本化解读，细化为三级财经素养的指标体系。

**表 1—1　财经素养三级指标体系**

<table>
<tr><th>一级指标</th><th>二级指标</th><th>三级指标</th></tr>
<tr><td rowspan="4">知识理解力</td><td rowspan="2">财经知识</td><td>货币与交易</td></tr>
<tr><td>规划与回报</td></tr>
<tr><td rowspan="2">财经理解力</td><td>风险与回报</td></tr>
<tr><td>财经视野</td></tr>
<tr><td rowspan="4">技能与运用</td><td rowspan="3">财经技能</td><td>识别理财信息</td></tr>
<tr><td>分析财经情境</td></tr>
<tr><td>财经评估</td></tr>
<tr><td>社会运用</td><td>财经知识运用</td></tr>
<tr><td rowspan="3">专业志趣</td><td rowspan="2">财经兴趣</td><td>兴趣活动</td></tr>
<tr><td>社会实践</td></tr>
<tr><td>专业志向</td><td>专业志向</td></tr>
</table>

**表 1—2　上海财经大学高中生财经素养标准校本化实施**

<table>
<tr><th colspan="2">学段知识模块</th><th>经济与价值</th><th>货币与金融</th><th>收入与消费</th></tr>
<tr><td rowspan="4">高中</td><td>知识</td><td>1. 消费者理论<br>2. 国民收入核算<br>3. 博弈论<br>4. 统计分析</td><td>1. 货币及其概念<br>2. 货币时间价值<br>3. 我国银行体系<br>4. 金融安全防范</td><td>1. 消费心理学<br>2. 风险与收益<br>3. 收入与支出<br>4. 理财规划</td></tr>
<tr><td>能力</td><td colspan="3">能够理解货币的本质和货币的职能。<br>具备个人财务风险防范意识。<br>能够联系生活实际，思考日常生活中的财务问题。<br>初步确定未来专业志趣。</td></tr>
<tr><td>思维</td><td colspan="3">提高高中生风险规避意识，培养理性决策思维，能够为实现理财目标进行合理的规划。</td></tr>
<tr><td>价值观</td><td colspan="3">客观理性、积极向上、关心社会。</td></tr>
</table>

(2)迭代升级高中财经融合课程图谱

高中财经融合课程主要包括财经奠基课程、财经广域课程、财经核心课程三大类型课程框架,具体分为自然科学、社会人文、数学信息、财经人文、国际理解、经济数理、市场分析、金融会计、经济法学 9 个模块的内容。学校在实践中不断更新和丰富课程图谱,强调财经教育的“经世济民”的思想,展现财经教育厚生惠民的人文内涵。

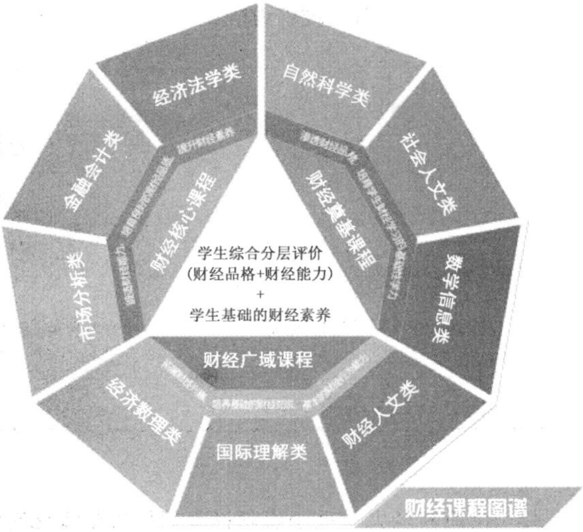


**图 1—4 高中财经融合课程图谱**

3. 立足校本实践,构建融合课程内容

(1)整合学科内容,实施财经奠基课程

学校面向上财北郊高中全体学生,挖掘国家课程中各学科与财经素养培育相关的内容并进行整合,为财经素养奠基,培养良好的财经态度和诚实的财经品格,具体包括自然科学、社会人文、数学信息三大类型。财经奠基课程将财经素养培育融入现行的国家课程,在基础学科内容中推进财经素养有关的显性课程内容的开发与研究,最终研究完成各学科知识与财经素养渗透的课程统整。

在学科课程中,培育学生财经学习的基础性学力,将基础课程视线从高考、学业考的单一课程模式,转向“财经素养”基础性学力培育的多元模式,有意识结合每一门学科的特点,挖掘财经素养培育空间,形成校本课程特色。

**表 1—3 财经教育在各学科中校本化实施**

| 学科 | 校本化实施举例 | 任务安排 |
| --- | --- | --- |
| 语文 | 当代文化与经济生活 | 金罗兰、柴小倩 |
| 数学 | 学科数理统计 | 方 丽、朱晓磊 |
| 外语 | 商务日常对话 | 马 佳、胡秋伟 |
| 地理 | 经济区位分析 | 徐晓敏、李 梅 |
| 历史 | 经济事件中思维导图 | 安世皓、沈 昊 |
| 物理 | 产业发展中的分析物理学 | 张宝森、姜 峰 |
| 化学 | 化工设备流程资金优化 | 宋余荣、刘学腾 |
| 生物 | 微生物发酵产业 | 郝天娇、谢 晶 |
| 思政 | 个人理财与家庭理财 | 王 娅、胡亦然 |

**表 1—4 学科课程标准与财经素养标准的融合**

| 思想政治学科与财经教育 | | | | | | | |
| --- | --- | --- | --- | --- | --- | --- | --- |
| 学段知识模块 | | 个人收入与分配 | 货币与市场 | 收入与支出 | 投资与理财 | 企业与就业 | 当代国际经济发展 |
| 高中 | 思想政治必修1.1 | 1.1 了解我国个人收入的方式与合法途径，了解初次分配和再分配，按劳分配和按要素分配的方式。 | 1.1 描述货币形态的变迁，了解货币的职能，树立正确的金钱观。 | 1.1 归纳影响个人收入和消费水平的主要因素，分析消费结构变迁的主要规律。 | 1.1 运用实例描述主要的金融市场，分析它们在我国经济生活中发挥的主要功能。 | 1.1 对比不同类型的企业，了解公司的组织机构，理解成本、收益和利润。 | 1.1 围绕经济全球化议题辨识国际经济中的比较优势，描述当代国际经济发展的基本特点和趋势。 |
| 高中 | 思想政治必修1.2 | 1.2 探究实现共同富裕、完善个人收入分配政策的意义和途径。 | 1.2 知道影响货币供求的主要因素，解析中央银行和商业银行在货币供应中的作用。 | 1.2 概括影响消费决策的主要因素，解析绿色低碳的生活方式，反对奢侈浪费和不合理的消费，坚定走生产发展、生活富裕、生态良好的文明发展道路。 | 1.2 比较各种常见的投资理财方式；探讨投资理财风险的管控与规避，合理确定投资理财组合，树立正确的财富积累观念。 | 1.2 探讨增强企业竞争力的途径，了解企业失信联合惩戒制度措施，剖析企业诚信经营的价值。 | 1.2 分析经济全球化的机遇和挑战，坚持正确义利观，阐释推动建设开放型世界经济的意义。 |
| 高中 | 思想政治必修1.3 | 1.3 评析实现共同富裕，促进社会公平正义的收入分配与社会保障政策，列举完善社会保障体系的措施。 | 1.3 说明市场供求与价格的关系，解析市场价格如何引导资源合理配置，阐释维护市场竞争与交易秩序的意义。 | 1.3 说明政府筹集收入的途径，了解政府的主要支出，查明依法纳税的意义。 | 1.3 运用实例阐释财务管理的基本原则，了解财务管理的根本方法。 | 1.3 评述提高就业率的措施，阐发正确的就业观，弘扬劳模精神和工匠精神，营造劳动光荣的社会风尚和精益求精的敬业风气。 | 1.3 引用实例说明中国如何推动经济全球化朝着更加开放、包容、惠普、平衡、共赢的方向发展。 |

(2)贴合学生志趣,开设财经广域课程

面向对财经有兴趣的部分学生,由上海财经大学指导本校教师开发,创造性实施“财经广域课程”群,培养学生具备基础的财经知识、基本的财经行为能力,渗透财经教育,具体分为三类:

财经人文类课程:财经领域富有丰富的人文属性,财经人才不仅需要具备沟通、心理、人际关系等能力,更需要在与金融资产等打交道时诚实守信、有职业操守,这就要求高素质财经人才具备人文情怀。具体课程如《阅读上海》《文峰辩论》《看不见的手——历史中的市场经济》《财经视角》等。

国际理解类课程:随着经济全球化与现代化的迅猛发展,在“全球一体化”环境下对学生个人的思维能力和全球视野有着更高的挑战。该类课程旨在增强学生国际意识,拓展学生国际视野,提高学生国际交往能力,为学生面向未来和国际化发展打下坚实的基础。具体课程如《商贸英语》《世界经济地理》《放眼世界》等。

经济数理类课程:身处中国金融中心的上海,高中生面临更为复杂多变的金融环境,更进一步对学生提出了精算与数据评估的要求。该类课程着重培育学生经济数理能力、变式思维能力、动手操作能力,以提高学生思维的缜密性与逻辑性。具体课程如《闲财每周理》《数理统计》《微观经济学》《变式数学思维》等。

财经广域课程向对财经领域有兴趣的学生打开了一扇财经广角之门,依托“超星平台”,面向更广泛的群体,拓展学生财经视野,深化学生财经兴趣,让学生从中唤醒自我的财经萌芽,发现自己的志趣所在。

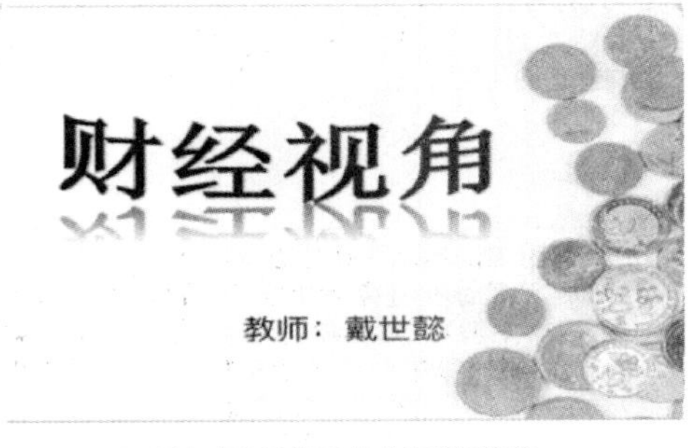


2019年《财经视角》拓展课荣获
区特色课程科目方案二等奖

图1—5 《财经视角》课程

财大教授指导学生财经课题

图1—6 财大教授指导学生财经课题

(3)融合大学资源，实施财经核心课程

面向树立财经志向的资优生，学校与上海财经大学合作，开发适合高中生的财经专业课程，形成培育财经创新人才的特色课程群。面向财经创新班学生，进一步拓展财经视野，培育良好的财经品质，提升财经素养。在此基础上，先后开发出市场分析、金融会计、经济法学等子模块先修内容。如上海财经大学经济学院《经济哲学》《经济社会学》《新闻里的中国经济》等精品课程，不断深化拓展创新班学生的财经潜质，进一步打造财经核心能力。

**表1—5　与上海财经大学合作实施财经核心课程**

| 16学年第一学期 | 16学年第二学期 | 17学年第一学期 | 17学年第二学期 | 18学年第一学期 | 18学年第二学期 |
|---|---|---|---|---|---|
| 刘长喜《经济社会学》 | 曾坚《行政与法》 | 刘长喜《经济社会学》 | 曾坚《行政与法》 | 叶巍岭《营销管理》 | 周杰普《消费者权益保护》 |
| 林晖《新闻里的中国经济》 | 姚少杰《历史中的法律》 | 林晖《新闻里的中国经济》 | 周杰普《营销策略》 | 董静《战略与竞争》 | 徐键《现代法学》 |
| 朱璐《中国古代商道》 | 赵维加《经济法学》 | 康翟《经济哲学》 | 姚少杰《历史中的法律》 | 李眺《经济学原理》 | 李睿《商务统计案例分析》 |
| | 单飞跃《环境法》 | 李眺《经济学原理》 | 曹静陶《劳动法学》 | 刘长喜《经济社会学》 | 姚少杰《历史中的法律》 |
| | 李睿《商务统计案例分析》 | 董静《战略与竞争》 | | 林晖《新闻里的中国经济》 | |
| | | 江晓东《品牌与消费者洞察》 | | 康翟《经济哲学》 | |

高中财经融合课程除了课程框架的设计，还注重校本调研、内容设计、教师培训、组织制度、课程申报、审议、实施、评价等内容。由上海财经大学与上财北郊高中的课程开发团队共同完成贯通培养课程的研究、开发和实施，对学生开展财经思想、财经视野、财经思维等方面的指导。近年来，财经核心课程不断改版升级，注重对标高考综合改革，对标“新课程新教材”实施。

## (三)课程评价研究

为了全面落实学生财经素养教育的国家标准、客观反映学生财经素养发展状况、提升财经融合课程的教学质量，本课题结合本校学生的财经素养水平现状，制定了财经融合课程目标框架。通过研究，形成了高中财经融合课程的各项评价工具。

1. 学生财经素养评价工具

以课程目标作为学生财经素养评价依据，建立了财经素养测试量表，该量表是基于上财北郊财经素养教育而独立研发的学校特色指标量表。财经素养测试量表揭示了我校三类课程对学生财经素养发展所起的影响，并为学校教育教学工作提供具有针对性的指导意见。

2. 学生成果评价工具

我校充分利用研究型课程自适应学习平台，基于MOOR平台研究性学习的规范化流程进行设计，它的核心功能是组织和引导学生进行自主探究学习过程性评价。平台根据学生兴趣测试、研究性学习行为轨迹等进行综合分析评价。同时在线下制定校本化多元内容评价表，与线上评价相结合。

3. 多层次的课程评价工具

根据课程评价的目的与内容，我校开发了财经融合课程评价表，评价内容包括财经课程生活化、财经课程情境化、财经活动任务化、财经情境问题化和财经教学效果化五方面内容。

**表1—6　上财北郊高中财经融合课程评价表**

<table>
<tr><th>评价内容</th><th colspan="2">评价指标</th><th>好</th><th>较好</th><th>一般</th><th>差</th><th>总评</th></tr>
<tr><td>财经课程生活化</td><td colspan="2">背景选择的生活化、社会化</td><td></td><td></td><td></td><td></td><td></td></tr>
<tr><td rowspan="4">财经课程情境化</td><td colspan="2">奠基性知识目标的科学性、合理性</td><td></td><td></td><td></td><td></td><td></td></tr>
<tr><td rowspan="2">内容选择</td><td>人文与体验过程目标适宜</td><td></td><td></td><td></td><td></td><td></td></tr>
<tr><td>科学、创新思维培养目标明确</td><td></td><td></td><td></td><td></td><td></td></tr>
<tr><td colspan="2">财经核心素养的价值观</td><td></td><td></td><td></td><td></td><td></td></tr>
<tr><td rowspan="2">财经活动任务化</td><td colspan="2">呈现方式以及完整性</td><td></td><td></td><td></td><td></td><td></td></tr>
<tr><td colspan="2">体验与探究参与性</td><td></td><td></td><td></td><td></td><td></td></tr>
<tr><td rowspan="3">财经情境问题化</td><td colspan="2">体现研究性教学特点的情况</td><td></td><td></td><td></td><td></td><td></td></tr>
<tr><td colspan="2">学生学习主动性</td><td></td><td></td><td></td><td></td><td></td></tr>
<tr><td colspan="2">现代化教育技术应用状况</td><td></td><td></td><td></td><td></td><td></td></tr>
<tr><td rowspan="2">财经教学效果化</td><td colspan="2">教师教学水平及其提高状况</td><td></td><td></td><td></td><td></td><td></td></tr>
<tr><td colspan="2">学生学习成果评价</td><td></td><td></td><td></td><td></td><td></td></tr>
</table>

同时，我校针对不同层次的财经融合课程，开发了多层次的课程评价工具，包括财经广域课程评价工具与财经核心课程评价工具。

**表1—7 上财北郊高中财经广域课程科目开发评价方案**

一、开发背景

(说明：)

二、科目目标

(说明：)

三、科目内容

(一)选取原则

(说明：)

(二)内容架构

(说明：)

| 单元 | 说明 | 活动 | 活动目标 | 课时 |
|---|---|---|---|---|
| | | | | |
| | | | | |
| | | | | |
| | | | | |

(三)组织说明

(说明：)

四、科目实施

(一)科目设置

(1)学习对象：

(2)课时安排：

(3)活动地点：

(4)活动资源：

(二)活动建议

(说明：)

五、学生评价

(说明：)

附件：(说明：如学生作品、活动获奖过程性材料、其他课程资源等)

### (四)保障机制研究

1. 组织保障

课题领衔人唐群校长为上海市普教系统首批名校长培养工程培养对象，上海市特级校长，上海市“四有”好教师，积累了深厚的教育教学管理经验，她先后主持并研究了8个市区级课题，大多获得了上海市教育科研成果奖。唐校长对本课题的顶层设计和宏观管理精准到位。课题组的其他成员，皆为学校教育教学管理职能部门的负责人、教研组长以及骨干教师。本课题组在学术背景、研究经验以及组成结构上有着相当的合理性，保障了课题的顺利开展。

科研环境上，学校已形成浓郁的学术氛围，具有成熟的科研管理机制，为本课题的研究提供了可靠的学术和组织保证。同时，学校内部六个中心的组织机构协作运转也为课题的顺利开展提供了坚实的后盾。

2. 师资保障

我校自2016年和上海财经大学合作办学以来，依托高校资源打造师资队伍，有20多位财大教授直接走进高中课堂为学生授课，指导学生研究课题，同时我校也有一批教师进入财大接受专业培训；学校还引进上海财经大学优秀毕业生，提升师资队伍的专业水平。2019年3月成立上财北郊高中财经教研组，组建具有财经教育潜质与素养的师资队伍。财经教研组的教师来自本校不同学科的教研组，不仅保障财经融合课程开发、教学、管理与评价一体化统筹建设，而且利于开展“由下而上”的团队性自主教学改革实践，有助于教师开发财经校本课程、参与财经商赛活动、进行财经学习研究。

近几年来，学校选送了10多位教师参与上海市名师培训基地、德育实训基地以及香港硕士班学习。2018年暑期选送20位教师参加市慕课培训。选派教师前往具有财经特色的高中参观学习、开展调研等。教师之间开展集体教研，相互合作、相互支持，全方位提升专业素养。

我校参与的“上海市第三轮课程领导力课程实施项目”也为财经融合课程的开展提供了强有力的支撑，各部门联动为财经课题的深化研究提供了组织保证。

3. 平台支持

2015年学校创办《北郊学报》(季刊)，专设“财经论坛”版块，为教师和学生发表财经见解搭建平台。2018年底上海财经大学附属北郊高级中学“财经创新实验室”项目通过评估，开始进行软硬件构建。“财经创新实验室”分为数据实验区、实践体验区、讨论交流区、模拟交易区，如今已投入使用，为学生开展财经活动和教师进行财经教学提供了最佳场所。

4. 经费保障

学校对课题在各个方面给予大力支持，将科研经费用于实践研究和提高教师的积极性，取得了预期的效果。同时，全年绩效奖励中，设定专项奖项，鼓励更多教师积极参与课题研究。

## 五、研究成果与成效

### （一）研究成果

构建了一个高中大学贯通的财经融合课程体系。通过对国家基础型课程的校本化实施，财经素养教育与学科融入交叉并行，通过课程目标、课程计划、课程组织、课程实施、课程评价等课程开发环节，形成多元化、特色化、个性化、多学科统整协同的“高中财经融合课程体系”。满足学生学习的适应性、选择性、发展性，探索财经与各分科课程的渗透，进行高中课程与高校资源之间的有机整合。

探索了一套服务于师生的课程过程性评价与财经素养诊断系统。研发财经素养发展评估工具，通过大数据平台，及时跟踪学生成长，为激发学生财经志趣和改进财经课程与教学服务，最大限度地满足每一位学生财经学习与财经志向发展的个性化需求。

构建了一套增强学生社会责任感、诚信契约精神和金融社会实践能力的活动体系。关注学生财经发展的选课方向，通过财知社团、财经金融业职业考察课程以及小初高集团一体化选段规划等方式，丰富学生的财经社会体验；通过情景模拟、现场观摩、案例分析、方案设计等课程实施方式，增强学生深度学习成效，引导学生意识到利用经济手段创造社会价值和服务社会的重要性，提高财经领域的自我规划能力。

### （二）研究成效

我校扩大了“人文”“财经”特色教育在全区的引领示范效应，增强了在全市的影响力。各学科梳理必修课程与财经素养培育的统整表;开发了多门财经课程;创建了高中财经创新实验室;建设了多门面向家长和学生的超星平台财经慕课;有300多名学生参加了上海财经大学的先修课程,学生连续三年参加了一系列商业大赛;近30名学生创建并组织了财经类社团,研读财经书籍,探讨投资问题;近几年有130多位学生进入上海财经大学、中央财经大学等财经院校和专业深造。

课题的实施有效推进了国家“双新”课程改革的落实,促使学生学习方式的转变,增强了课程的丰富性、多样性、关联性、严密性;在区校联动理事会管理、高中与大学贯通融合制度下,高中与大学贯通式培育财经素养,推进了财经广域课程和财经核心课程的有效落实,具有针对性地解决了教师专业发展、班级管理、学生学习评价、学校硬件设施设备等一系列问题,近年来通过师生的共同努力,学校向“以财经教育为鲜明特色的全国知名、上海一流的大学附中”的目标稳步迈进。

1. 学生层面

(1)财经知识

扩展了财经视野,增长了经济学、国际经济与贸易、金融学、保险学、投资学、财政学等各类财经知识。我校目前在267个学生课题中,有财经类课题45个,包括社会经济类、法学经济类、贸易实操类,充分利用智能化“MOOR自适应学习平台”辅助测评学生财经知识的学习。

(2)财经能力

锻炼了财经能力。组建“财知社”,组织学生参加各级各类商业大赛:BBC商业挑战赛、校园大亨、“上财北郊杯”商业精英体验营等,模拟商业体验活动,参加汇丰银行、金融证券公司在金融贸易行业体验实践,学生在“校园大亨”商赛中获得高中组一、二、三等奖,提升了商业实践能力。

(3)财经志趣

提升了学生财经志趣,促进学生生涯发展。学校研发了具有特色的财经素养量表,该量表由三个维度构成:知识理解力、技能与运用、专业志趣。2020年初全校共588人参与,财经素养测评结果显示:学生在技能与运用方面掌握较好,未来财经类专业选择比重也会大幅度提升。

2. 教师层面

教师财经教育理念转变。教师在实施财经素养与学科融合的过程中，有意识地思考学科知识如何融入财经情境，解决实际生活问题。教师逐步认同财经教育对学生未来发展的重要性。

教师各方面能力得到提升。财经教研组成员参与研究开发财经融合课程，提升了课程的设计与整合能力。正是这样良好的成长环境和氛围，我校青年教师成长迅速，多位教师在相关评比中获得市级乃至全国一等奖。

3. 学校层面

(1)财经教育集团化

探索北郊教育集团 K12 小初高一体化财经课程建设。尝试根据各学段学生特点，渗透财经课程，实行师资共享，培养学生从小具有财经意识。努力探索小初高大学贯通式培养模式。

(2)提升办学特色

近几年来，在上海财大和政府的大力支持下，我校每年召开理事大会，在学校治理、课程建设、师资共享、学生培养等方面做了有益探索，逐步凸显财经教育特色，在初三自主招生中吸引了一批有财经特长与兴趣的学生，近四年高三财经类院校录取人数逐年上升并将近翻一番。

(3)扩大社会影响

连续举办了"上财北郊杯"商业精英体验营活动，全市近 20 所名校的高中生参加；连续三年参加了一系列"校园大亨"等商业大赛，荣获高中组一二三等奖，学校财经教育特色被《文汇报》《解放日报》等多家媒体报道，取得一定的社会影响力。

## 六、问题与思考

党的十九届五中全会指出：要坚持教育优先发展，到 2035 年建成教育强国，以教育现代化支持国家现代化。如何对标国家"十四五"规划，培养符合时代和社会需求的高素质人才，需要我们继续探索高中财经教育的发展方向。

在上海市新一轮课程改革背景下，新教材新课程的推进充满挑战，有许多困难需要我们去克服，如何更好地对标“双新”要求，将财经素养培育与新课程无痕渗透、有机融合，仍需我们继续努力。

受疫情影响，商赛活动暂停，我们需要思考如何在后疫情时代继续实施财经教育系列课程和丰富财经实践活动，加大对外交流力度，力争在全国范围打响上财北郊高中的财经教育品牌。

高中财经融合课程的建设，不仅是为了增长学生的财经知识，更重要的是培育学生的财经思维、财经品质，使他们意识到利用经济手段创造社会价值和服务社会的重要性，助力学生全面提升财经素养，最终能够拥有幸福人生。

# 第二章

# 高中财经融合课程的整体构建

随着全球经济一体化进程的加速、社会经济的高度发展，财经问题对个人和家庭生活的重要性日益凸显，特别是经过多次金融危机和经济大萧条的冲击后，世界各国开始思考财经素养教育的重要性。[①] 财经素养是关于财经概念和风险的知识和理解力，以及运用这些知识和理解力的技能、动机和信心，以便在广泛的领域中做出有效决策，提高个人和社会经济利益。高中生的财经素养可分为对于财经的知识理解力、财经技能与运用、专业志趣三个方面。财经素养已经成为许多国家国民综合素养的重要组成部分。

国际学生评估项目(Programme for International Student Assessment，简称PISA)于2012年首次提出财经素养的测评框架，并进行了财经素养的测评。PISA认为财经素养是指学生对财经概念和风险的相关知识的掌握程度和理解力，并运用这些知识和理解力的技能、动机和信心，使个体能够更好地在广泛的财经情境中做出有效决策、提高个人和社会经济利益以及参与经济生活。PISA财经素养包括三个方面的内容，即财经知识与理解、财经责任与态度、财经技能与行为。[②]

到目前为止，有20多个国家把财经素养教育作为国家战略，纳入国家的基础教育体系。美国早在20世纪90年代就将财经素养教育列为公民教育的重要内

---

① 陈启山，李文蕊，黄彬彬，原露，杨舒婷. PISA财经素养测评对我国财经教育与财经素养研究的启示[J]. 全球教育展望，2017(3)：6－15.

② OECD. Improving Financial Literacy：Analysis of Issues and Policies[M]. Paris：OECD，2005.

容，历经 20 多年的发展，美国的财经素养教育的理论和实践已经更加完善和系统。美国于 2002 年设立了财经教育办公室（简称：OFE），同年 10 月 OFE 便颁布了《融入财经素养教育于学校课程》的文件；随后美国金融素养教育联盟于 2007 年发布了 K-12 个人财经国家标准，规定了 4 年级、8 年级和 12 年级三个不同学段下的学习目标，明确了财经素养教育的目标体系，并形成了独立设置与学科融合相结合的财经素养教育课程，教育形式主要采用案例分析、故事讲演等形式，让学生参与经济活动或进行实地参观等。①

俄罗斯基础教育阶段的财经教育是以经济教育为主，学校招收对经济感兴趣的、愿意学习经济学的学生，集中财力、物力、人力为高等经济类院校储备生源。韩国的中小学财经教育内容都包含在社会课教科书之中，通过国民收入、通货膨胀、就业率、收入平衡等数据了解韩国经济的发展状况以及在世界上的地位。日本财经教育培养广大日本年轻人在现代社会生活中运用财经知识和技能，维护自身利益，提高生活品质，为日本未来的发展注入不懈的动力。英国中小学校财商教育活动多种多样，主要有基于财经主题的项目学习、学生建立小型的商业社区、专家讲座、慈善筹款、参与经营学校银行、职业规划建议或参与投资竞赛等活动形式，使学生了解有关理财的知识和技能，循序渐进将其融入自发的学习和生活之中。澳大利亚于 2013 年颁布《2014－2017 年财经素养国家战略》，制订了青少年理财教育目标体系，强调在正规教育系统培养下一代，使其能够自信地应对金融环境，课程内容由浅入深、循序渐进，从观念入手，帮助学生形成财经素养。

在我国，对财经素养的培养并未纳入育人目标的体系中，我国现行的基础教育课程体系中也没有单独开设财经素养课程。杨玉东等国内学者指出，国内的很多调查结果都表明我国中小学生在理财方面存在很多问题，而未成年人对“钱”的错误认识可能会使他们走上犯罪的道路。一项调查研究结果表明，在未成年人所有的犯罪类型中，因为抢劫、盗窃等与“钱”有关的罪名而入狱的中小学生占到全部未

---

① 阴祖宝，倪胜利. PISA 财经素养教育的美国实践及启示[J]. 上海教育科研，2013(6)：49－52.

成年犯的70%以上，远远高出其他犯罪类型。[①] 现有的数据也表明，如果成年人接受过财经教育，那么他们比其他人要更懂得为自己的退休进行规划或储蓄，而且在基础教育学段开设财经教育相关课程或专题能够在最大的范围内使一代人了解或掌握解决财经问题的相关知识与技能。这些结果揭示了财经教育对个人、社会以及国家的重要性，也说明了提高财经素养会带来积极的变化，即开展财经教育具有潜在的价值，所以中国全面实行财经教育是至关重要和势在必行的。

当前财经素养教育政策初露端倪，财经素养教育研究推广机构竞相成立，财经素养教育的受众群体愿望迫切。2006年，教育部和保监会联合发布了在学校加强保险教育的指导建议《关于加强学校保险教育有关工作的指导意见》，规定把保险教育整合到现有的国家课程之中，这可以看作是财经素养教育政策的酝酿阶段。2013年，中国人民银行会同银监会、证监会、保监会研究制定了《中国金融教育国家战略》，呼吁将金融普及教育上升至国家战略层面。2015年，国务院办公厅印发了《关于加强金融消费者权益保护工作的指导意见》，要求教育部将金融知识普及教育纳入国民教育体系，切实提高国民金融素养。2016年，国务院颁布了《推进普惠金融发展规划（2016—2020年）》，明确提出要建立金融知识教育发展长效机制，推动部分大中小学积极开展金融知识普及教育，鼓励有条件的高校开设金融基础知识相关公共课。2017年2月，中国财经素养教育协同创新中心标准研制组公布了大学、高中、初中、小学、幼儿园各学段中国财经素养教育标准的框架。

根据中国教育科学研究院财经素养教育调研组对中小学实施财经素养教育认知的调查结果显示，近两成学生声称从未提高自己的财经素养，并且49%的学生表示父母根本不重视自己的财经素养。中国现有的财经素养教育的功能定位存在认知偏差：一是将财经素养教育作为一种单独的教育形态，未能将其与现有的育人目标与课程体系紧密结合；二是没有认识到财经素养对社会、国家、人类等更大范围的影响，而是局限于对个人、家庭等的微观影响，认为财经素养教育仅仅是关于

---

① 杨玉东，陆璟. PISA 2012测试新领域“财经素养”的动向和启示[J]. 上海教育科研，2012(10)：40—43.

收入、消费、理财等方面的教育。[①]

上海要建成国际金融中心需要大批财经专业人才，提高青少年财经素养成为迫切需要，构建高中财经特色课程，对培育上海财经拔尖人才具有时代意义。2016年虹口区人民政府与上海财经大学合作共建北郊高级中学，学校抓住机遇，以培育"国际都市公民财经素养的高素质人才"为育人目标，基于融合的理念构建实施高中财经融合课程，这对于上财北郊高中创建财经教育特色、培育上财北郊高中学生财经素养，具有切实的校本研究价值。本研究围绕教育综合改革提出的大学中学拔尖创新人才贯通式培养工作要求，深化高中管理体制改革，探索大学高中财经贯通式人才培养模式。

通过分析现有的高中育人目标与课程内容，在语文、数学、英语、物理、化学、思想政治等必修课程中均渗透与财经教育相关的内容，同时财经素养的培养目标与高中育人目标也有重合部分，建立多学科统整协同的高中财经融合课程体系，既满足学生学习的适应性、选择性和发展性，同时又协调、融合好基础型课程、拓展型课程与研究型课程之间的关系。

通过理论研究，本研究构建了包括知识理解、技能运用和专业志趣三个维度的融合课程目标，并基于融合课程目标开发财经素养评价框架与财经素养评价工具。创立了"财经奠基课程""财经广域课程""财经核心课程"三大类九个模块的财经融合课程及其配套的课程资源，在夯实学生基础课程的同时，培育学生的财经素养。

## 第一节 课程目标

### 一、高中育人目标

随着全球经济的飞速发展，为了应对全球化、信息化和知识经济的挑战，适应

① 中国教育科学研究院财经素养教育调研组.中小学实施财经素养教育认知的调查报告[J].大学(研究版),2018(11):53—67.

复杂多变的信息化时代需求，20 世纪以“能力”为主的人才观逐渐转变为以“素养”为核心的人才观。2003 年，联合国教科文组织（简称：UNESCO）与世界经合组织（简称：OECD）首次提出了核心素养的概念，并于 2005 年明确了核心素养的内涵：“普通人想要在社会中安身立命的同时又能够应对日新月异的技术发展需要的那些素养”①。随后各个国家与地区也相继提出了发展学生核心素养的育人目标。我国也于 2016 年 9 月 13 日正式颁布了学生发展核心素养框架并以此引领新一轮的课程改革，中国学生发展核心素养主要指学生应具备的且能够适应终身发展和社会发展需要的必备品格和关键能力。学生发展核心素养的目标，是为了每一名学生都可以获得成功生活、适应个人终身发展和社会发展。

中国学生发展核心素养框架主要包含了三个方面和六个维度，如图 2－1 所示。三个方面分别为文化基础、自主发展和社会参与。随后各个学科以“中国学生发展核心素养框架”为基础相继颁布了本学科的学科核心素养，并以学科核心素养作为各学科的课程目标，如表 2－1 所示。

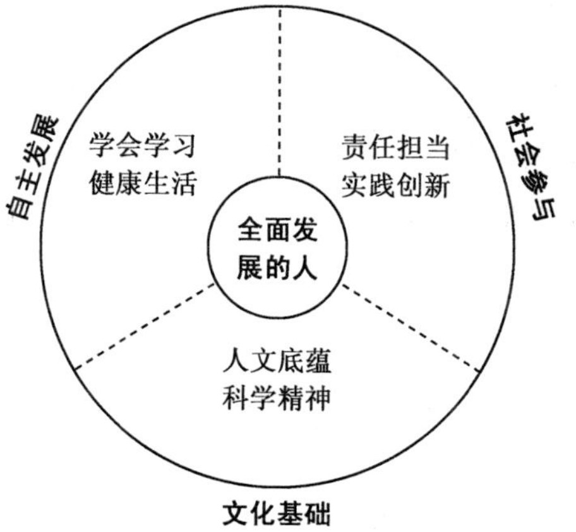


**图 2－1　中国学生发展核心素养框架**

① 辛涛，姜宇，林崇德. 论学生发展核心素养的内涵特征及框架定位[J]. 中国教育学刊，2016(6)：3－28.

表 2—1 中国各学科的学科核心素养

| 学科 | 学科核心素养 |
| --- | --- |
| 语文 | 语言建构与运用、思维发展与提升、审美鉴赏与创造、文化传承与理解 |
| 数学 | 数学抽象、逻辑推理、数学建模、直观想象、数学运算、数据分析 |
| 英语 | 语言能力、文化意识、思维品质、学习能力 |
| 物理 | 物理观念、科学思维、科学探究、科学态度与责任 |
| 化学 | 宏观辨识与微观探析、变化观念与平衡思想、证据推理与模型认知、科学探究与创新意识、科学态度与社会责任 |
| 生物 | 生命观念、科学思维、科学探究、社会责任 |
| 思想政治 | 政治认同、科学精神、法制意识、公共参与 |
| 历史 | 唯物史观、时空观念、史料实证、历史解释、家国情怀 |
| 地理 | 人地协调观、综合思维、区域认知、地理实践力 |
| 信息技术 | 信息意识、计算思维、数字化学习与创新、信息社会责任 |

中国学生发展核心素养是一种跨学科的素养，是高于学科知识的；核心素养也具有综合性，是对于知识、能力、态度的综合与超越。中国学生发展核心素养的提出，对学校的实际教学也提出了挑战，需要教师在教学中营造真实、具体的学习情境，从而提高学生在面对复杂情境下的问题解决能力，使之适应飞速发展的时代和复杂多变的未来社会；需要教师从对知识的传授，转向对学生素养的培育。

## 二、财经课程目标

本节通过梳理与分析国内外基础教育财经的课程目标，为高中财经融合课程目标的确立提供研究基础。

### (一)国外基础教育财经课程目标

到目前为止，有 20 多个国家把财经素养教育作为国家战略，纳入国家的基础教育体系，如美国、英国、澳大利亚、俄罗斯、韩国、日本等。其中，美国基础教育阶段的财经素养教育发展得尤为成熟，美国早在 20 世纪 90 年代就将财经素养教育列为公民教育的重要内容，历经 20 多年的发展，美国的财经素养教育的理论和实践在全球范围内都更加完善和系统。美国于 2002 年设立了财经教育办公室(简称:OFE),同年 10 月 OFE 便颁布了《融入财经素养教育于学校课程》的文件;随后美国金融素养教育联盟于 2007 年发布了 K-12 财经素养教育课程标准,规定了 4 年级、8 年级和 12 年级三个不同学段下的学习目标,对每个学段需要学生掌握的能力水平进行了明确的阐述,构建了财经素养教育的目标体系。① 美国 K-12 财经素养教学课程标准共包括 6 个维度,分别为消费与储蓄、信用与债务、就业与收入、投资、风险管理与保险和财务决策。美国财经素养教育的目标框架具体内容以"就业与收入"为例,如表 2—2 所示。

**表 2—2　美国 K-12 财经素养教育"就业与收入"课程标准**

| 年级标准 | 学习目标 | | |
|---|---|---|---|
| | 4 年级 | 8 年级 | 12 年级 |
| 探索职业选择 | 了解社会上的各种职业类别;<br>举例说明个人兴趣、知识和能力对职业生涯的选择和影响;<br>确定一个与个人兴趣相关的主题,并寻找与个人兴趣有关的职业;<br>列举某个成功企业家的事迹。 | 举例说明教育或培训如何影响个人收入;<br>指导在报纸、网络上获得求职和创业信息;<br>比较不同职业所需的个人技能和兴趣的差异;<br>描述至少两种工作的学历或技能要求、收入潜力和主要职责;<br>应聘一个兼职工作。 | 说明创业的风险、成本和回报;<br>了解商业计划书的主要组成部分;<br>分析经济、政治、社会文化对个人收入和职业选择的影响;<br>制定职业生涯规划。 |
| 确定个人收入的来源 | 解释工资和待遇之间的差异;<br>确立只有工作才能赚到钱的意识;<br>列举除工资以外的其他收入来源。 | 解释租金、利息、股息、资本收益、小费、佣金、业务、利润等概念;<br>解释工资收入和非工资收入之间的差异;<br>了解当地政府的经济救济计划。 | 解释通货膨胀对收入的影响;<br>根据目前的生活标准使用在线计算器制订一个未来的收入计划。 |
| 详细说明实得工资的影响因素 | 解释销售税和个人所得税之间的差异;<br>举例说明政府如何使用税收。 | 解释工资单中的所有项目;<br>举例解释员工福利为何是形式上的补偿;<br>说明社会保障和医疗保险之间的差异。 | 解释工资中的"雇员预扣津贴免税额";<br>熟悉美国国内税务局各种税收表格的填写;<br>了解美国个人所得税纳税申报流程。 |

① 阴祖宝,倪胜利. PISA 财经素养教育的美国实践及启示[J]. 上海教育科研,2013(6):49—52.

亚洲国家中，日本与韩国的财经教育发展得较为成熟。韩国在1995年将财经教育加入现有基础教育体系中，并于后续进行了修订、丰富与细化，在第二次修改中明确指出，高中财经教育的目的是让学生系统地学习经济知识，使得青少年具有正确的思考力和价值观。[①] 韩国在财经教育课程目标框架中，规定了小学、初中、高一以及高二到高三4个不同学段的学习目标，对每个学段学生需达到的能力水平进行了明确的阐述，包含了8个维度，分别为：资源的稀缺性、行业及经济生活、经济理论、消费、生产活动与企业行为、职业、货币理论、贸易与国际贸易，具体内容如表2—3所示。[②]

**表2—3 韩国基础教育阶段财经素养教育课程标准**

| 教育阶段<br>维度 | 小学 | 初中 | 高中 | |
|---|---|---|---|---|
| | | | 高一 | 高二、高三 |
| 资源的稀缺性 | | 稀缺性的概念、稀缺性和权衡取舍的关系、资源的稀缺性、机会成本的概念 | 稀缺性、权衡取舍、机会成本 | 日常生活和经济行为、经济问题和选择、经济信息的应用、由经济决定的过程 |
| 行业及经济生活 | 行业分工 | | 企业伦理的判断基准 | 经济生活的发展、世界各地的经济生活方式、经济活动和经济伦理 |
| 经济理论 | | | | 经济理论的构成、理解经济变数、解释经济资料 |
| 消费 | 消费的概念、理性消费的过程及办法 | 消费的主题、需求的法则 | 消费者的理性决定 | 家庭的消费活动、消费的决定因素 |
| 生产活动与企业行为 | 理解生产活动、生产活动的分类 | 生产活动的主体、企业 | 企业的角色、企业角色的判断基准 | 供给的决定因素、企业的各个形态、产业发展和企业角色 |

① 应望江，吴建金. 韩国财经素养教育实践及启示[J]. 大学(研究所)，2017(7/8)：27—35.

② 韩国教育课程评价院. 基于国家教育课程的学生评价标准研究及课程内容开发(高中经济)[M]. 韩国教育课程研究院，1998：29—34.

续表

| 教育阶段<br>维度 | 小　学 | 初　中 | 高　中 | |
|---|---|---|---|---|
| | | | 高一 | 高二、高三 |
| 职业 | 职业的角色、职业的种类、理性职业选择 | | | 择业观和职业选择、经济发展和劳动的关系、劳资关系 |
| 货币理论 | 货币的重要性、金融机构的种类、金融机构的角色 | 货币的发展历史、货币交换单位、税金的制定和预算、通货膨胀的变化和物价 | | 通货膨胀和金融政策、理解政府预算过程、物价变动的原因和对策 |
| 贸易与国际贸易 | | 国际贸易的重要性、自由贸易和保护贸易、汇率 | | 国民经济和贸易政策、国际贸易收支 |

日本于 2005 年首次将财经素养教育作为国家战略来推进，先后于 2005 年、2007 年和 2013 年对财经素养教育标准进行了制定、修改与完善，提出了财经素养水平最低标准，包括了 4 个维度 15 项内容，4 个维度分别为：家庭预算管理；人生规划；了解金融知识与财经环境，选择或使用适当的金融产品；恰当使用外部专业咨询，具体内容如表 2—4 所示。

**表 2—4　日本财经素养水平最低标准**

| 分　类 | 内　容 |
|---|---|
| 一、家庭预算管理 | 第 1 项：养成恰当的收入/支出管理习惯。 |
| 二、人生规划 | 第 2 项：制定人生规划并了解不同人生阶段所需的资金。 |
| 三、了解金融知识和财经环境，选择或使用适当的金融产品 | （一）了解财经交易的基础知识<br>第 3 项：养成对合同采取谨慎态度的习惯。<br>第 4 项：养成确认信息来源和合同方可靠性的习惯。<br>第 5 项：了解互联网交易很方便，但需要采取与面对面不同的一些预防措施。 |
| | （二）了解金融常识<br>第 6 项：了解财经素养教育的关键概念，如利率、通货膨胀、通货紧缩、汇率、风险回报等，选择或使用适合财经环境的金融产品。<br>第 7 项：了解确定交易成本的重要性。 |

续表

| 分　类 | 内　容 |
| --- | --- |
| 三、了解金融知识和财经环境，选择或使用适当的金融产品 | (三)保险产品<br>第 8 项：了解应为哪些突发事件购买保险，如死亡、疾病、火灾等。<br>第 9 项：了解意外事件发生时所需的经济保障数额。 |
| | (四)贷款/还贷<br>第 10 项：在进行住房贷款时了解基本的政策措施。<br>第 11 项：养成避免轻率地、不计后果地使用信用卡和贷款的习惯。 |
| | (五)增加财富的产品<br>第 12 项：每个人对风险的承受力不同，但寻求更高的回报将需要承担更高的风险。<br>第 13 项：在财富增长中，了解投资多元化的有效性，投资资产多样化、投资起始时间多样化。<br>第 14 项：了解长期投资在财富增长中的有效性。 |
| 四、恰当使用外部专业咨询 | 第 15 项：了解在选择/使用金融产品时适当使用外部专业知识的重要性。 |

### (二)国内基础教育财经课程目标

在我国，对财经素养的培养并未纳入育人目标的体系中，我国现行的基础教育课程体系中也没有单独开设财经素养课程。上海财经大学中国财经素养研究中心专门针对中小学校研制了中国青少年财经素养标准，这也是我国第一份青少年财经素养标准，该标准将财经素养分为了 5 个维度，包括了：个体与社会、货币与金融、收入与消费、投资与风险、价值与提升，并从小学、初中、高中三个学段和知识、能力、思维、价值观四个方面对标准的内容进行了阐述。[①][②] 具体内容如表 2－5 所示。

---

① 中国财经素养教育标准研制组．中国财经素养教育标准的研制：思想及框架[J]．大学(研究版)，2017(2)：13－17＋12.

② 刘志阳，杨超．财经素养教育的国际经验借鉴与中国标准建构[J]．广西财经学院学报，2019，32(3)：116－126.

**表 2—5　上海财经大学中国财经素养研究中心研制中国青少年财经素养标准**

<table>
<tr><th colspan="2">学段知识模块</th><th>个体与社会</th><th>货币与金融</th><th>收入与消费</th><th>投资与风险</th><th>价值与提升</th></tr>
<tr><td rowspan="4">小学</td><td>知识</td><td>1. 了解社会个体的差异；<br>2. 了解社会商品创造过程。</td><td>1. 了解货币价值来源；<br>2. 了解各国货币异同；<br>3. 辨识主要国家货币；<br>4. 了解银行基本业务。</td><td>1. 了解个人收入来源；<br>2. 了解消费必需品与非必需品的区别；<br>3. 了解按时交税是公民的基本义务。</td><td>1. 了解投资方式；<br>2. 了解投资风险；<br>3. 了解保险是规避风险的一种方法。</td><td>财富与幸福的关系。</td></tr>
<tr><td>能力</td><td colspan="5">1. 能进行基本的银行业务操作，如使用 ATM 机；<br>2. 能利用有限预算进行消费安排；<br>3. 能选用不同方式进行消费支付。</td></tr>
<tr><td>思维</td><td colspan="5">培养小学生理性消费的习惯，有定期记录消费与规划自我的意识，有风险防范意识。</td></tr>
<tr><td>价值观</td><td colspan="5">引导小学生认知劳动价值的重要性、遵守信用。</td></tr>
<tr><td rowspan="4">初中</td><td>知识</td><td>1. 五种不同的人格；<br>2. 个人决策的特征；<br>3. 群体决策的特征。</td><td>1. 理解货币职能；<br>2. 理解银行多种业务；<br>3. 了解信用体系的发展，理解单利、复利的概念，掌握个人贷款、企业贷款的计算方法。</td><td>1. 了解不同职业收入模型，理解工资构成；<br>2. 理解当期消费与远期消费的区别；<br>3. 了解国家税收制度与政策。</td><td>1. 了解投资的多种方式，掌握投资三要素；<br>2. 理解股票、基金、债券、房地产等常见投资方式的收益与风险；<br>3. 了解保险的种类，理解保险的原理。</td><td>1. 个人的资产负债表概念；<br>2. 目标设定的方法；<br>3. 社会公益的重要性。</td></tr>
<tr><td>能力</td><td colspan="5">1. 能进行主要的银行业务操作，如储蓄和贷款；<br>2. 能掌握信用卡的办理流程；<br>3. 能根据个人与家庭实际情况选择投资组合与保险；<br>4. 具有一定的分析决策能力。</td></tr>
<tr><td>思维</td><td colspan="5">引导初中生提升自身信用的意识，养成家庭财富累积的意识，有投资风险意识。</td></tr>
<tr><td>价值观</td><td colspan="5">能深刻意识到社会公益的价值及必要性。</td></tr>
</table>

续表

<table>
<tr><th colspan="2">学段知识模块</th><th>个体与社会</th><th>货币与金融</th><th>收入与消费</th><th>投资与风险</th><th>价值与提升</th></tr>
<tr><td rowspan="4">高中</td><td>知识</td><td>1. 动机、需求的分类；<br>2. 个人与社会发生联系的载体——合同的要素。</td><td>1. 了解电子货币、虚拟货币、数字货币等概念；<br>2. 把握通货膨胀与通货紧缩的定义；<br>3. 理解中央银行的概念，理解国家货币政策与财政政策对社会经济的影响。</td><td>1. 了解社会各行业及行业平均收入；<br>2. 理解生产消费与个人消费的内涵，掌握恩格尔系数等概念；<br>3. 消费者权益基本内涵。</td><td>1. 理解各种投资的市场运作的基本原理；<br>2. 理解互联网金融市场的基本原理与特征；<br>3. 了解金融诈骗的常见模式。</td><td>1. 财富目标修订与完善的方法；<br>2. 财富与人生的哲学化思考；<br>3. 了解创业与人生关系。</td></tr>
<tr><td>能力</td><td colspan="5">1. 能合理判断个人行为背后的经济动机；<br>2. 能逐步知晓合同中需要考虑的因素；<br>3. 能理解新型货币的价值原理，如比特币；<br>4. 逐步确定未来职业目标。</td></tr>
<tr><td>思维</td><td colspan="5">培养高中生具备维护自身权益、提高风险规避的意识，养成一定的投资决策思维，培养创新创业思维。</td></tr>
<tr><td>价值观</td><td colspan="5">引导高中生意识到利用经济手段创造社会价值和服务社会的重要性。</td></tr>
</table>

本研究根据“中国青少年财经素养标准”进行校本化实施，创设符合校本实际情况的财经素养培育策略。

## 三、高中财经融合课程目标

中国学生发展核心素养是学生应具备的能够适应终身发展和社会发展需要的必备品格和关键能力，目的是为了提高学生在面对复杂情景下的问题解决能力，使之适应飞速发展的时代和复杂多变的未来社会。而基础教育阶段的财经素养教育目标，是关于财经概念和风险的知识和理解力，以及运用这些知识和理解力的技能、动机和信心，以便在广泛的领域中作出有效决策，提高个人和社会经济利益。从中国学生发展核心素养的具体内容来看，基础教育阶段的财经素养教育目标与核心素养部分内容相一致。例如，科学精神中的批判质疑要求学生“思维缜密，能多角度、辩证地分析问题，做出选择和决定等”。勇于探究要求学生“具有好奇心和想象力；能不畏困难，有坚持不懈的探索精神；能大胆尝试，积极寻求有效的问题解决方法等”。学会学习的信息意识要求学生“能自觉、有效地获取、评估、鉴别、使用信息”。基础教育阶段的财经素养教育目标，要求学生通过掌握基础的财经概念和风险的知识和理解力，通过运用这些知识、技能和理解力，并分析、鉴别使用信息，在真实的财经问题情境中作出有效决策，与上述核心素养目标具有一致性。

基础教育阶段的财经素养教育目标与部分学科的学科核心素养也有相一致的内容，例如，数学学科核心素养中的数据分析要求学生“通过获取数据，运用数学方法对数据进行整理、分析和推断”，而财经素养教育目标要求学生通过对数据的分析，推断财经情境中资金获益和损失的可能性。

由于不同阶段的学生存在着差异，因此财经教育在不同的学段需要不同的设计，要有针对性的、符合各阶段学生特点的教学。学生处在不同的人生阶段，其成长环境、认知能力、心理特点、理想追求等方面存在着较大差异，因此财经课程目标理应有所不同。

财经课程的目标在小学阶段应注重财经意识的启蒙；初中阶段应注重财经知识的储备；高中阶段应注重财经素养的提升。在设计课程时，学校依托北郊教育集团自身优势来引导学校财经类课程的开发与实施，使财经教育既关注不同学段的目标定位，又能形成一个连贯的课程体系，循序渐进地开展财经教育课程，从而保证学习的顺序性、连贯性和衔接性。

本研究通过分析各国财经素养教育目标体系与中国青少年财经素养标准高中阶段目标要求（上海财经大学中国财经素养研究中心研制），结合本校学生的财经素养水平，制定了高中财经融合课程目标框架。本研究的财经素养是指关于财经概念和风险的知识和理解力，以及运用这些知识和理解力的技能、动机和信心，以便在广泛的财经背景中做出有效决策、提高个人和社会经济利益、参与经济生活。包括知识理解力、技能运用和专业志趣三个维度，如表2－6所示。

**表 2—6 高中财经融合课程目标框架**

| 一级指标 | 二级指标 | 三级指标 | 内容要求 |
| --- | --- | --- | --- |
| 知识理解力 | 财经知识 | 货币与交易 | 与经济和财务问题相关的宽泛领域知识 |
| | | 规划与管理 | 对资金进行短期和长期的计划及管理 |
| | 财经理解力 | 风险与回报 | 个体能够识别风险管理、风险平衡和风险保障的各种方式，理解众多财经情境中资金获益和损失的可能性 |
| | | 财经视野 | 对更广阔的商业世界特征的理解 |
| 技能与运用 | 财经技能 | 识别理财信息 | 对金融术语、金融信息的认识和理解 |
| | | 分析财经情境 | 对信息分析综合后所获得的深入理解，对隐含信息的识别 |
| | | 财经评估 | 借助已有的金融知识和理解力，认识到某种财经决策的理由或做出解释 |
| | 社会运用 | 财经知识运用 | 运用金融知识和理解力采取有效的行动的能力 |
| 专业志趣 | 财经兴趣 | 兴趣活动 | 发现生活中的财经问题，有探究产生原因和解决方案的信心 |
| | | 社会实践 | 参与财经类实践活动，灵活应用所学知识，凸显创新能力 |
| | 专业志向 | 专业志向 | 有明确的生涯规划，并逐步落实实施细则 |

知识理解力维度下分为财经知识和财经理解力两个部分。财经知识包含了“货币与交易”和“规划与管理”两个维度，“货币与交易”主要涉及与经济和财务问题相关的宽泛领域，“规划与管理”主要涉及对资金进行短期和长期的计划及管理。财经理解力包括“风险与回报”和“财经视野”两个维度，“风险与回报”主要指个体能够识别风险管理、风险平衡和风险保障的各种方式，理解众多财经情境中资金获益和损失的可能性，“财经视野”主要涉及对更广阔的商业世界特征的理解。

技能与运用维度下分为财经技能和社会运用两个部分。财经技能包含了“识别理财信息”“分析财经情境”和“财经评估”三个维度，涵盖学生解决财经问题的整个过程。“识别理财信息”体现的是学生对金融术语、金融信息的认识和理解。“分析财经情境”体现学生对信息分析综合后所获得的深入理解，关键是对隐含信息的识别。“财经评估”体现学生借助已有的金融知识和理解力，认识到某种财经决策的理由或做出解释。社会运用是指“财经知识运用”，进一步体现学生运用金融知识和理解力采取有效的行动的能力。

专业志趣维度下分为财经兴趣和专业志向两个部分。财经兴趣包含了“兴趣活动”和“社会实践”两个维度，“兴趣活动”是指发现生活中的财经问题，并乐意探究产生原因和解决方案。“社会实践”是指积极参与财经类实践活动，在真实的商业背景下，灵活应用所学知识，凸显创新能力。专业志向是指有明确的生涯规划，并逐步落实实施细则。

## 第二节　课程结构

### 一、基础教育财经课程框架的发展历程

通过梳理国内外财经课程框架的发展历程，我们发现国外通常是将财经素养教育与学科融合交叉并行，这为我校财经融合课程结构的建立提供了理论依据。

#### (一)国外基础教育财经课程框架的发展历程

财经素养研究最早起源于20世纪90年代早期，由英美一些经济学家、银行和基金会所推动。继英美之后，俄罗斯、瑞典、德国、意大利、荷兰、日本、印度、墨西哥等国家也以不同的形式，将国民财经素养教育提高到国家层面。[①] 到目前为止，已有20多个国家把财经素养教育作为国家战略，纳入国家的基础教育体系。《各国财经素养教育的实践及启示》一文指出，发达国家已经将财经素养课程融入中小学教育体系当中，在课程设置方面有以下几种普遍的方式：(1)开设单独的财经课程；(2)必修课；(3)选修课；(4)低年级选修和高年级必修结合；(5)把财经知识渗透到其他各科教学内容和教学活动中。[②]

美国是将财经素养教育纳入学校日常课程教学较早的国家，早在20世纪90

① 辛自强，张红川，孙铃，等. 财经素养的内涵与三元结构[J]. 心理技术与应用，2018，006(008)：449—458.

② 雷雅缨，郑智潇，江婷婷. 各国财经素养教育的实践及启示[J]. 科教导刊，2014(9S)：39—40.

年代就将财经素养教育列为公民教育的重要内容。2002 年，美国设立了财经教育办公室（简称：OFE），同年 10 月 OFE 颁布了《融入财经素养教育于学校课程》的文件。2003 年，美国通过了《财经素养和教育促进法案》，正式把全民财商教育纳入国家法案，并成立了财经素养教育委员会（简称：FLEC）。2006 年，FLEC 制定了首个财经素养国家战略——《掌管未来：财经素养提高之国家战略》，于 2011 年修改并出台了新的国家战略——《促进美国经济的成功：财经素养国家战略》，提出“为美国个体和家庭提供可持续的金融保障”的愿景。① 2007 年，美国金融素养教育联盟发布了 K-12 个人财经国家标准，规定了 4 年级、8 年级和 12 年级三个不同学段的学习目标，明确了财经素养教育的目标体系，并形成了独立设置与学科融合相结合的财经素养教育课程，独立设置是开设一门单独的财经素养教育课程，将其划入学校总体课程框架，并与其他学科地位平等，保证师生对财经素养培育的重视和学时。独立设置财经素养教育课程保证了财经素养教育保持一致性和连贯性，教育形式主要采用案例分析、故事讲演等形式，让学生参与经济活动或进行实地参观等，如 Money Talk 课程以储蓄投资、商品购物、财富观念等主题展开定期活动及课题同步交互式评价活动。②

2008 年，英国政府规定必须对 4—19 岁的中小学生开展金融知识教育，由此正式将财经素养教育纳入学校教育体系，写入了国民教育教学大纲。2011 年秋季开始，储蓄和理财正式成为中小学生的必修课。英国财经素养教育目标包括以下三点：金融理解力、金融胜任力和金融责任感。英国中小学校财经素养教育活动多种多样，在各级学校的实施方式与内容也各不相同。主要有基于财经主题的项目学习、学生建立小型的商业社区、专家讲座、慈善筹款、参与经营学校银行、职业规划建议或参与投资竞赛等活动形式，让学生了解有关理财的知识和技能，循序渐进地将其融入自发的学习和生活之中。③

俄罗斯中小学经济教育贴近学生学习和社会生活，着重培养学生在实际生活

① 佚名. 国外财经素养教育管窥[J]. 基础教育论坛，2018(30)：20.

② 阴祖宝，倪胜利. PISA 财经素养教育的美国实践及启示[J]. 上海教育科研，2013(6)：49—52.

③ 陈勇，季夏莹，郑欢. 国外青少年财商教育研究梳要及其启示[J]. 外国中小学教育，2015(2)：24—28.

中运用经济知识的能力和技能，主要目标为使学生掌握基本的经济概念，培养学生的经济素养和能力，使学生在经济生活中做出正确合理的决策、保护自己和社会的利益。高中阶段的经济教育主要内容为：社会经济结构、经济制度、各类市场主体及其经济活动等，学习营销、管理和会计等方面的基本经济知识，并在此基础上拓展到个人职业规划和理财规划，为学生进入社会工作或进入大学深造做准备。课程设置有必修、选修和低年级选修高年级必修这三种，大部分中学开设专门的经济课程。①

澳大利亚也早在21世纪初就将理财纳入国家教育。2005年，隶属于澳大利亚政务部门的投资与证券委员会(简称：ASIC)颁布《消费者和财经素养的国家框架》(National Consumer Financial Literacy Framework)，首度分析了国际财经教育新形势，提倡在国内开展正规的财经教育。此后每年，ASIC都会及时更新《消费者和财经素养的国家框架》，对国内民众的财经素养状况进行分析并提出改进建议。2010年，澳大利亚进行新课程改革，课程评估和报告局听取教师专业团体的意见，在小学高年级阶段和初中阶段的数学、英语和科学等主修科目中增加了与财经素养相关的内容。其中最为明显的是在数学科目中增设"货币与财经数学"章节，以财经素养作为该章的教学目标。为推进财经素养教育，澳大利亚为广大中小学老师进行了财经相关课程的培训，开发了Money Smart教学资源包，建立了一系列评价体系，并于2015年参与PISA财经素养测试，正式与国际接轨。②

跻身于发达国家行列的邻国日本也十分关注学生早期的财商教育。20世纪90年代，日本经济开始下滑，在经济危机之后，理财、持家、金融方面的常识已深入人心。因此，与欧洲国家所不同的是，日本学校的财经素养教育强调的是社会责任感，要求学生正视金钱的价值，理性合理地使用金钱，以及正确实惠地预算、合理制订消费计划等。在日本的中学，主题为财商教育的课程内容比较普遍，比如日本大阪的中学采用"储蓄与消费""用卡知识"等为主题授课。此外，日本学校在财经素养教育活动上也别具特色，比如每班都会选出两个"财商教育干事"，负责有关事

---

① 雷雅缨，郑智潇，江婷婷，等.各国财经素养教育的实践及启示[J].科教导刊，2014(9S)：39－40.

② 佘妍文，朴钟鹤.澳大利亚青少年理财教育及其对我国的启示[J].教育探索，2015(6)：150－154.

宜;学校还按期发行校办的财商教育报刊;青少年成长中心在日本教育部、品川区政府和世界顶级金融机构——花旗集团的资助下,首次在日本兴办"学生城",将繁华的商业街搬到学校,学生们可以在"学生城"的银行、便利店、公司中打工赚钱,让学生在工作中体验成人世界里的经济行为。①

韩国中小学财经教育内容都包含在社会课教科书中,财经教育遵循"拓宽眼界"的宗旨,所以课本中没有经济学概念,而是直接对相关情境进行一般性描述,使用图表来描述经济情境和趋势。韩国中学财经教育课程在社会课中,财经课程占总课时的6.1%,包含合理解决财经问题、经济系统的变化、民主公民和经济角色、市场经济的特征、价值的变化以及经济市场中的挑战。10年级开始教授宏观经济学问题,课程重点关注韩国经济的特定条件和例子,而不是一般性的宏观经济理论,希望学生通过国民收入、通货膨胀、就业率、收入平衡等数据了解韩国经济的发展状况以及在世界上的地位。②

总体来看,一些发达国家的财经素养教育已经形成了家庭教育为基础、学校教育为主体、社会教育为补充,政府主导推进的三位一体的教育格局,不同国家不同学校结合具体情况有选择性地选取课程内容、课程形式,灵活开展财经教育。在学校层面的财经素养教育中,各学校普遍强调基础学科融入财经素养培育的课程形态,即将财经素养教育融入现行的数学、语文、历史、社会等学科中,使学生在学习必修科目的同时,也能接受财经素养培育。例如,在数学课程中学到百分比时,同时讲授利息率等概念;在历史课程中学习经济危机时,教师运用经济学概念去解释这些事件,同时讲解当今银行系统;在社会课上学习信贷、支票、信用卡等知识。这种将财经素养融入学科系统内容的培育方式,不仅能使学生更为有效地学习财经技能,更能缓解学校课程时间安排的压力,也使数学、历史、社会等科目的教学更加生动。

### (二)国内基础教育财经课程框架的发展历程

在我国,对财经素养的培养并未纳入育人目标的体系中,我国现行的基础教育

---

① 陈勇,季夏莹,郑欢.国外青少年财商教育研究梳要及其启示[J].外国中小学教育,2015(2):24-28.

② 雷雅缨,郑智潇,江婷婷,等.各国财经素养教育的实践及启示[J].科教导刊,2014(9S):39-40.

课程体系中也没有单独开设财经素养课程。北京、上海、广东、四川、重庆等地的一些中小学及幼儿园，已经在不同程度上开展财经素养教育的探索。上海浦东新区大约有116所中小学已经设立了名为“金融和货币管理”的区域课程。[①] 广东省广州市第十六中学、四川省成都市益州小学等许多学校已开发了自己的校本课程，产生了较好的社会反响。但是从总体来看，我国的财经素养教育还处于零散状态，缺乏系统性。财经素养教育内容主要是零星地分散在其他课程中，如小学的道德和社会，初中的思想道德、历史和社会，高中的思想政治或历史课程中，针对性和实操性都还不强。[②]

## 二、高中财经融合课程的构建原则

构建高中财经融合课程有两大痛点。第一，同一年级的学生在财经知识和财经能力上的差距远大于其他传统学科。一方面，当前我国还没有全面展开统一的财经素养教育，各中小学校在管理制度、培养方案、教学资源等方面的差异造成了学生财经素养上的差距；另一方面，学生的财经素养一定程度上受到其家庭因素的影响，父母是孩子获得财经知识的重要来源和学习理财实践的模范，亲属的职业、收入和受教育程度均会对学生造成隐性影响，具有财经教育意识的家长还会有意识地帮助孩子树立正确的财经价值观，学习财经知识和培养理财技能。[③] 第二，不同学生对财经融合课程的需求不同。对于现有学业已经存在困难的学生来说，如果在现有学业要求上增加财经素养课程反而增加了他们的学习负担；而对于一般学生和有志于选择财经相关专业的学生来说，对财经素养的需求也是不同的。因此，如何在现有学业课程基础上构建财经课程以应对不同需求、不同层次的学生，是财经融合课程构建的核心要求。

国内有研究认为，可以在思想政治、历史、数学等基础教育课程中进行财经素养的渗透，在学习财经知识的同时，不增加学生的学习负担；同时开设选修课程，设

---

① APEC. Guidebook on Financial and Economic Literacy in Basic Education [EB/OL]. http://publications. apec. org/publication-detail. php? pub_id=1592. 2014－11－25/2016－10－20.

② 王春春. 国内外财经素养教育政策概述[J]. 全球教育展望，2017，46(6)：35－43.

③ 甄丹蕾. 财经素养及其影响因素：基于国外实证研究的综述[J]. 世界教育信息，2019(16)：53－60.

计校本课程，将财经课程融入学校课程系统中，建立“一校本，多科统整”的课程体系。①

借鉴国外财经素养教育与学科融合交叉并行的课程形态，我校在高考综合改革走班制课程背景下，在各个现行必修课程中增加生动的财经案例，包括数学、语文、外语、历史、化学、地理等学科，保证在现行课程制度有限的课时中渗透财经素养教育，同时面向更高需求、更高层次的学生以选修课的形式开设独立的财经课程。

基于以上思考，我校构建了以多元化、特色化和个性化为设计原则的三大类型九个模块的高中财经融合课程体系。首先，设置了财经奠基课程、财经广域课程和财经核心课程三类课程体系。财经奠基课程是隐性的财经课程，是将财经融于现有必修课程的教学过程中，是面向所有学生的基础财经素养课程。财经广域课程是由本校教师开发的校本课程，面向对财经有进一步兴趣的学生，以学生自主探究为主要形式。财经核心课程则面向未来有志于从事经济相关专业的学生，由上海财经大学教授承担。在课程类别上，高中财经融合课程被分为必修课与选修课，学生可以根据自己的能力与兴趣进行灵活选课，老师也可以根据学生需求设计开展选修课。在教学形式上，分为学科课程与活动课程，学科课程即以讲授、案例为主的与学科融合的财经课程，活动课程则是从课堂学习与生活实际衔接的角度出发，以情境式课堂、学生自主探究以及社会实践活动等形式进行。

我校结合现实学情，构建了上述三大类的财经融合课程。通过三类课程形成一个多元化、特色化和个性化的多学科统整协同的高中财经融合课程体系，满足在财经素养上不同层次的学生需求。

## 三、高中财经融合课程的呈现方式

本研究围绕财经素养教育，遵循融合课程的建构原则，在发展完善原有课程内容的基础上，架构符合上财北郊高中校情的“高中财经融合课程体系”。本体系以

① 朱小虎，杨玉冬，陆璟. 上海学生的财经素养表现及影响因素——基于 PISA 2012 的数据分析[J]. 比较教育研究，2015，37(6)：36－43.

多元化、特色化和个性化为设计原则，既满足学生学习的适应性、选择性和发展性，同时又协调与融合好基础学科、拓展学习与研究学习的关系，创立“财经奠基课程”“财经广域课程”“财经核心课程”三大类型九个模块的课程体系，如图 2—2 所示，在夯实学生学科课程的同时，培育学生的财经知识、财经品格与财经能力。

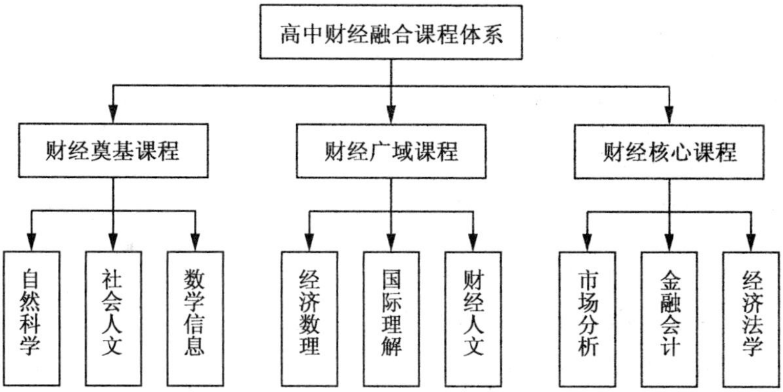


**图 2—2　高中财经融合课程体系**

财经奠基课程是面向本校全体学生的财经素养课程。课程主要由本校语文、数学、外语、物理、化学、历史、思政等学科的教研组长和骨干教师承担设计，通过对学科课程中各学科与财经素养培育相关内容的挖掘整合，将财经素养培育融入现行的语文、数学、外语、物理、化学、历史、思政等学科课程中，完成各学科知识与财经素养渗透的课程的统整。该课程将学科课程视线从高考、学业考的单一课程模式，转向“财经素养”学科学力培育的多元模式。在实施过程中，注重结合每一门学科的特点，挖掘财经素养培育空间，形成校本特色，具体课程内容包括在语文学科中拓展财经实时阅读材料、数学学科中拓展汇率计算与金融数据分析、英语学科中拓展对外贸易口语等。

财经广域课程是由本校教师开发，在财经奠基课程的基础之上为有更高基础和兴趣的学生提供所需的财经学习资源，以学生自主探究为基本形式，培养学生的经济数理、国际理解和财经人文能力的综合性课程。主要以学生自主选修的拓展课形式展开，课程内容为本校教师自主研发的独立校本财经课程，包括经济数理类广域课程、国际理解类广域课程和财经人文类广域课程三大模块，从三个不同的维度提高学生的财经知识和财经行为能力。其中，财经人文类广域课程的具体课程内容包括《经济地理》和《选不选物理这个问题》等，经济数理类广域课程的具体课程内容包括《财经视角》和《理财规划从手机套餐开始》等，国际理解类广域课程的具体课程内容包括《财商发掘之翔解》和《Lesson plan sales business English》等。在财经广域课程中，学生可以学习到宏观经济学、微观经济学、金融学等财经理论知识，拓展财经视野，通过剖析详解典型经济案例，深挖案例背后蕴含的财经知识和技能，体会财经技能在经济活动中的作用，激发财经技能带来的成就感，在课程探究活动中切身地参与经济活动，思考日常生活中的财务问题，从活动中领会财经的魅力，培养财经观念、深化财经兴趣。

财经核心课程是面向树立财经志向的资优生和创新班学生的财经专业课程。该课程由上海财经大学与本校共同开发，为"全体学生一财经兴趣学生一财经志向学生"的学生自主选择与发展打通了课程跑道，实现财经素养培育的贯通培养，财经核心课程的授课教师主要为上海财经大学教师，课程开发团队完成贯通培养课程的研究、开发和实施，对学生开展财经思想、财经视野、财经思维等方面的指导。课程内容分为市场分析、金融会计、经济法学三大模块，具体包括上海财经大学经济学院《经济哲学》《经济社会学》《新闻里的中国经济》等课程。

通过对上述三大类九个模块的高中财经融合课程体系的开发，本校形成高中财经融合课程群，为全体学生的财经素养培育打下基础，为对财经领域有兴趣的同学打造进一步深造的轨道，为创新班学生与资优生提供拓展财经视野、发展财经潜质的机会。

## 第三节 课程资源开发

### 一、高中财经课程资源的内涵与价值

财经素养教育的开展需要依托财经课程资源的开发与建立。学校财经课程建

立的困难是由于教育行政管理人员对中小学实施财经素养教育缺乏顶层设计，导致学校对各项教育课程设计与课时矛盾、师资配备与培养、活动设计与实施缺乏通盘的考虑。[①] 通过对本校现有财经课程实施的现状，重新开发了两部分课程资源，一部分为隐性课程资源，包括课程师资与制度资源；另一部分为显性资源，包括财经创新实验室的建立等。

## 二、隐性课程资源：课程师资与制度资源

### （一）课程师资

财经课程教师资源的培养有两大途径：第一个途径是高校中的财经教育师资；第二个途径是加强在职教师经济知识和能力的培训。考虑到本校财经融合课程结构的安排，教师资源方面邀请了上海财经大学的教授开设财经核心课程；同时，学校通过引进和培训教师，建立财经教研组，加强在职教师的财经素养培训，增强开设财经奠基课程、财经广域课程的能力。

1. 高校教师资源

2016 年虹口区人民政府与上海财经大学合作共建北郊高级中学，本校依托上海财经大学的课程与师资力量，邀请上海财经大学的教授开设财经核心课程，实施中学本科贯通式培养，探索财经拔尖人才培养新模式；上海财经大学的教授参与我校“财经人文”与“财经应用”创新班学生的选拔。同时，学校与华东师范大学、上海大学、上海对外经贸大学等高校合作，开展财经交流活动。高校教师资源共分为三类，即经济类教师、金融类教师与人文类教师。

经济类教师主要负责开展经济类课程，如《经济社会学》《经济哲学》《经济学原理》等；金融类教师主要负责开展金融类课程，如《战略与竞争》等；人文类教师主要负责开展财经人文类课程，如《新闻里的中国经济》《历史中的法律》《国际公法》等。

2. 在职教师培育

高中财经融合课程中的财经奠基课程与财经广域课程建设需要依托本校的在

---

① 中国教育科学研究院财经素养教育调研组. 中小学实施财经素养教育认知的调查报告[J]. 大学(研究版)，2018(11)：53－67.

职教师资源，而开设财经课程的在职教师资源主要来源于现有的教师团队，但大多数老师没有开设财经课程的经验，甚至在财经知识与技能方面有所欠缺，所以对在职教师开设财经课程的能力与财经素养的培养格外重要。

学校通过引进和自培教师，比如，引进上海财经大学优秀毕业生，同时从各个学科组室抽取一批中青年教师，形成了“博一硕一本”三代团队合作模式的财经教研组。学校组织各种主题研修活动与财经课程培训来提高教师开设财经课程的能力和财经素养；同时，定期举行学校论坛与总结会，与兄弟学校联谊学习，从财经教研组辐射到所有教研组，分享课程开发的心得与困难，形成了较为成熟的“专家引领一经验迁移”的良性教研模式，如图 2—3 所示。

**图 2—3　财经教研组研修模式**

财经教研组共同研究与建立高中财经融合课程的校本学材、校本学案与校本作业，并且组织学校论坛与总结会，对财经融合课程实施的经验进行分析与总结。同时，财经教研组与高校教师、兄弟学校进行联谊学习，分享课程开发的心得与困难，形成了较为成熟的“专家引领一经验迁移”的良性教研模式。

财经教研组完成了财经融合校本学材、校本学案、校本作业设计等研究成果，并且已汇编成册。学校通过设计财经培训课程来提高教师专业能力，我们围绕财经金融类科目设计指导培训，形成财经先修课程及课堂教学培训、典型财经案例分享等教师培训课程；学校选送了 10 多位教师参与上海市名师培训基地、德育实训基地以及香港硕士班学习；2018 年暑期选送 20 位教师参加财经慕课学习，选派教师前往具有财经特色的高中参观学习、开展调研等。教师之间集体教研，相互合作、相互支持，确保财经融合课程实施，促使高中教师专业素养提升，加强在职教师的财经素养培训，增强开设财经奠基课程、财经广域课程的能力。

### (二)制度资源

在学生培养方面,学校与上海财经大学共建"财经人文""财经应用"两个财经创新班,探索高中与大学财经拔尖人才的贯通式培养,共同制定财经人才培养方案。上海财经大学面向创新班学生开放暑期和课程资源,我校学生可以提前修读本科生课程。近几年已有300多位学生选读财大课程。

上海财经大学根据上财北郊高中学生的需求,还为创新班学生开设主题夏令营、开放高端论坛和校友讲座等大学校园资源,丰富了我校学生的体验,提升了我校学生的科研能力和创新素养。

## 三、显性课程资源:财经创新实验室

学生财经素养的培养需要依托真实的财经问题情境,为了开设相关的财经课程,本校根据财经融合课程目标与财经融合课程内容的要求,建立了相应的财经创新实验室。

### (一)财经创新实验室结构

财经创新实验室主要由4个区域构成,分别是:模拟投资区、金融服务区、商业体验区、成果展示区。

1. 模拟投资区

模拟投资区通过使用大数据挖掘技术来研究金融投资、产业发展、企业管理、经济理论等,从各领域的现象中探寻数据科学的理论与智能知识管理的原理,在诸多交叉领域开展系统性的理论和应用研究。建立以多媒体和网络应用为代表的、现代信息技术为核心的教学环境,旨在提高学生获取、判断、运用复杂信息的能力,培养适应信息化社会需求的财经人才。

相关数据系统有:股票、期货、外汇数据软件,SPSS统计数据软件,ERP企业管理系统,上市公司财务报告分析系统,实验经济学实验平台,锐思建模系统等。

2. 金融服务区

金融服务区通过先进的模拟仿真技术,在具有3D场景的环境中开展"体验式"仿真训练。学习内容以创业实训为主,其中包括会计实训和税务实训。通过这一模拟实际操作，培养学生从事经济管理的综合执行能力、综合决策能力和创新创业能力，感悟复杂市场环境下的企业经营，培养全局意识和综合职业素养。

3. 商业体验区

商业体验区可供学生讨论财经问题、进行读书交流，旨在让学生提升交流与合作的能力。

4. 成果展示区

成果展示区可展示学生的研究性论文、学生获奖证书和教师的校本课程等，既让获奖学生获得成就感，又激励其他学生不断努力和超越。

**(二)财经创新实验室资源配备**

为了模拟真实的财经问题情境，需要配备相应的财经实验软件与硬件。

1. 财经实验室软件配备

学校配备了实时金融行情软件和模拟交易软件。

实时金融行情软件涵盖了股票指数、商品期货和外汇三个领域的实时行情交易数据。借助软件的大数据导出，学生可以进行数据建模、量化分析研究，并撰写研究报告。在此过程中，学生可以深入了解上市公司经营现状，提高金融行业的逻辑分析能力，发展财经素养。

模拟交易软件可以用来举办商赛，教师可以进行课程管理和班级管理，学生可以进行量化投资实验，如：基金模拟实验、模拟资产配置与组合管理、模拟期货场内撮合交易等。基金模拟实验要求学生分组决策买股票，每组中成员承担不同的任务，研究员负责研究股票，基金经理负责每周投资组合管理，交易员负责持仓分析和交易总结，每位成员职能明确，体验基金行业流程操作科学，使学生有更明确的职业规划。

2. 财经实验室硬件配备

财经实验室的硬件配备是为了创建最真实的财经问题情境，具体硬件设施包括高度仿真证券交易所 LED 环绕屏幕，学生可以通过金融行情软件与模拟交易软件，在专用的模拟平台上尝试模拟购入人生第一只股票。通过建立一比一仿真模拟银行柜台的银行体验区，学生可以模拟办理存取款业务、购买金融理财产品、洽谈贷款业务。

# 第四节　课程实施评价

## 一、财经素养评价的发展历程

一个科学的、完整的财经素养教育标准，给予学校开展财经素养教育及相关活动提供可参考的标准，使学校财经课程实施与评价标准有了相对一致性与统一性，也为学生财经素养的测评提供了质量参照。本研究通过对财经素养评价工具的发展历程进行梳理，为本校财经素养评价框架与工具的开发建立理论基础。

### (一)国外财经素养评价发展现状

PISA 于 2012 年首次提出了财经素养的测评框架，并进行了财经素养的测评。PISA 认为财经素养是指学生对财经概念和风险的相关知识的掌握程度和理解力，并运用这些知识和理解力的技能、动机和信心，使个体能够在广泛的财经情境中更好地做出有效决策，提高个人和社会经济利益以及参与经济生活。PISA 财经素养主要指与个人生活相关的财经素养，因此，财经素养的内容大多设计了与个人经济生活息息相关的内容。PISA2012 从内容、过程、背景三个维度架构起一个空间立方体，进一步阐明了财经素养的框架，内容是素养结构中的必要部分；过程用于描述学生面对任务所采用的心理策略方法；背景是指应用财经素养的情境有哪些。其中内容维度包含了货币与交易、规划和理财、风险和回报、金融视野四个部分；过程维度包括了识别财经信息、分析财经背景中的信息、评估财经问题与应用财经知识和理解力四个部分；背景维度包括了教育与工作、居家与家庭、个人活动与社会活动四个方面。①

全球范围内，许多国家都制定了适合本国的财经素养教育标准，因而基础教育阶段设置财经教育课程的内容有了明确的要求。美国从国家层面整体推进学生财经素养的发展，发布了《财经素养国家标准》，规定了各年级学生在挣取收入、获取

① OECD. Improving Financial Literacy: Analysis of Issues and Policies[M]. Paris: OECD, 2005.

商品与服务、储蓄、使用信用卡、经济投资、财产保护及保险六个方面的知识和技能应该达到的标准。加拿大部分省份已将财经素养知识内容纳入学生课程，课程内容模块包括财经生活技能的预评价，生活方式的现实检查，收入、支出与预算，信用与债务，储蓄与银行，财务规划，投资等方面。澳大利亚在《国家框架》(2011 年修订版)中规定，课程内容要从知识和理解、能力、责任感和进取心三个方面对每个年级学生的财经素养提出要求。

### (二)国内财经素养评价发展现状

上海财经大学中国财经素养教育研究中心自主研发了财经素养教育中国标准(2017)，该标准的基本框架为“三学段—四目标—五维度”。“三学段”分为小学阶段(6—12 岁)、初中阶段(12—15 岁)、高中阶段(15—18 岁)；“四目标”为知识、能力、态度和思维；“五维度”指的是宏观与微观、货币与金融、收入与支出、风险与收益以及职业与创业五个维度的知识模块。

“三学段”的划分依据为我国教育学段体系和青少年的身心发展特点。“四目标”依据布卢姆的教育目标分类理论，学习和掌握财经知识是基础，在学习财经知识的基础之上掌握财经能力则是关键；财经态度则是贯穿个人成长发展全过程的金钱观、义利观、财富观等。作为教育的终极目标，则希望通过财经素养教育能促成学生养成基于现实问题的实践导向思维和初步的创新精神，帮助学生在瞬息万变的经济世界中面对各种不确定性和多样性养成良好的思维能力和思维习惯。“五维度”中微观与宏观分析旨在从哲学思维方面帮助青少年正确认识个人与国家在信用、财务、制度等方面的逻辑关系；货币与金融、收入与支出以及风险与收益旨在从经济角度帮助青少年理解基本财经知识，提高财经决策能力；职业与创业侧重个人发展，通过引导个人认识不同的职业，寻找个人的兴趣点，形成职业意识，为将来的职业规划和创新创业打下基础。[①]

## 二、高中财经融合课程的评价依据与原则

评价是教育的重要环节，它能引导学生沿着正确的方向发展，它更能促进学校

---

① 刘志阳，杨超. 财经素养教育的国际经验借鉴与中国标准建构[J]. 广西财经学院学报，2019，32(3)：116—126.

课程质量的提高，因此高中财经融合课程的评价体系包括了学生评价与课程评价两部分。

高中财经融合课程的评价是动态的、循序渐进的，贯穿于整个学习活动过程的始终。具有全程性的课程评价可以随时反馈教师教学活动、学生学习活动的信息，便于教师和学生及时调整教学策略和学习策略。

高中财经融合课程评价是多元化的，评价的对象不仅是学生，还包括教师、教学管理体系和课程本身。评价的主体不仅是教师，还包括学生、家长、管理者和社会其他成员。

根据动态化与多元化的指导思想，学生财经素养评价与课程评价的设计依据与原则如下。

### （一）学生评价依据与原则

学生评价的目的是为了提高学生的财经素养、促进学生的发展，重点是关注学生财经素养的发展水平，关注学生的过程性学习。学生评价包括学生财经素养评价与学生成果评价。

学生财经素养评价工具的开发以高中财经融合课程目标为依据，包含知识理解力、技能与运用以及专业志趣三个层面。其中知识理解力主要指学生在接受和理解财经知识方面取得了哪些进步；技能与运用主要指学生独立思考、分析并解决问题的能力；专业志趣是指学生对财经领域的兴趣、未来的职业生涯规划，以及在参加财经活动中的投入热情和实践策略。学生成果评价的目的是对学生学习过程的评价，同时可以作为终结性评价的依据。

学生评价的主要原则包括：评价目的的发展性，旨在促进每个学生全面发展，突出对学习过程的体验、情感、态度、价值观、综合能力、核心素养的评价，不仅仅局限于对财经知识和技能的掌握；评价主体的多元化；评价方法的多样化，包括目标评价、过程评价和成果评价等。

### （二）课程评价依据与原则

高中财经融合课程本身的评价是促进财经融合课程发展的动力。课程评价工具的开发以财经融合课程的特点为依据，从财经课程生活化、财经课程情境化、财经活动任务化、财经情境问题化与财经教学效果化五个维度进行评价。同时，我校依据三大类财经课程的特点，设计了“多层次课程评价工具”，包括财经广域课程评价工具与财经核心课程评价工具。通过课程评价，对教师的教学质量水平做出判断，肯定成绩，找出问题，达到最优化教学。

## 三、高中财经融合课程评价工具

### (一)学生财经素养评价工具

我校以高中财经融合课程目标为依据，设计了学生财经素养评价工具——上财北郊高中财经素养量表(简称:财经量表)，财经量表是基于上财北郊高中财经融合课程而独立研发的学校特色指标量表，具有良好的有效性和结构。

财经量表由一份独立的复本量表组成，分为三个维度:知识理解力(K)、技能与运用(S)、专业志趣(A)。分别从学生对于财经类知识的了解程度和理解能力、学习财经类知识或技能后的运用能力、未来对财经类的专业或职业的兴趣与志向三个维度，对学生的财经素养做出整体评估。

财经素养评价的等级标准为:知识与技能分为了解、理解、掌握、不合格四个等级;思维与行为方式(灵活运用所学解决问题)分为能、有时能、不能三个等级;表达能力(口头表达能力、书面表达能力、实践操作能力)分为基本正确、正确、不正确三个等级;志趣与创新性(独到的见解、新颖的发现、别具一格的感受)分为经常、有时、无三个等级。

根据财经素养各维度的得分情况将财经素养能力分为四大能力水平，分别为:L4(所有维度上得分均较好);L3(两个维度上得分较好，其余维度上得分一般);L2(一个维度上得分较好，其余维度上得分一般);L1(所有维度上得分均一般)。财经量表揭示了我校的三类课程对学生财经素养发展所起的影响，并为我们下阶段教育教学工作提供具有针对性的指导意见。

### (二)学生成果评价工具

在学生学习过程中，引导学生将学习过程记录下来，主要记录学生在学习每一模块所学的知识的掌握程度、最大收获、还需要教师帮助解决的问题、与同学交流的体会等，并将其作为总结性评价的依据。通过评价来估计学生的发展水平。此外，评价权力尽可能下放给学生，让学生可以自评和互评，使其能力、个性、人格得到全面发展。

我校充分利用辅助研究型课程开展的研究型课程自适应学习平台（简称：MOOR 平台），组织和引导学生进行自主探究学习过程性评价。MOOR 平台根据学生兴趣测试、研究性学习行为轨迹等进行综合分析评价；学生也可以将研究性学习的每一个过程记录下来，形成自己的研究性学习成长档案，包括开题评价表、过程评价表与结题评价表等。

## （三）课程评价工具

为了全面落实学生财经素养教育的国家标准，客观反映学生财经素养发展状况，提升财经融合课程的教学质量，激励学生的学习热情，我校根据课程评价的目的与内容，开发了财经融合课程评价表，评价内容包括财经课程生活化、财经课程情境化、财经活动任务化、财经情境问题化和财经教学效果化五个内容，如图 2－4 所示，并设计了每个内容对应的评价指标，从好、较好、一般、差四个等级进行评价。

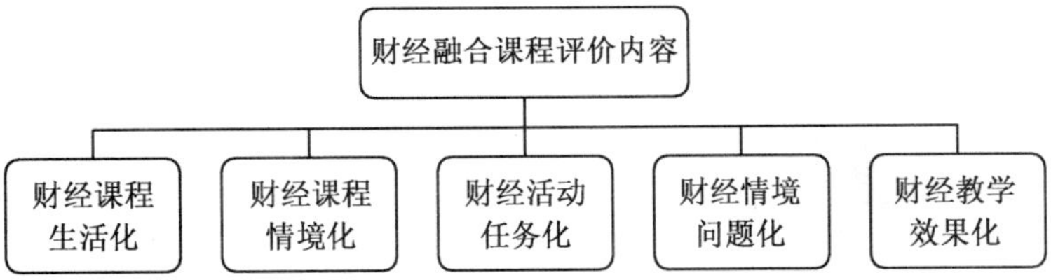


**图 2－4　上海财经大学附属北郊高级中学财经融合课程评价内容**

同时，本校针对不同层次的财经融合课程，开发了多层次的课程评价工具，包括财经广域课程评价工具与财经核心课程评价工具。

### 1. 财经广域课程评价工具

根据《上海市普通中小学课程方案》和《上海市中小学拓展型课程指导纲要》，我校拓展型课程评价遵循激励原则、自主评价原则、多元评价原则、注重过程原则。不同于财经奠基课程，财经广域课程评价注重通过评价强化学生积极情感，使学生在拓展学习过程中不断获得成功的体验、发现自己的个性和特长。评价方法多元化，采取自评、互评、第三方评价相结合的多元方式，关注过程评价，让学生真正参与到评价中来，把评价过程变成教育和指导的过程，不断促进学校、教师和学生的和谐发展。

财经广域课程教师通过对学生学习过程的观察、交流及学习过程中的情况记录、各种形式问卷、多种形式的作业，来自家长、社会等有关方面的过程证明、记录等开展评价。

2. 财经核心课程评价工具

我校 MOOR 平台共有校级管理员、指导教师（简称导师）、校长、学生 4 种角色。校级管理员的账号由平台统一分配，负责管理导师信息、课题相关、同步情况以及本校资源的数据。导师的账号由校级管理员创建，负责指导学生完成课题和对课题进行评价，对导师通过学生发展中心“导师制度”展开评价，辅导项目包含开题指导、前期计划、中期实施和结题成果，从学生的课题困惑、课题指导内容摘要、研究性课程学生成长记录三个维度进行评价。课题结题后，通过 MOONRIDE 第三方认证平台对课题进行查重及专家答辩，对学生实践能力和创新精神进行客观评价。

# 第三章

# 财经奠基课程的设计与实施

财经奠基课程是为适应高考改革新形势，面向上财北郊高中全体学生开设的课程，该课程在各门学科课程中渗透财经素养所需的基本学力，以问题解决为导向、以情境创设为依托、以学科任务驱动为开展方式，达到学科课程与财经素养的融合。

在学科课程中，培育学生财经学习的基础性学力，将学科课程视线从高考、学业考的单一课程模式，转向“财经素养”基础性学力培育的多元模式。财经内容与各门学科融合，交叉并行，有意识地结合每一门学科的特点挖掘财经素养培育空间，形成校本特色。

财经奠基课程创造性地完成了财经教育在各学科课程中的学科统整表，将财经教育内容与学科教学适当融合，结合学科内容进行适度开发，加强了学科课程的校本化实施，保持了学科课程中财经素养教育的一致性和连贯性。

财经奠基课程由我校各学科课程的骨干教师承担。在财经奠基课程实施过程中，各学科教师根据本学科统整表，将财经素养标准和各学科基本要求相结合，从背景知识、重点难点、教学目标、课堂案例、测试评价等几个方面完成各科财经教育的融合与课堂实践。

财经奠基课程分为社会人文类课程、数学信息类课程和自然科学类课程。

社会人文类课程涵盖语文、英语、历史、思政学科，内容涉及非连续性文本的阅读、人文财经类活动、财经英语、经济学理论发展史、经济形态与社会结构演变关系分析、人类生活(衣食住行)发展史、经济伦理、企业史、个人理财与家庭理财、家庭保险计划、财经创客活动、经济与法律、经济与哲学等。

数学信息类课程涵盖数学和信息学科,数学素养是财经素养的基础,函数图像、概率与统计、数据分析等均与财经素养有关联。数学阅读理解能力、逻辑推理能力也与财经素养密不可分。信息技术学科中的一些内容在当代社会中也完全能够与财经知识有机融合。

自然科学类课程涵盖化学、物理、生物、地理学科,内容包括物理学中引发三次工业革命对经济发展的影响、物理分析方法在财经领域的应用、物理绿色环保科技促进经济的发展、共享经济的发展与物理科技的关系、投资现代物理创新技术的财富收益与风险、化工设备流程及原料类学科知识、化学实验技能设计中的成本控制、生物多样性与可持续发展、现代生物技术的应用与国家经济增长的关系、生物工程应用提高经济发展、微生物发酵产业带来的经济效益、不同国家和不同世界的财经与贸易特点。

正是在财经奠基课程开发、实施、完善、评价一系列组织和跟进的过程中,我校的基础课程有了更深厚的底色,办学特色更为鲜明,教师的专业成长也有了更多的选择,学生全方位的能力和个性特色得到了最大程度的彰显。

## 第一节　财经奠基课程的课程设计

### 一、财经奠基课程的课程目标

财经奠基课程是为适应高考改革和上财北郊高中办学特色而开设的面向全体学生的课程,在社会层面、学校层面、学科层面和学生层面都有明确的目标和期待。

#### (一)聚焦财经教育,呼应社会期待

上海要建成国际金融中心需要大批财经专业人才,提高青少年财经素养成为迫切需要。构建高中基础教育中财经特色课程,对培育上海财经拔尖人才具有时代意义。

2016 年，虹口区人民政府与上海财经大学合作共建北郊高级中学，为学校新的发展提供历史性的机遇和挑战，也为我校全体师生的个人发展提供新的机遇和挑战。上海财经大学附属北郊高级中学积聚财经大学专业优势与北郊百年名校优势，围绕“办成以财经教育为鲜明特色的全国知名、上海一流的大学附中”这一核心规划，立足高中财经融合课程建设，以基础型学科中财经素养渗透为基础，让学生拥有更为个性化的财经教育。

在“中国财经素养教育标准”的框架蓝图下，在高中新课程改革的背景下，基础型学科教学将着力打破过去只注重知识传授的单一方式，在此基础上，我校财经融合课程的多样性和选择性将更能满足我校学生多元发展需求，上财北郊高中也将更加明确学校财经教育特色办学方向，在全市起到财经教育的示范和辐射作用，呼应社会对高中生财经教育和全人教育的热切期待。

**（二）架构课程设计，深植学科厚度**

财经奠基课程是面向本校全体学生的财经素养课程。课程主要由本校基础型课程，即语文、数学、外语、历史等学科的教研组长和骨干教师承担设计，通过对基础型课程中各学科与财经素养培育相关内容的挖掘整合，将财经素养培育融入现行的数学、阅读、历史、政治等学科课程中，完成各学科知识与财经素养渗透的课程的统整。该课程将基础课程视线从高考、学业考的单一课程模式，转向“财经素养”基础性学力培育的多元模式。在实施过程中，注重结合每一门基础性学科的特点，挖掘财经素养培育空间。

在学科教研组和财经教研组共同运作的背景下，通过多元途径、立体课程、实践体验等方式从各门基础型学科中挖掘财经要素，摸索和探究如何将财经素养与各门基础型学科特点结合，将财经知识潜移默化地传达给学生，让更多的学生对财经产生兴趣，鼓励更多的学生参与到学校财经特色的建设中。

在已经陆续开展的新教材新课程教学中，学科教师也将进一步挖掘必修课程中的财经要素。教材新增的内容、技能和学科思想方法都可能与财经问题有联系，如何将学科与财经融合，这将成为每一位财经奠基课程教师思考和努力的方向。在此基础上，助推教师能力提升，加深学科培育厚度。

### （三）探索课程融合，形成校本特色

我校在财经奠基课程体系中的校本课程是由我校教师编制、实施和评价的课程，通过国家、地方和校本课程的充分开发、互补，按照学生学习认知规律与本校学生的认知水平，让每一个北郊学子在高中三年学科课程教育中逐步提升自己的财经素养。

财经奠基课程从每一门学科的学科素养和课程标准入手，对接高中生财经素养要求，做到从学生适应课程转变为课程适应学生，课程适应需求，财经奠基课程的融合探索真正做到从注重升学奠基，跨越为着眼于学生终身发展，保证了学生的个性化、多样化发展。

在我校开展财经教育的这几年中，学校的办学理念从立德树人扩充到了经世济学，学校的教育目标从传统的德智体美劳全面发展延伸到了具有财经素养的国际公民，教师的课堂教学从着重培养学科核心素养延伸到了兼顾财经素养的提升，这必将成为新时期我校鲜明的办学特色。

### （四）践行财经目标，提升学生素养

财经融合课程是我校符合新高考新课程改革要求的积极变化，是我校基于学生全面个性化发展的改革，学校在课程设置上本着“为每个学生的个性化发展而设置”的思想，最大限度激发学生潜力，促进学生发展，凸显办学特色，提升办学质量，逐渐打破“以升学率为评价标准”的应试局面。

在几年财经教育的背景下，通过“立体课程”“多元途径”“实践体验”，使上财北郊高中学生比同学段普通学生更具有财经素养的必备品格和关键能力，学生在财经知识与技能、财经思维与品格、财经志趣与创新等方面会有比较明显的提升。同时，高中生所应具备的实事求是、探索质疑、合作意识等方面的能力也会在财经融合课程的熏陶下得到发展。上财北郊高中学生的学习任务从完成应试要求扩充到了符合上海金融大都市的个人素质提升，学生的潜在智慧从诚实守信拓展到了用财经思维分析解决问题。践行财经融合课程的课程目标，上财北郊高中学生的整体素养必将得到最大化的提升和改变。

## 二、财经奠基课程的流程安排

财经奠基课程的课程设计是在我校各门学科课程中渗透财经素养所需的基本学力，以问题解决为导向、以情境创设为依托，以学科任务驱动为开展方式，达到基础课程与财经素养的融合，从而实现财经奠基课程的课程目标。

它依托于各门学科课程的学科统整表，完成对学科课程的校本化实施，我校全学科的财经奠基课程的整体开发实施流程包含以下几个方面。

### （一）紧扣学科素养，凸显财经融合

财经奠基课程立足于必修学科的学科基础、学科素养和课程标准，在各学科的学科素养和财经素养统整的基础上，完成课程目标、课程计划、课程组织、课程实施、课程评价等课程开发环节，形成一个多元化、特色化和个性化的多学科统整协同的财经奠基课程体系，使上财北郊高中学生在财经奠基课程三大类课程中养成财经素养的必备品格和关键能力。

通过分析现有的高中育人目标与课程内容，在基础型课程中均渗透与财经教育相关的内容，建立多学科统整协同的财经奠基课程体系，满足学生学习的适应性、选择性和发展性。

积极构建包括知识理解、技能运用和专业志趣三个维度的全学科财经奠基课程，基于奠基课程目标开发各学科的学科素养和财经素养评价框架。搭建基于基础型课程及其相关内容的财经奠基课程配套资源，在夯实学生基础课程的同时，培育学生的财经素养。

### （二）注重队伍建设，加强理论学习

在学科教研组长先期参与的前提下，顺应学校财经课程发展需要，学校专门成立财经教研组，在不断学习、实践和历练的过程中，形成了一支全学科、有活力、能突击的“博一硕一本”团队，财经教研组重合作与交流，已形成了一批财经融合校本课程。与此同时，从财经教研组辐射到所有教研组，分享财经奠基课程开发的心得，形成了较为成熟的良性教研模式。

学校尽全力支持财经教研组教师的学习和培训，选送教师参加多种类型的市

级层面的慕课学习、财经特色高中参观学习、财经特色活动调研等。

学校成功立项市级课题“基于融合的高中财经课程体系建设研究”。在这一课题指引下，在课程设置方面，加强了各门学科课程的校本化实施，为财经素养奠基。结合各学科的特点，有意识渗透财经素养的培育。财经教研组的教师自行设计本学科财经奠基课程，落实奠基课程典型案例，已成为各学科组在财经奠基课程方面能够独当一面的骨干教师。

**（三）互相借鉴研究，开展学科实践**

我校的财经融合课程是提升新高考新课程背景下我校课程领导力的品牌项目，它以课程改革为起点，转变教学组织形式，实现教与学方式的转变，满足学生个性化差异发展需求。

我校于 2019 年 3 月成立上海财经大学附属北郊高级中学财经教研组，组建具有财经教育潜质与素养的师资队伍，这些来自本校不同学科教研组的教师，不仅保障了财经融合课程一体化的开发、教学、管理与评价，更是构建了“由下而上”的具有高度团队创新性和改革实践性的新模式研发制度。

财经教研组教师全面参与学校各项财经特色活动和研修活动，全面参与上财北郊高中全学科财经奠基课程的开发和实践。财经教研组的多项内部研讨和外部培训也保证了教研组内各科老师的充分交流和借鉴，为我校全学科财经奠基课程的开发、实施、管理、评价、反馈提供了坚实的保障。

**（四）内化财经知识，助推基础课程**

我校组建财经教育的师资队伍，逐渐梳理出财经奠基课程的实践内容，从课程建设角度思考财经奠基课程体系的建设。从课程五环节入手，财经奠基课程与学校基础必修课程互相呼应，从无到有、从有到多、从多到全、从全到精。

对于教师自身而言，参与研究开发财经奠基课程，面临新的课程标准、教学观念、教学材料和教学策略的挑战与思考，应对这些新事物的过程，促使教师专业的进步，通过参与奠基课程的编制、评价，提高教师对本学科课程标准和学科素养的理解，超越原先的课堂内容去思考问题与行动。

对于上财北郊高中的学生，财经素养在基础型课程中的全面渗透，也是培养学生学科课程深度学习的一种手段，为学生的全面发展铺路搭桥。

## 三、财经奠基课程的教学策略

财经奠基课程是基于高中各学科实际内容开展而形成的隐性的财经课程，它依附于各学科课程的教学活动，教师依照教学五环节的推进，在相关学科的教学内容和活动中渗透财经素养，完成奠基课程中财经素养的融合过程。

### （一）财经知识与核心素养融合

核心素养是指学生应具备的适应终身发展和社会发展需要的必备品格和关键能力。学科核心素养是以学科知识技能为基础，是在学科和某一领域的知识学习过程中形成的。

奠基课程中的财经素养渗透和落实必然是与各门基础型学科的核心素养相挂钩的，在基础型课程的相关内容和相关活动的开展中渗透财经素养，以学科核心素养为基础，寻找财经知识的落脚点，才是在基础型课程中渗透财经素养，达到财经培育目的的正确手段。

本研究将高中生财经素养标准与“各学科国家课程标准内容要求”相结合，完成“财经教育在各基础型课程中的学科统整表”（附录四）。将财经教育内容与学科教学适当融合，结合学科内容进行适度开发，加强了对基础型课程的校本化实施，保证了学科教师对财经素养培育的重视，并保持学科课程中财经素养教育的一致性和连贯性。

### （二）财经情境与教学内容融合

我校构建了多元立体的财经融合课程体系，设置了财经奠基课程、财经广域课程和财经核心课程三个维度的课程体系。财经奠基课程是隐性的财经课程，意指将财经教育融于现有的学科教学内容中，是面向所有学生的基础财经素养课程。

在学科课程内容中，教师以该学科的学科素养和课程标准为参考，摸索和探究如何将财经素养与学科内容、学科特点相结合，在教学内容中选择合适的部分进行财经渗透，创设适合进行财经融合的教学情境，将财经知识潜移默化地传达给学生，让更多的学生对财经产生兴趣，鼓励更多的学生能参与到学校财经特色的建设中去。

**(三)财经问题与学科活动融合**

在学科的教学活动中，教师充分运用各类教学形式，借助有特色的学科课程与活动课程，渗透财经教学内容。

财经奠基课程中的学科课程即以教师讲授为主、与学科融合的财经课程；财经奠基课程中的活动课程则是从课堂学习与生活实际融合的角度出发，带着财经问题的情景式活动，学生在教师的引导下自主探究学科内容中的财经问题，以学科活动或社会实践活动等形式开展，并形成活动小结。

**(四)财经评价与活动任务融合**

奠基课程的教师在设计本学科财经融合活动的内容时，将财经知识、财经品格、财经能力等内容有机融入自己的教学过程和学生互动中，在基础型课程的隐性活动中达到财经素养的落实。

在教学评价部分，结合学科内容和学科互动，将教学评价分为学科素养评价与财经素养评价。学科素养评价是外显的，财经素养评价则是植根于学生的学科活动表现之中，在学科素养评价之外完成财经素养的评价。

## 第二节　财经奠基课程的课程实施

财经奠基课程属于隐性的财经课程，它将财经知识、财经能力、财经品格融于现有的基础型学科教学过程中，是面向全校所有学生的基础财经课程。根据目前的课程架构，财经奠基课程主要在社会人文、数学信息和自然科学三大类课程中开展。

### 一、社会人文类课程

**(一)课程涵盖科目**

财经奠基课程的社会人文类课程包含语文、英语、思政、历史四门学科，属于文科类课程。

### (二)课程实施内容

语文学科从本学科的特色课程《阅读上海》活动课程和“非连续性文本阅读课程”两大内容入手，对接语文学科的课程标准和学科素养。《阅读上海》课程从课程标准中的“当代文化参与”任务群入手，在原有的语文实践活动中进一步组织学生开展渗透财经知识的文化实践类活动——“寻访1933老场坊”“徜徉枫泾古镇”。“非连续性文本阅读课程”从学科素养的思维提升和文化理解角度入手，带领学生阅读与财经内容相关的非连续性文本，教师通过设置疑问、激发智趣、自我小结等方式，在帮助学生提升语文阅读素养的同时，引导学生关注文本中相关财经知识，从而提升学生的财经能力和财经品格。

英语学科结合本学科的课程标准和学科素养以及财经元素，在“证券投资”和“互联网金融”两大基础型课程中，结合财经题材的模拟盘操作和国际金融知识构架，以英语语言为载体，在扩展学生的财经技能和知识面的同时，培养学生的语言能力，即较为熟练地使用已有的英语语言知识来表达个人关于财经的见解；丰富学生的文化意识，即激活学生已有的关于财经类话题的文化知识；提升学生的学习能力，即学生的自主学习和合作学习；升华学生的思维品质，即让学生根据课程中获得的信息，提出个人的观点和批判性建议，从而培养以财经为特长的全面发展的社会型人才。

思政学科以常见的家庭理财产品为核心议题，创设情境，引导学生正确运用矛盾分析法，根据自身的实际理财需求，选用合适的家庭理财产品，制定合理的家庭理财计划，及时调整家庭理财方案。通过对家庭常见理财产品的认识与探讨，使财经素养与哲学原理有机融合，提升学生运用哲学原理解决实际问题的能力。又如《社会主义市场经济的法律保障和道德建设——以虚拟货币的流行为例》一课以虚拟货币的流行使用为核心议题，创设情境，使较为抽象的法律保障和道德建设落实于具体的经济现象，引导学生理解虚拟货币的概念、特征与作用，知晓当下虚拟货币使用中暴露的问题，使他们深刻体会到运用法律手段规范市场秩序的必要性与重要性。

历史学科以《“经世“与”济民”》专题和一般基础课程中经济专题为基础课程，关注人类社会历史发展进程中的经济活动，遵循学科标准要求，以学生自主学习、实地探究、课堂交流、教师指导等多种形式，推动财经知识学习和财经实践活动与本学科融合，将历史学科的经济专题做深做透，在提升历史学科素养培养学生跨学科研究分析历史问题能力的同时，也培养了学生的财经意识。

## 二、数学信息类课程

### （一）课程涵盖科目

财经奠基课程的数学信息类课程包含数学和信息技术两门学科，属于理科类课程。

### （二）课程实施内容

数学学科作为高中的基础学科之一，在各方面都有极其重要的应用。其中数学和财经金融等领域结合得尤为紧密，借助财经素养与数学学科融合的理念，在教学过程中融入财经内容，以专题教学的方式指导学生对于相关问题进行实际应用，培养学生的财经素养。数学学科探索开设《分段函数在新版个人所得税中的应用》《等差和等比数列在财经教育中的应用》《数列知识在分期付款中的应用》三节专题探究课，要求学生能从具体问题中抽象出数学问题，并学会分析求解，提高综合解决问题的能力。旨在培养学生数学抽象、数学建模、数学运算等核心素养。将学科内容融入财经素养的这一教学方式，不仅能使学生更为有效地学习财经技能，也能使数学的教学变得更加生动。

信息科技学科以教材第二章《计算机的硬件组成》内容为基础，对接普通高中信息技术课程标准，开展“配置家用计算机”的实践活动。在教材理论基础上结合实操，通过实地市场配置能更好地帮助学生牢固地掌握计算机硬件知识，同时将课程内容拓展到软件方面，让学生更全面、更系统地了解完整的计算机配置流程。在带领学生实地配置过程中，教师将信息科技知识与财经理论相融合，引导学生分析硬件、软件市场，探讨其商业价值，培养高中生财经素养，提升学生对于计算机市场的认识。

## 三、自然科学类课程

### (一)课程涵盖科目

财经奠基课程的自然科学类课程包含物理、化学、生物、地理四门学科。

### (二)课程实施内容

物理学科从活动“探究太阳能转化效率”和“研究可再生能源”两大内容入手，对接物理学科的课程标准和学科素养。《探究太阳能转化效率》从课程标准中“了解太阳能”要求入手，让学生经历发现问题、提出方案、进行实验探究的自主学习过程，在探究过程中养成踏实认真、实事求是的科学态度，增强相互交流探讨、合作完成任务的自觉性，提高环保意识和节能意识。《研究可再生能源》从能源的过度开发和利用对环境的影响入手，了解科学、技术、社会、环境协调发展的重要性，培养学生具有环境保护的意识和行为，并提升学生的财经意识。

化学学科从化学课本各章节中涉及的化工生产相关内容入手，结合化学学科核心素养，与财经知识相融合，以化工生产中的原料、转化率、过程生产成本和产品价值为载体，引导学生思考化工企业的经济利益最大化的关键因素——生产成本和产品价值，而化工产品的成本核算和市场价值是高中财经素养中“投资与风险”知识模块的重要组成部分。将财经素养的渗透和化学教学有效结合，不仅可以巩固化学基础知识，还可以通过分析化工生产中的经济问题来培养学生基本的财经素养，提升学生的财商意识和商业决断能力。

生物学科课程《推动蓝色经济发展——多重压力下的中国海洋可持续发展》主要从生态学和经济学两大方向入手，以生态学为主线，在生态系统中寻找改变高度浪费的生产和消费模式的灵感，帮助学生了解与传统经济模式和绿色经济相比，蓝色经济具有四个显著特点:创造就业机会、创造经济价值、仿效生态系统和零排放。蓝色经济与环境产业未来的趋势有着非常高的契合度，有助于帮助学生在学好生态学的基础上养成一定的投资决策思维和创新创业思维，引导学生意识到利用经济手段创造社会价值和服务社会的重要性。

地理学科以“商业区位”和“工业区位”案例入手，以学生的地理实践为主线，设计经济地理学习任务。地理学习任务以任务为导向,以学习项目为载体,整合经济情境、区位学习内容、研究方法和时下社会经济资源。经济地理的教学案例设计着眼于培养地理综合思维与地理实践力的核心素养,充分顾及问题导向、跨不同空间尺度、自主与合作、个性化与创造性等因素,应用现代地理信息技术等媒介,关注地理自然、人文要素分析融合于国家重大发展战略的经济背景,进而提升高中生财经素养。

## 第三节 财经奠基课程实施的典型案例

### 一、社会人文类典型案例

#### (一)语文学科

**《阅读上海》课程"探寻1933老场坊"**

金罗兰

**一、财经融合的教学背景**

特色课程:本课是我校语文基础型特色课程《阅读上海》中的一个教学内容。

课程标准:基于《普通高中语文课程标准》(2017年版)"当代文化参与"学习任务群。

课时学科背景:语文学科《阅读上海》基础型课程旨在通过新课标引领下的语文专题活动,引导学生感悟都市文化、涵养城市精神、强化核心价值观,并在专题活动过程中探寻感悟上海这座城市在经济、文化等方面的变化和发展,进而爱城市、爱国家、读生活、读人生。本课时实践活动符合语文新课标学习任务群中的"当代文化参与"版块,不但可以让学生获得从娱乐消遣到认知情感的提升,而且能进一步涵养精神、提升思维、激发创意,明白责任与担当。

财经背景:借助财经素养与语文学科融合的理念,通过语文学科当代文化参与类的专题活动探寻财经课程在学科课程中融合的方式,在已有的语文学科调查专题活动中引入财经兴趣和专业志向的财经因素，进一步加强语文学科与财经融合的关联内容和实施途径。

## 二、财经融合的教学目标

**学科与财经素养融合目标可视化表格**

<table>
<tr><td colspan="2">学段知识模块</td><td>个体与社会</td><td>货币与金融</td><td>收入与消费</td><td>投资与风险</td><td>价值与提升</td></tr>
<tr><td rowspan="4">高中</td><td>知识</td><td>了解个体建筑与城市建筑群之间的关系；<br>了解单一的建筑变迁与城市经济发展的关系</td><td>了解在城市的金融大潮中建筑产业可能受到的影响</td><td>了解城市建筑转型的概念，并在这一范围内给个人带来的收入与消费的影响</td><td>了解城市建筑改造与转型过程中的风险问题和效益问题</td><td>通过建筑的变迁观察城市经济的转型与变化以及城市的发展与进步</td></tr>
<tr><td>能力</td><td colspan="5">能通过查阅资料、实地走访等方式了解建筑的历史变化、建筑特色、功能定位；<br>能通过建筑表面的特征、功能等内容思考其背后隐含的城市经济发展的因素。</td></tr>
<tr><td>思维</td><td colspan="5">培养高中生通过建筑表面变化思考其背后的经济、文化因素的思维方式，培养其由表及里、由此及彼、由具象到抽象的思维能力。</td></tr>
<tr><td>价值观</td><td colspan="5">引导高中生了解我们的城市发展变迁和与之相关的城市经济活动，热爱我们的城市和家园，并在将来为城市经济的进一步发展做出贡献。</td></tr>
</table>

本节课具体课时目标如下：

1. 通过查阅相关资料和实地走访，了解“1933老场坊”建筑的历史变化、建筑特色、功能定位（文化传承与理解）。

2. 通过查阅相关资料、实地走访以及与小组成员的讨论探究，通过建筑表面的特征、功能等内容思考建筑背后隐含的城市经济发展的因素（思维发展与提升）。

3. 通过文稿撰写和课堂展示，呈现出对1933老场坊历史发展与折射的城市经济因素的思考（语言建构与运用）。

4. 通过语文课程的当代文化走访类活动，引导高中生了解我们的城市发展变迁和与之相关的城市经济活动，热爱我们的城市和家园，并在将来为城市经济的进一步发展做出贡献（财经兴趣）。

## 三、财经融合的教学过程

| 教学环节 | 教与学活动 |
|---|---|
| 学科背景知识介绍 | 教师初步介绍语文课程标准中“当代文化参与类活动”的基本内涵；<br>教师初步介绍本次走访活动的对象“1933老场坊”。 |

续表

| 教学环节 | 教与学活动 |
|---|---|
| 教师提出学科与财经融合的活动问题 | 问题1:1933老场坊作为一座历史并不十分悠久的建筑,甚至前身乃是一介屠宰场,却能够成为沪上一处知名景点,它为什么能够华丽转身?<br>问题2:建筑作为城市的显性命脉,如何在城市兴盛中满足大众需求,又如何在更新换代中不被淘汰而屹立不倒,它背后包含着怎样的经济因素? |
| 走访活动前期准备 | 班级分组,每组4—6人,选出组长,落实组员任务分工;<br>学生准备相关资料,设计具体活动细节。 |
| 学生开展财经融合走访活动 | 学生小组实地走访;<br>学生小组梳理活动中的问题和感受,完成小组报告。 |
| 财经融合活动交流与评价 | 班级交流展示;<br>学生和教师共同完成活动评价。 |

## 四、财经融合的教学评价

语文课程中财经专题活动

班级：　　　　活动小组：

**活动过程和活动成果小组交流评价表**

| 评价项目 | 评价等级 | | | 评价等级 | 简单说明 |
|---|---|---|---|---|---|
| 基本知识 | 优秀 | 良好 | 一般 | | |
| 材料收集 | 优秀 | 良好 | 一般 | | |
| 文稿撰写 | 优秀 | 良好 | 一般 | | |
| 展示效果 | 优秀 | 良好 | 一般 | | |
| 语言表达 | 优秀 | 良好 | 一般 | | |
| 逻辑思维 | 优秀 | 良好 | 一般 | | |
| 团队合作 | 优秀 | 良好 | 一般 | | |
| 财经融合 | 优秀 | 良好 | 一般 | | |

财经融合教学评价说明：

《阅读上海》课程之“探寻1933老场坊”旨在引导学生走近上海建筑,并关注建筑背后的内涵。将单一的建筑置于时代的洪流中，了解建筑在时代变迁的过程中体现的人文情怀、经济特征等要素。

与新课标相对接，通过语文课程中的文化参与类走访活动，引导学生接触真实的建筑外形，感受城市的律动和变迁，既可以充实我们的知识宝库，更可以丰厚我们的思想感情。

教师在这样的财经奠基课程课例实施全过程中，引导学生通过结成小组对走访活动的主题提炼出子问题、参观思考采访撰文、深度思考班内展示，在评价阶段也是对这些过程中学生在语文学科核心素养中的语言建构与运用、思维发展与提升、审美鉴赏与创造、文化传承与理解等多方面的综合评价，同时通过“探寻上海建筑”这样的主题活动，了解建筑与城市经济的关系，进一步加深学生的财经素养，在学生的交流中将建筑与经济发展的关系作为评价学生财经素养的重要因素。

**五、财经融合的教学反思**

语文课程中开展了财经融合的专题走访活动，引导学生参加了语文课程财经活动“探寻 1933 老场坊”以后，从经济转型或商业布局的角度谈谈感受。

教师在活动交流的总结阶段引导学生理解建筑是竖立在城市表面的命脉，它的建成、推倒、转型、重生，都反映着城市的兴衰变革，暗含着经济、政治、文化等多重因素。比如，经过教师启发后，学生对建筑变迁与城市工业之间的关系作了思考。

除此之外，还有学生对城市建筑的发展与城市的经济发展作了思考：城市的经济建设是为了人们更好地生存发展，但是我们的生存发展能够离开这些古老的物质文明吗？我们的发展难道不是奠定在这些丰厚的物质文化遗产的基础上吗？我们不能盲目地为了“发展”而发展。保护历史文化遗产，对于建设特色城市、促进城市经济建设有着更迫切现实的意义，我们需要追求的是特色和发展，老建筑和城市建设兼顾的发展，不能把它们当作矛盾来看待。一旦这些历史消失，我们将永远看不到，并且无法补偿，这是城市巨大的经济损失。

# 《阅读上海》课程"徜徉枫泾古镇"

柴小倩

## 一、财经融合的教学背景

特色课程:本课是我校语文基础型特色课程《阅读上海》中的一个教学内容。

课程标准:基于《普通高中语文课程标准》(2017 年版)"当代文化参与"学习任务群。

课时学科背景:《阅读上海》是我校特色课程,以了解上海风俗历史、文化特色,提升人文情怀,拓宽文化视野,培养探究思维和文化保护意识为学习目标。本次以"枫泾古镇"为主题的"阅读上海"探索之旅,兼具人文与财经双项特色。

枫泾古镇是中国历史文化名镇,人杰地灵,民风淳厚,崇尚耕读,注重教育和取仕,可谓是人才辈出,而现代,枫泾也孕育出了不少名人,例如国画大师程十发、漫画大师丁聪、围棋大师顾水如等。此外,枫泾民间艺术五彩纷呈,透露出枫泾人民的智慧、勤劳及对生活的热爱。学生通过游访考察枫泾古镇,能够了解古镇历史与发展前景,加深对上海文化历史的了解,增强传承优秀传统文化意识,提升文化保护意识。

财经背景:枫泾目前正在展开古镇更新、产业更新、社区更新和乡村更新"四大工程",是上海推进特色小镇建设的"前沿地带"。时代更迭,上海经济飞速发展,为了古镇居民的福祉,古镇也要谋求新的发展。古镇既要保持历史遗留的文化气息,又要发展更新,如何处理这个关系?枫泾作出了有益探索:以"农创"为发展特色,坚决留住原住村民,让他们尽享发展"红利";坚决保留以江南建筑为"形"、人文历史为"魂"的"人文古镇"完整生态。

学生通过实地考察、探访,了解古镇农创发展的概念,从而意识到利用经济手段创造社会价值,并对财富与人生进行哲学思考。

## 二、财经融合的教学目标

**学科与财经素养融合目标可视化表格**

| 学段知识模块 | | 个体与社会 | 货币与金融 | 收入与消费 | 投资与风险 | 价值与提升 |
|---|---|---|---|---|---|---|
| 高中 | 知识 | 了解古镇在时代发展的大背景下的沿革与变化、传承与创新 | 了解在城市的金融大潮中，古镇的经济发展可能受到的影响 | 了解古镇农创的概念，并在这一范围内给居民与游客带来的收入与消费的影响 | 了解古镇在发展旅游产业及发展农创特色过程中的风险问题和效益问题 | 了解古镇人文传统特色与经济发展之间的关系；思考财富与人生的关系 |
| | 能力 | 在了解古镇历史变化、人文底蕴的基础上，识别认知背后的经济发展因素；<br>能够对古镇未来经济发展方向做出预判与规划。 | | | | |
| | 思维 | 培养高中生的创新创业思维；<br>培养高中生的投资决策思维。 | | | | |
| | 价值观 | 引导高中生意识到利用经济手段创造社会价值的重要性；<br>通过思考古镇经济发展与其人文传统之间的关系，树立正确的价值观及人生观。 | | | | |

本节课具体课时目标如下：

1. 通过走访，了解枫泾古镇的人文积淀，增强传承优秀传统文意识，培植人文情怀（文化传承与理解）。

2. 通过分享交流，感悟枫泾古镇环境与人之间的和谐关系，增强环境保护意识，树立健康正确的人生观和价值观（思维发展与提升）。

3. 通过考察，感受枫泾古镇浓郁的民间艺术氛围，学习枫泾人民智慧勤劳的品质，提升审美鉴赏能力（审美鉴赏与创造）。

4. 通过实地考察，收集信息，了解枫泾古镇农创发展特色；通过交流汇报活动，增强利用经济手段创造社会价值意识；感悟古镇经济发展与人文之间的关系，进一步思考财富与人生的内涵（财经兴趣）。

## 三、财经融合的教学过程

| 教学环节 | 教与学活动 |
|---|---|
| 学科背景知识介绍 | 教师介绍语文课程标准中“当代文化参与类活动”的基本内涵；<br>教师介绍本次走访活动的对象“枫泾古镇”。 |
| 教师提出学科与财经融合的活动问题 | 通过本次学习，你对枫泾有了哪些认识和了解？<br>枫泾深厚的人文底蕴对于你有何启发？<br>在时代经济飞速发展的背景下，你对古镇未来的命运有哪些思考？ |

续表

| 教学环节 | 教与学活动 |
| --- | --- |
| 走访活动前期准备 | 规划探访路线，选择合适交通工具；<br>收集信息，了解枫泾古镇历史及文化特点，了解农创发展的概念；<br>准备摄影与录像设备。 |
| 学生开展财经融合走访活动 | 实地考察，探访古镇，获得实际感观；<br>访谈调查，记录信息；<br>小结反思，形成文案。 |
| 财经融合活动交流与评价 | 以小组形式展示走访成果；<br>小组互评；<br>教师点评。 |

## 四、财经融合的教学评价

语文课程中财经专题活动

班级：　　　　　　活动小组：

**活动过程和活动成果小组交流评价表**

| 评价项目 | 评价等级 | | | 评价等级 | 简单说明 |
| --- | --- | --- | --- | --- | --- |
| 基本知识 | 优秀 | 良好 | 一般 | | |
| 材料收集 | 优秀 | 良好 | 一般 | | |
| 文稿撰写 | 优秀 | 良好 | 一般 | | |
| 展示效果 | 优秀 | 良好 | 一般 | | |
| 语言表达 | 优秀 | 良好 | 一般 | | |
| 逻辑思维 | 优秀 | 良好 | 一般 | | |
| 团队合作 | 优秀 | 良好 | 一般 | | |
| 财经融合 | 优秀 | 良好 | 一般 | | |

财经融合教学评价说明：

本课通过引导学生走近古镇，让学生了解古镇的历史、发展和沿革的过程，引导学生思考传统文化的传承，以及古镇未来发展创新的方向，从而达成语文学科核心素养和财经素养的教学目标的融合。

从语文学科核心素养培养角度而言，本课对接了课程标准中的“当代文化参与”任务群，学生通过结成小组实地走访、考察，形成对学习问题的个人思考，并在班级中进行分享交流。学生在语文学科核心素养的语言建构与运用、思维发展与提升、审美鉴赏与创造、文化传承与理解等方面都得到了能力的提升。

从财经素养培养角度而言，本课通过语文课程中的文化参与类走访活动，引导学生走近传统文化，感悟古镇浓郁的民间艺术氛围，以及古镇在新时代背景下的人文坚守与创新；使学生了解枫泾古镇农创发展特色，增强了学生利用经济手段创造社会价值的意识，并使之对财富与人生的关系进行深入思考。

**五、财经融合的教学反思**

本课通过设定明确学科与财经教学目标，组织学生进行实地走访考察活动，引导学生反思小结并交流分享，不仅使学生提升了学科能力，也增强了财经素养。

通过活动，学生们认识到在经济发展过程中以人为本的重要性，经济利益不是发展的根本目的，让百姓的生活幸福指数上升才是发展的要旨所在。在实施乡村振兴的过程中，枫泾镇尊重古镇生活根脉，坚决“不扰民”，不动农民“奶酪”，要“反哺”农民；坚决留住原住村民，让他们尽享发展“红利”；坚决保留以江南建筑为“形”、人文历史为“魂”的“人文古镇”完整生态，很好地体现了枫泾镇这座千年古镇优良的人文传统和文化底蕴，使人文与财经的融合教学得到了实现。

## 非连续性文本阅读课程《出口铁路？留住旅客？》

阮　雯

**一、财经融合的教学背景**

特色课程：本课是我校语文非连续性文本阅读课程中的一项教学内容。

课程标准：阅读是语文学习的基础，也是学生在知识输入与输出过程中的必备基本能力。在部编教材 16 个学习任务群中，有 14 个学习任务群中出现了“阅读”任务。财经渗透阅读课程不仅是选取与经济相关的现代文，引导学生读懂文章中的经济知识，更是从文章的论说方式上学习经济主导的思考模式，发现生活中具体的经济学问题，并通过对作者的观点进行思辨，从而形成自己的认识与观点。

课时学科背景：语文学科非连续性文本阅读课程旨在通过现代文篇章阅读培养学生的阅读能力，由阅读理解辐射及其他语文学科核心素养。对象文本按文体可分为实用类与文学类两大类，实用型文本阅读侧重传播与应用，帮助学生的思维逻辑发展与提升，文学型文本阅读侧重审美体验，有利于学生的情感陶冶与精神升华。一些与经济、社会相关的篇目不但可以让学生获得语文素养的提升，而且能进一步为学生奠基财经素养、传承诚信美德、孕育财商意识、领悟契约精神。

财经背景：借助财经素养与语文学科融合的理念，通过阅读课程探寻财经素养在基础型课程中融合的方式，在非连续性文本选文中注入财经因素，进一步借助语文阅读传授财经知识，奠基财经素养，达潜移默化之功。

## 二、财经融合的教学目标

**学科与财经素养融合目标可视化表格**

<table>
<tr><th colspan="2">学段知识模块</th><th>个体与社会</th><th>货币与金融</th><th>收入与消费</th><th>投资与风险</th><th>价值与提升</th></tr>
<tr><td rowspan="4">高中</td><td>知识</td><td>了解铁路发展对整体社会的作用</td><td></td><td>分析中国铁路总公司负债的情况</td><td>了解铁路新建投资和“走出去”战略投资的结果与风险</td><td>思考盘活铁路闲置资产的价值</td></tr>
<tr><td>能力</td><td colspan="5">通过阅读文章，理解文中“产能过剩”“边际式递减”“负债”等经济学概念；<br>通过对“铁路产能过剩”问题的发现与探讨，思考生活中其他类似的经济学问题。</td></tr>
<tr><td>思维</td><td colspan="5">培养高中生针对生活中具体经济学问题提出方案、评估方案的思维能力。</td></tr>
<tr><td>价值观</td><td colspan="5">激发学生文化自信，认识我国文化、环境资源中潜藏的经济价值。</td></tr>
</table>

本节课具体课时目标如下：

1. 培养学生针对具体社会现象的思考能力（思维发展与提升）。

2. 激发学生文化自信，认识我国文化、环境资源中潜藏的经济价值（文化传承与理解）。

3. 发现我国铁路发展的优势与问题，思考铁路产能过剩现象；引导学生结合文章为“盘活铁路闲置资产”出谋划策，培养探讨现实中经济问题的能力（财经素养培养）。

### 三、财经融合的教学过程

阅读文章并回答下列问题：

## 出口铁路？留住旅客？

邢海洋

①“春运”大幕拉开，万人挤破火车站护栏的场面没有出现，却出现了一列临客只坐一位乘客的“奇葩”镜头，诸如北京到哈尔滨、北京到成都的“秒光”线路还有余票。最能反映紧缺经济的“春运”火车票也供需平衡了。全人类最大规模的人类迁徙曾被认为是“无解”的难题，中国式的产能扩张却奏效了。但平日里这些过剩的产能，又该如何利用？

②中国铁路建设大干快上，高铁的网络化成就了全国人民说走就走的旅行。但过剩的信号已经出现在铁路设备的生产上。我国铁路已成为世界上铁路运输强度最大、运输效率最高的国家，客车动力也从早期的内燃机车向电力机车和动车组过渡。5 次提速以及高铁大跃进后，牵引动力的升级换代几近完成。如今，也只有春运高峰，铁路部门才会把闲置的老旧车辆拿出来临时编组，让乘客重温绿皮车的回忆。

③可问题是：铁路新建里程相对于既有铁路，未来只会是边际式的递减，如何支撑车辆业因更新换代而迅猛扩张了的产能？对于即将过剩的产能，无论是南北车的合并还是北京、莫斯科高铁的动议，制造商和政府选择的都是“走出去”战略，可并不顺利。中国铁建投资沙特轻轨亏损了 41 亿元，墨西哥高铁项目被无限搁置。而雄心勃勃的泰国高铁和北京到莫斯科高铁也需要中国大量投资。与海外合作，远没有国内政企合力的确定性和高效率。

④中国的高铁铁路里程均已跃居世界第一。当“春运”也不再是紧缺商品，这意味着“春运”40 天之外的 320 余天里，全国交通资产中已有一部分处于闲置状态。按衡量生产企业的说法是开工不足。中国铁路一直处于超负荷的运营状态，松开绷紧的弦，对于调度和安全生产未必不是好消息，但对中国铁路总公司逾 3 万亿元的负债却并非如此，更不用说随着新线路的建设，负债还在快速攀升。如何盘活闲置资产，创造出利润增长点，铁路在竭尽所能。如开通了北京和燕郊之间的临

时火车，争取日常通勤旅客。北京和广州深圳间还开通了夜行卧铺高铁，与航空运输争旅客。可和“春运”回家过年的刚性需求比起来，新增的试探性服务吸引到的客流甚至可以忽略不计。

⑤真正能够填补运力空缺的，应是体量更大的市场——旅游市场。据外汇管理局发布的数据，2014 年中国超 1.1 亿人次出国旅行，游客海外支出达到创纪录的 1648 亿美元，较 2013 年增加 28%。随着可支配收入的增长和出境旅游人数的增加，中国已经成为世界第一的海外游输出国。另一方面，来中国旅游的外国人却持续下降，2014 年，中国遭遇历年来最大一笔旅游赤字，中国游客在海外的开销比海外游客在中国的支出多出 1136 亿美元，比上一年增长近 50%。

⑥如果说“春运”是刚需，是亲情纽带和传统习俗浸润下中国人的不二选择，旅游则是提升生活品质之道。弥漫全国的雾霾、高昂的物价和景区涸泽而渔的门票，却使国人不得不舍近求远，费时费力去海外。纵观全球旅游输出国，不乏日本和俄罗斯那样地理气候单调输出源，而如国土面积与我们相仿的美国，大半人口根本没出过国。中国地大物博，气候与环境的多样性全球无出其右，资源禀赋上，国人本不该有出国旅行的冲动，现实却是不得不在春节加入“春运”大军，平日出国旅行，将交通网络的使用和闲置都推向极端。留住国内游客、吸引海外游客将是一个比“春运”更难解的难题，这就不仅是交通部门的难题了。

**问题一：“产能过剩”“边际式递减”“负债”“闲置资产”等概念具体指的是什么？**

【教师提示】

1. 文中的“产能过剩”指的是中国的铁路资产已经超过了平日的旅客需求，造成铁路产能过剩的一部分原因是为应对“春运”大军，中国铁路产能迅猛扩张，而满足了春运供需的运输能力已经大大超过了平日客运的需求。

2.“边际式递减”定义为：在其他条件不变的情况下，如果一种投入要素连续地等量增加，增加到一定产值后，所提供的产品的增量就会下降，即可变要素的边际产量会递减。文中定位到第三段，指的是在火车产量因更新换代而迅猛扩张之后，铁路新建里程呈现出边际递减特征。

3.“负债”主要是指由于一部分铁路资产处于闲置状态，此外还有国外建设投资的亏损和建设新线路的花费。

4."闲置资产"是由"产能扩张"所导致的,在文中特指铁路总资产在平日被闲置的部分。除铁路以外,世界上有大量工业门类的产能早已处于严重过剩状态,也即产量超过了需求。

**问题二:如何理解文章标题《出口铁路? 留住旅客?》,这个标题有什么好处?**

【教师提示】

文章标题中的两个短语"出口铁路"和"留住旅客"是作者所探讨的针对中国铁路负债现状提出的两种解决方案,这个题目开门见山,直接揭示出文章写作的中心问题,与文章内容联系紧密,两个问号的使用又起到了设下悬疑、吸引读者、引人深思的效果。

**问题三:概括本文的论述思路。**

【教师提示】

文章从"春运"具体现象写起,引出满足了短时期"春运"需求的铁路扩张建设同时引发了铁路在"春运"时期以外产能过剩这一问题。接着从铁路新建路线边际递减、中国铁路公司负债的事实出发,盘点中国现有的两种解决方式(投资国外高铁建设和建设新线路服务)尚不能很好地解决问题。由此引出观点:关键在于要在"春运"时期以外盘活现有铁路的闲置资产。接着,作者提出通过开发旅游市场留住国内游客、吸引国外游客,从而活化交通网络,填补运力空缺的方案。

**问题四:财经融合——结合文章,针对铁路产能过剩现象,为"盘活铁路闲置资产"出谋划策。**

【教师提示】

1. 改进"走出去"战略,解决与海外合作的不确定性,提高合作发展效率,实现通过扩大海外市场来盘活铁路闲置资产。

2. 新增试探性服务,比如开通北京和燕郊之间的临时火车,争取日常通勤旅客。在上海、广州、深圳等城市也可以开发铁路线路通勤,这样不仅能活用铁路闲置资产,同时有助于城郊地区开发,从而减轻大城市居住压力。

3. 在客流量较大的线路开通夜行卧铺高铁,分担航空运输旅客,为出行提供更多方式和时间的选择。

4. 在春运时段以外适当安排“闲置的老旧车辆”线路，开发以“绿皮火车”为亮点的怀旧“慢”线路，挖掘出铁路的观赏、文化价值。

5. 发展旅游市场，填补运力空缺。通过环境保护，文化保护以及物价法等相关的法律法规的制定，整顿国内旅游业。通过对国内旅游资源的整合发展，争取留住国内游客、吸引海外游客，刺激交通网络的使用。

**问题五：财经拓展——发现生活中其他类似的问题，搜集解决方案。**

【示例】

地铁在早晚高峰需求大，一味地扩张地铁车次与线路也可能导致产能过剩、资源闲置。可以通过计算各时段各方向线路的客流量，灵活调用车次，优化产能分配。

针对商品的存量过剩，国家采用了鼓励地摊经济、发放消费券、直播带货等手段刺激零售，商场采用反季促销、商演活动等方式带动消费人气。

## 三、财经融合的教学评价

**语文课程中非连续性文本阅读学科素养与财经融合能力评价表**

| 能力类别 | 评价 | 评价标准 |
|---|---|---|
| 学科素养<br>（满分50） | 1—20分 | 部分理解文章内容，能解释“产能过剩”“边际式递减”“负债”“闲置资产”以及文章题目的含义 |
| | 21—40分 | 基本理解文章内容，在概念理解的基础上可以概括出或部分概括出文章的论述过程 |
| | 41—50分 | 完整理解文章内容，并能对文中的现象、观点或论述过程进行独立思考与思辨 |
| 财经融合<br>（满分50） | 1—20分 | 结合文章，大致理解产能过剩的成因与现象，找到或部分找到如“走出去战略”“新增试探性服务”“发展旅游市场”等文中提及的应对铁路产能过剩的方法 |
| | 21—40分 | 结合文章，较有条理地论述四点及四点以上的盘活铁路闲置资产的策略；可以围绕“产能过剩”“资产闲置”等经济学关键词，列举生活中的案例 |
| | 41—50分 | 结合文章，提出比较新颖且可行的盘活铁路闲置资产的策略；围绕现实生活的类似案例，有完整的方案设计与陈述 |

## 四、财经融合教学评价说明

本文《出口铁路？留住旅客?》属于应用类文体，在应用类文体阅读任务中，着重关注文章的思辨性与论述方式，也即文章说了什么、怎么说。通过本文学习，学生首先要能够理解文章讨论的具体社会现象，找到作者对此提出的建议、提出建议的原因与实施效果。其次，通过概括各段内容，分析本文作者论述的思路。在掌握前两者的基础上，再学习作者的论述手法，归纳解决具体社会问题的思考路径。

教师在此类财经融合篇目的教学活动中，还要引导学生关注文中财经知识和财经能力的相关内容，如本文中提到的我国文化、环境资源特有的经济价值，鼓励学生对铁路产能过剩现象和作者提出的解决方案展开探讨。在此基础上，请学生进一步通过对身边社会的观察，发现生活中其他的产能过剩现象，搜集并思考解决之道。教师最终结合学生在阅读学科素养和财经融合能力两部分的表现给出相应评价。

## 五、财经融合的教学反思

本文的阅读，旨在让学生们聚焦我国铁路发展的优势与问题，思考铁路产能过剩这一社会具体现象，学习作者的议论方式，一同为“盘活铁路闲置资产”出谋划策。

文中还涉及“产能扩张”与“产能过剩”的概念。对此，教师应在财经融合阶段引导学生辩证性地思考产能扩张与产能过剩的利与弊。主流语境中，学生接触的是对产能发展的一路高歌，缺少对产能扩张导致产能过剩、边际效益递减乃至负债等结果的思考。通过对本文的阅读，学生认识到科技发展、国家发展背后的经济学问题，认识到产能扩张有两面性，而产能过剩并不等同于可以吃大锅饭，需要思考一些方案来消化过剩的产能。

此外，学生还认识到现实生活中的经济问题不是孤立存在的。在文中，作者指出幅员辽阔的中国国内旅游业存在着巨大的经济潜力，盘活铁路闲置资产需要发展整顿旅游业，避免“春节加入春运，平日出国旅行”等容易引发铁路资产闲置的现象。“出口铁路”和“留住旅客”各有其利弊与难处，因此在聚焦铁路问题的同时也引发了对其他经济问题的关注。

教师通过阅读类的财经奠基课程课例实施和反思进一步认识到，语文与财经的结合既是为财经素养的培养奠基，也是为进一步财经研究的能力奠基。在阅读过程中，学生学习的并不是高深的经济学概念，而是这些概念在现实中的具体表现，学生理解到体验经济学并不仅存于高高的学术殿堂，更存在于每一个体的日常生活之中。语文学科中的财经活动所带来的益处是多方面的：学生通过阅读培养发现具体经济问题的能力，学习作者对具体问题思考的路径；在理解的基础上，学生举一反三，思考身边类似经济问题，搜集资料，探索解决方案。这些过程中包括学生在语文学科核心素养——语言建构与运用、思维发展与提升、审美鉴赏与创造、文化传承与理解等方面的全面发展，同时通过对“铁路产能过剩”这样具体问题的思考，意识到供需关系、产能过剩等现实经济问题，进一步加深学生的财经素养。

### （二）英语学科

## 《财经英语》课程“证券投资”

胡秋伟

### 一、财经融合的教学背景

特色课程：本课是我校英语基础型特色课程《财经英语》中的一个教学内容。

课程标准：基于《普通高中英语课程标准》(2017 年版)“人与社会”的主题语境。

课时学科背景：英语学科《财经英语》基础型课程旨在通过英语专题活动引导学生对城市发展及变迁进行有效、深刻的了解，特别是金融业的发展，因为它不仅推动城市经济平稳健康发展，也有力促进了城市规划建设和高质量的发展。上海作为金融业高度发达的城市，正努力地迈向全球金融中心的地位。

财经背景：借助财经素养与英语学科融合的理念，通过英语学科的专题活动来探寻财经课程在基础型课程中的融合方式。在已有的英语学科专题活动中注入财经因素，进一步加强英语学科与财经融合的关联内容和实施途径。

## 二、财经融合的教学目标

**学科与财经素养融合目标可视化表格**

<table>
<tr><th colspan="2">学段知识模块</th><th>个体与社会</th><th>货币与金融</th><th>收入与消费</th><th>投资与风险</th><th>价值与提升</th></tr>
<tr><td rowspan="4">高中</td><td>知识</td><td>个体的存款、证券、投资,都是整个社会经济活动的一部分</td><td>整个金融业是宏观的,货币只是金融的一种表现</td><td>收入与消费通常呈现正比关系</td><td>充分了解证券投资方面的风险</td><td>投资理念和思维的提升</td></tr>
<tr><td>能力</td><td colspan="5">通过对证券市场的了解,认识到证券市场对整个金融业起着很大的作用,它是城市发展的强大动力</td></tr>
<tr><td>思维</td><td colspan="5">使学生了解证券市场对经济发展的功能性作用;<br>让学生认识到金融发展与国民经济的关系;<br>启发学生思考城市金融业将来的远景。</td></tr>
<tr><td>价值观</td><td colspan="5">引导学生对金融的兴趣,培养学生学习更多的金融知识,合理定位,热爱自己所学专业,为这座城市做出贡献</td></tr>
</table>

本节课具体课时目标如下:

1. 通过参观当地的证券交易所,了解上海证券交易历史变革,激活学生已有的文化知识;联系现实生活,领悟生活百态,从而培养学生的文化意识。

2. 通过表达相关话题的个人见解,较为熟练地使用已有的英语语言知识,从而培养学生的语言能力;了解证券交易所对上海金融业乃至全国金融业的重要作用。

3. 深刻理解证券业的发展对整个国家现代经济具有举足轻重的地位;根据获得的信息,提出个人观点和批判性建议,从而提升思维品质以及自主学习和合作学习的学习能力。

## 三、财经融合的教学过程

| 教学环节 | 教与学活动 |
| --- | --- |
| 学科背景知识介绍 | 初步介绍证券营业部的功能。<br>Teacher gives a preliminary introduction of stock exchange. |
| 教师提出学科与财经融合的活动问题 | 如何进行股票投资,各自进行分工协作。<br>Students conduct group discussion:<br>How to invest in stocks? |

续表

| 教学环节 | 教与学活动 |
| --- | --- |
| 走访活动<br>前期准备 | 班级分组，每组4—6人，选出组长。<br>Teacher divides class into groups of 4 to 6 students.<br>在教师的指导下，对所投资企业进行分析认证，查阅相关资料，做前期准备。<br>Under teacher's instruction, students analyze entities and consult learning materials. |
| 学生开展财经<br>融合走访活动 | 学生小组进行相关讨论，确定投资目的。<br>Students carry out group discussion and settle investment purposes.<br>完成模拟盘操作，对所投资企业进行追踪观察，了解股票的走势情况。<br>Students finish their operation on stock simulation app, track the activities of entities concerned and get hold of the trends of the stocks. |
| 财经融合活动<br>交流与评价 | 对投资活动中所发现的问题、得失，进行小组探讨，完成投资分析报告。<br>Students go on with group discussion on problems they encountered in the process.<br>班级进行交流展示，学生和老师共同完成活动评价。<br>Students and teacher finish activity assessment through class presentation. |

## 四、财经融合的教学评价

英语课程中财经专题活动

班级：　　　　活动小组：

**活动过程和活动成果小组交流评价表**

| 评价项目<br>Project | 评价等级<br>Grade | | | 评价等级<br>Grade | 简单说明<br>Note |
| --- | --- | --- | --- | --- | --- |
| 基本知识<br>Basics | A | B | C | | |
| 材料收集<br>Material collection | A | B | C | | |
| 文稿撰写<br>Script writing | A | B | C | | |
| 展示效果<br>Presentation | A | B | C | | |
| 语言表达<br>Expression | A | B | C | | |
| 逻辑思维<br>Logics | A | B | C | | |
| 团队合作<br>Teamwork | A | B | C | | |
| 财经融合<br>Financial elements | A | B | C | | |

财经融合教学评价说明：

在活动主题的引领下，学生小组带着各自的活动问题走访证券所，了解股票交易的各个环节，完成各小组的交流展示。教师提供关于此次主题的英语文本材料，让学生提前预习关于证券的相关内容。通过活动来培养学生的：

1. 语言能力：表达个人见解，较为熟练地使用已有的英语语言知识；

2. 文化意识：激活学生已有的文化知识，联系现实生活，领悟生活百态；

3. 学习能力：提升自主学习和合作学习的能力；

4. 思维品质：根据获得的信息，提出个人观点和批判性建议。

英语课程中财经专题活动后的整体思考：在学生参加了英语课程财经活动"证券投资"以后，从经济转型或商业布局的角度简单谈谈感受。

教师在活动交流中引导学生从初步了解证券发展及投资证券策略，让学生从个体企业投资去展望整个经济运行情况。首先，证券市场有着国民经济晴雨表的功能。投资证券就是要了解宏观和微观经济的发展状况。一个企业有自己的文化、管理、财务等元素，这些都影响着它的股价。同样，国家经济的发展、宏观金融环境的变化以及财务和货币政策都会影响整个证券市场。全球金融状况，甚至国际政治事件都会对整个全球证券市场产生巨大影响。由此让学生知道证券投资是一门深奥的学问，为将来学生进入金融业工作打下基础。

**五、财经融合的教学反思**

《财经英语》课程之"证券投资"旨在引导学生走近上海的证券发展历史，了解金融投资对每一位城市生活个体的重要性。存款、投资、股票、债券等，都和每个人息息相关。

与新课标相对接，通过英语课程中的文化参与类活动，引导学生接触真实的投资过程，感受到股票投资的魅力所在。这其中会有成功也有失败，这能更好地让学生去探索、研究、总结自身的投资经验。

教师通过这种对财经基础课程的实施，可以进一步认识到自身教学之中的问题和不足，进一步认识到英语和财经融合课程中的财经活动所带来的益处。

学生通过对参观走访活动中所发现的问题也可以进行总结和思考。这可以提高培养学生对新事物的运用能力，同时拓展思路，并且提升对财经类活动的兴趣。从英语文本材料出发，通过活动来培养学生在英语学科方面的语言能力、文化意识、学习能力和思维品质。

## 《财经英语》课程“互联网金融”

胡秋伟

### 一、财经融合的教学背景

特色课程：本课是我校英语基础型特色课程《财经英语》中的一个教学内容。

课程标准：基于《普通高中英语课程标准》(2017 年版)“人与社会”的主题语境。

课时学科背景：英语学科《财经英语》基础型课程旨在通过英语专题活动引导学生了解上海互联网发展轨迹以及城市经济文化社会发展带来的新气象，从而使学生在今后为城市发展做出贡献。这样的英语学科实践活动符合现代城市发展的目标。参与者能亲身感受到互联网通信的快速发展，明确将来发展的方向和目标，使得人生观得到进一步升华，激发出创意，明白自己的责任和担当。

财经背景：互联网金融触及每个人的生活。通过英语学科的专题活动，以互联网金融为主题来探寻财经课程在基础型课程中的融合方式。课程中的财经因素包括了每位学生都能感受到的关于互联网金融的一些知识。互联网金融的发展离不开通信，因此，了解通信发展也至关重要。

### 二、财经融合的教学目标

**学科与财经素养融合目标可视化表格**

<table>
<tr><th colspan="2">学段知识模块</th><th>个体与社会</th><th>货币与金融</th><th>收入与消费</th><th>投资与风险</th><th>价值与提升</th></tr>
<tr><td rowspan="4">高中</td><td>知识</td><td>每个人在互联网金融方面的经历和城市互联网的发展密不可分</td><td>个人存款融入整个金融体系中</td><td>每个人的收入水平和城市消费息息相关</td><td>投资总有得失，对于互联网金融，需要进行投资风险教育</td><td>在当今互联网金融的发展阶段，每个人应该遵守规则，为城市经济发展做出贡献</td></tr>
<tr><td>能力</td><td colspan="5">通过参观邮政博物馆，提升辩证思考</td></tr>
<tr><td>思维</td><td colspan="5">培养高中生对时代变迁的思考，可查阅相关资料，对城市金融发展提出建议，为社会做出贡献</td></tr>
<tr><td>价值观</td><td colspan="5">引导学生通过参观，培养学生积极参与城市经济活动的意识</td></tr>
</table>

本节课具体课时目标如下：

1. 通过参观上海市邮政博物馆，了解上海邮政通信的历史，激活学生已有的文化知识；联系现实生活，领悟生活百态，从而培养学生的文化意识。

2. 通过参观和体验通信的实际状况，表达相关话题的个人见解，较为熟练地使用已有的英语语言知识，提升语言能力。

3. 通过亲自体验通信是如何一步步演变成如今的方式，感受信息自动化给人类生活带来的巨大变化，提出个人观点和批判性建议，从而提升思维品质、自主学习和合作学习的能力。

## 三、财经融合的教学过程

| 教学环节 | 教与学活动 |
|---|---|
| 学科背景知识介绍 | 初步介绍本次教学活动走访对象：上海邮政博物馆。<br>Teacher gives a preliminary introduction to Shanghai Postal Museum. |
| 教师提出学科与财经融合的活动问题 | 小组研讨并交流，研讨内容为：<br>城市将来的通信发展。<br>Students conduct group discussion:<br>Future development of communications in cities. |
| 走访活动前期准备 | 班级分组，每组4—6人，选出组长。<br>Teacher divides class into groups of 4 to 6 students.<br>在教师的指导下，学生准备相关资料，设计相关内容。<br>Under teacher's instruction, students prepare materials on the topic. |
| 学生开展财经融合走访活动 | 学生实际考察走访。<br>Students pay a visit to Shanghai Postal Museum. |
| 财经融合活动交流与评价 | 梳理活动中讨论的问题。<br>Students summarize questions discussed.<br>班级进行交流展示，学生和老师共同完成活动评价。<br>Students and teacher finish activity assessment through class presentation. |

## 四、财经融合的教学评价

英语课程中财经专题活动

班级：　　　　　　活动小组：

**活动过程和活动成果小组交流评价表**

| 评价项目<br>Project | 评价等级<br>Grade | | | 评价等级<br>Grade | 简单说明<br>Note |
|---|---|---|---|---|---|
| 基本知识<br>Basics | A | B | C | | |
| 材料收集<br>Material collection | A | B | C | | |
| 文稿撰写<br>Script writing | A | B | C | | |
| 展示效果<br>Presentation | A | B | C | | |
| 语言表达<br>Expression | A | B | C | | |
| 逻辑思维<br>Logics | A | B | C | | |
| 团队合作<br>Teamwork | A | B | C | | |
| 财经融合<br>Financial elements | A | B | C | | |

财经融合教学评价说明：

《财经英语》课程之“互联网金融”旨在引导学生走进互联网时代，关注上海互联网金融的发展。与新课标相对接，通过英语课程中的参与和参观访问，引导学生接触现实生活中的应用场景，感受到城市的文化科技变迁和发展。虽然学生对金融知识的认知程度并不一致，但这样的活动对每位学生来讲都大有益处。

在活动主题的引领下，学生小组带着各自的活动问题走访上海邮政博物馆，了解在时代发展中，通信是如何一步步从人工化到信息化、智能化的。学生可以以小组讨论的形式展示自己在生活中如何使用互联网金融，比如支付宝、微信、电子医疗等。

教师提供关于此次主题的英语文本材料，通过活动来培养学生的：

1. 语言能力：表达个人见解，较为熟练地使用已有的英语语言知识；

2. 文化意识：激活学生已有的文化知识，联系现实生活，领悟生活百态；

3. 学习能力：提升自主学习和合作学习的能力；

4. 思维品质：根据获得的信息，提出个人观点和批判性建议。

教师通过这样的财经英语基础课程和课例可以进一步认识到英语学科中的财经活动带来的多方面的效果。

学生通过结成小组对所参观的主题提出若干问题，在此基础上撰文，深度思考并且发表不同的观点，从而加深对金融知识的了解，同时提高了学生对互联网金融的兴趣。从英语文本材料出发，通过活动来培养学生在英语学科方面的语言能力、文化意识、学习能力和思维品质。

**五、财经融合的教学反思**

请学生进行活动后的感受交流：

参加了英语课程财经活动"走进邮政博物馆"以后，就邮政发展的整个变迁简单谈谈你的感受。

通过财经情景下的学科活动，挖掘出上海这座城市在通信发展方面所走过的轨迹，并通过这一轨迹憧憬将来城市发展的前景。各小组可交流对将来的城市生活的畅想及投资设想。

教师在活动交流的总结阶段引导学生认识现代社会的发展离不开高科技。城市的兴衰变革反映了每个城市的科技水平成果，互联网金融是城市高科技发展的一种体现。随着科技的进一步发展，每一位城市人都会获得更多的幸福感。

除此之外，学生能够对城市今后的发展和规划做出思考。在互联网金融方面，将来会出现数字货币、数字钱包等。让学生思考和憧憬将来互联网金融的新形态以及将来能为城市做出的贡献，使之成为学生追求自身事业的动力。

### (三)思政学科

## 运用矛盾分析法考察常见的家庭理财产品

胡亦然

**一、财经融合的教学背景**

基础性课程：本课是我校高二思想政治基础型必修课程的教学内容。

课程标准：基于《普通高中思想政治课程标准》(2017 年版)“哲学与文化”课程内容。

课时学科背景：唯物辩证法是马克思主义哲学的重要组成部分，矛盾则是唯物辩证法的根本特征。矛盾无处不在、无时不有，矛盾的斗争性与同一性相结合，推动着事物的运动、变化和发展。因而，在日常生活中，我们需要运用矛盾分析法分析和处理问题。具体而言，我们需要全面观察和分析问题，坚持一分为二如实地反映事物的本来面目；需要坚持具体问题具体分析，在矛盾普遍性原理的指导下分析矛盾的特殊性；需要坚持两点论和重点论的统一，统筹兼顾，正确把握重点和主流。

财经背景：经济全球化不可逆转，市场经济不断深化，如何有效、合理地运用钱财，使家庭收益发挥最大效用便成了人们迫切关心的话题。家庭理财的重要性日益显现，对相关理财产品的正确认识与合理运用更是青少年必备的财经素养。储蓄、债券、股票、基金是常见的家庭理财产品，它们性质不同、特征各异，需要我们正确、全面地认识它们，在结合自身实际理财需求的基础上，合理选用家庭理财产品，及时调整理财产品的选用与组合。

## 二、财经融合的教学目标

**学科与财经素养融合目标可视化表格**

<table>
<tr><th colspan="2">学段知识模块</th><th>个体与社会</th><th>货币与金融</th><th>收入与消费</th><th>投资与风险</th><th>价值与提升</th></tr>
<tr><td rowspan="4">高中</td><td>知识</td><td>知晓常见家庭理财产品的性质、特征及盈利方式</td><td>知晓根据具体理财需求选用合适的金融理财产品，并及时调整理财方案</td><td>初步知晓如何运用家庭收入更好地进行投资型消费</td><td>知晓、理解理财产品的收益与风险是成正比的</td><td>理解家庭消费型投资并非是资金的浪费，而是为了更好地实现财务自由，提升生活质量</td></tr>
<tr><td>能力</td><td colspan="5">全面、正确地认识常见的家庭理财产品；<br>根据实际的理财需求，选用最为合适的理财产品并及时调整理财方案。</td></tr>
<tr><td>思维</td><td colspan="5">通过对理财产品的全面认识与具体理财产品的选用、调整，培养“综合与分析相统一”的辩证思维。</td></tr>
<tr><td>价值观</td><td colspan="5">形成对家庭投资理财的正确认识，理解投资理财是为了使家庭经济效益最大化，初步形成科学、理性的投资理财观念。</td></tr>
</table>

本节课具体课时目标如下：

1. 比较、探讨常见家庭理财产品的性质、特征，学习全面观察和分析问题。

2. 为不同理财需求的人选用最合适的理财产品，学习具体问题具体分析。

3. 根据理财需求变化而调整理财产品的选用与组合，掌握两点论和重点论统一。

4. 运用矛盾分析法，加深对常见家庭理财产品全面、正确的认识，学会在具体情境中选用最合适的理财产品，及时调整理财产品的选用与组合；理解理财产品的效益和风险是成正比的，只有根据自身实际的理财需求进行综合考量，才能使自身收益最大化。

## 三、财经融合的教学过程

| 教学环节 | 教与学活动 |
| --- | --- |
| 学科背景知识介绍 | 学生以分组形式交流矛盾分析法的基本内容；<br>引导生生间设问答疑，使学生加深对矛盾分析法的认识与理解。 |
| 学科与财经融合的活动议题 | 议题一：常见的家庭理财产品有哪些；<br>议题二：如何选择合适的家庭理财产品；<br>议题三：如何根据实际理财需求的变化调整家庭理财产品。 |
| 具体教学活动 | 学生以分组形式汇报常见的四种家庭理财产品；<br>引导学生全面观察和分析问题，知晓常见理财产品的性质、特征及盈利方式，知晓每种理财产品的优势与缺点，理解理财产品的效益和风险是成正比的；<br>创设不同情境，提供各异的理财需求，引导学生具体问题具体分析，选用正确的理财产品(组合)以更好地满足这些需求；<br>创设情境，随着理财需求的不断变化，引导学生坚持两点论与重点论的统一，及时调整理财产品的选用与组合。 |
| 财经融合活动交流与评价 | 引导学生总结课程要点，师生共同完成课程评价，交流学习感想。 |

## 四、财经融合的教学评价

思想政治课程中财经专题活动

班级：　　　　　活动小组：

**矛盾分析法小组交流评价表**

| 评价项目 | 评价等级 | | | 评价等级 | 简单说明 |
| --- | --- | --- | --- | --- | --- |
| 原理呈现 | 优秀 | 良好 | 一般 | | |
| 原理理解 | 优秀 | 良好 | 一般 | | |

续表

| 评价项目 | 评价等级 | | | 评价等级 | 简单说明 |
|---|---|---|---|---|---|
| 全面认识家庭理财产品 | 优秀 | 良好 | 一般 | | |
| 合理制定理财规划 | 优秀 | 良好 | 一般 | | |
| 有效调整理财方案 | 优秀 | 良好 | 一般 | | |
| 阐释逻辑 | 优秀 | 良好 | 一般 | | |
| 语言表达 | 优秀 | 良好 | 一般 | | |

财经融合教学评价说明：

哲学源自人类的实践活动，与人们的日常生活息息相关。哲学教学更应贴近生活，积极创设情境，围绕家庭理财产品的认识和选用，展开议题式教学，使抽象的哲学原理落实于具体的财经情境，从而有效提升学生运用哲学原理（方法论）解决具体问题的能力，优化学生的逻辑推演和语言表达能力，进一步培养科学精神、社会参与这两项学科核心素养。

本课旨在引导学生运用所学的哲学原理（方法论）解决具体的财经问题，以常见的家庭理财产品为议题，兼顾学理性与现实性。因而，通过本课学习，学生应能正确运用矛盾分析法的方法论原理，有效结合财经情境，准确、全面地认识各种常见的家庭理财产品；坚持具体问题具体分析，针对不同理财需求选用不同的理财产品；坚持两点论与重点论的统一，及时调整理财产品的选用（组合），在统筹兼顾的同时突出投资重点。

**五、财经融合的教学反思**

本课中，借助矛盾分析法这一方法论工具，使学生对常见的家庭理财产品有了更为全面、准确的认识，知晓每种理财产品的性质、特征、盈利方式及各自的优势与缺点，理解理财产品的收益与风险成正比，从而引导学生形成正确的风险观；使学生知晓如何为常见的理财需求选用合适的理财产品，引导学生初步养成科学有效的理财行为；使学生能针对具体理财需求的变化，较为准确地权衡常见理财产品的营利性、安全性与流动性，从而及时调整投资组合、更新理财方案，使自身的投资效益最大化。

因而，通过本课学习，学生能有以下体会：第一，理财产品都有各自的优势与缺点，股票的营利性、流动性较高，但安全性较低；债券（国债）、储蓄的安全性较高，但营利性较低；第二，初入职场尚未有许多投资资本的年轻人可以选用稳健的基金与大公司（或国家）发行的债券而有一定抗风险资本且追求营利性的“理财成熟人士”可选用收益性高、流动性强的股票；第三，随着自身投资资本的累积与理财能力的提升，投资重点可从以稳健为主的基金、债券转为追求营利的股票。

## 社会主义市场经济的法律保障和道德建设

### ——以虚拟货币的流行为例

胡亦然

### 一、财经融合的教学背景

基础性课程：本课是我校高一思想政治基础型必修课程的教学内容。

课程标准：基于《普通高中思想政治课程标准》（2017 年版）“经济与社会”课程内容。

课时学科背景：市场经济离不开法律保障。市场经济是法治经济。要使我国社会主义市场经济这样一个庞大而复杂的系统协调有序地运行，必须将其纳入法治轨道，促使市场经济的法治化与规范化。同时，社会主义市场经济也需要道德保障。我国社会主义市场经济的发展，亟须人们更新观念，形成富有时代特征的道德意识、道德规范和心理品质。

财经背景：互联网的飞速发展为金融市场带来了一种全新的货币——虚拟货币。虚拟货币是指一切没有实际形态的虚构货币。目前市场认可的虚拟货币大致可以分为三类：游戏币、专用币（如腾讯 Q 币）、金融币（如比特币）。作为网络发展的产物，虚拟货币为我们提供了新的交易手段和投资渠道，在现代金融体系中所扮演的角色日益重要。然而，国内外相关的法规政策却并不完善，各种欺诈行为和安全问题层出不穷，为其日后的发展埋下不少隐患。

## 二、财经融合的教学目标

**学科与财经素养融合目标可视化表格**

| 学段知识模块 | | 个体与社会 | 货币与金融 | 收入与消费 | 投资与风险 | 价值与提升 |
|---|---|---|---|---|---|---|
| 高中 | 知识 | 理解作为市场经济主体的个人，应遵守相关法规，笃守诚实守信的道德规范 | 知晓虚拟货币的概念、种类、主要功能及增值方式 | 知晓合理使用（投资）虚拟货币，不仅可优化网络投资行为，更可为自身带来一定的经济收益 | 知晓目前在我国，公民投资和交易虚拟货币不受法律保护，有一定的风险 | 体会发挥主观能动性以创造新的货币形式，更好地适应网络时代的发展 |
| | 能力 | 初步理解虚拟货币的增值原理，懂得区分虚拟货币与法定货币的异同 | | | | |
| | 思维 | 学会全面、辩证地看待虚拟货币在当下中国的使用情况，提高风险规避意识 | | | | |
| | 价值观 | 初步体会创新金融工具以创造社会财富的重要性 | | | | |

本节课具体课时目标如下：

1. 通过了解虚拟货币的概念、主要功能及增值方式，理解我国社会主义市场经济金融运作的多样性及灵活性。

2. 通过列举虚拟货币使用中暴露的负面问题（案例），理解法治对社会主义市场经济规范的必要性与重要性。

3. 通过探讨虚拟货币的主要特征，理解笃守诚实守信的道德规范对社会主义市场经济有序运作的重要意义。

4. 通过课前阅读相关资料及案例，知晓虚拟货币的概念、常见种类（实例）、主要功能及增值方式。知晓虚拟货币不是政府当局发行的法定货币，不具有法偿性、强制性等货币属性，并不是真正意义上的货币。理解当下虚拟货币囿于技术性与经济性缺陷，易造成网络金融市场动荡、滋生欺诈等问题。理解虚拟货币的增值本质上是基于信用和“使用”。

## 三、财经融合的教学过程

| 教学环节 | 教与学活动 |
|---|---|
| 学科背景知识介绍 | 学生交流、讨论社会主义市场经济法律保障和道德建设的基本内容；<br>引导生生间设问答疑，使学生加深对法律保障与道德建设的理解。 |

续表

| 教学环节 | 教与学活动 |
| --- | --- |
| 学科与财经融合的活动议题 | 议题一：何为虚拟货币；<br>议题二：为何虚拟货币的流行使用离不开法律的规范；<br>议题三：为何虚拟货币的增值离不开使用者的诚信。 |
| 具体教学活动 | 交流虚拟货币的基本概念与常见的具体实例；<br>基于某一具体实例，交流、探讨虚拟货币的主要功能与特征；<br>在教师的引导下概括总结虚拟货币的概念、特征与主要功能；<br>交流虚拟货币相关的违法犯罪案例，探讨造成此乱象的原因；<br>在教师的引导下，总结有效制止虚拟货币乱象的措施，理解运用法律规范市场主体行为与秩序的必要性；<br>结合案例，探讨虚拟货币与法定货币在增值方式上的本质不同；<br>在教师的引导下，理解虚拟货币的有效增值离不开使用主体间的诚实守信，探讨市场主体在使用虚拟货币时应如何笃守诚实守信。 |
| 财经融合活动交流与评价 | 引导学生总结课程要点，师生共同完成课程评价，交流学习感想 |

## 四、财经融合的教学评价

思想政治课程中财经专题活动

班级：　　　　　　活动小组：

**社会主义市场经济的法律保障和道德建设小组交流评价表**

| 评价项目 | 评价等级 | | | 评价等级 | 简单说明 |
| --- | --- | --- | --- | --- | --- |
| 原理理解（法律保障） | 优秀 | 良好 | 一般 | | |
| 原理理解（道德建设） | 优秀 | 良好 | 一般 | | |
| 准确认识虚拟货币 | 优秀 | 良好 | 一般 | | |
| 理解虚拟货币的特征与增值方式 | 优秀 | 良好 | 一般 | | |
| 防诈骗意识 | 优秀 | 良好 | 一般 | | |
| 阐释逻辑 | 优秀 | 良好 | 一般 | | |
| 语言表达 | 优秀 | 良好 | 一般 | | |

财经融合教学评价说明：

本课程旨在以虚拟货币为核心议题，引导学生探讨虚拟货币的概念、主要功能及增值方式，帮助学生知晓虚拟货币在当下中国的实际使用情况，使学生体会到：愈发流行的虚拟货币在实际使用中仍暴露了不少问题，作为新兴的网络金融工具，我们更应将其纳入法治轨道，力争通过法治建设来提升市场经济的法治化与规范化，以此减少使用虚拟货币带动的消极影响。同时，虚拟货币的增值本质上是基于信用和“使用”，因而良好的道德保障可以使交易变得更为顺利，有效降低经济活动的成本，使虚拟货币等新兴网络金融工具迸发出新的活力。

**五、财经融合的教学反思**

本课程以虚拟货币为核心议题，贴近学生的日常网络生活，较易激起学生的学习兴趣。通过对虚拟货币的认识与探讨，引导学生理解：虚拟货币在使用上虽有其灵活性与方便性，但囿于技术性与经济性缺陷（如交易效率和规模化问题、缺少实体资产支持），易造成网络金融市场动荡、滋生欺诈等问题。同时，与普通的法定货币不同，虚拟货币究其本质是一种人造的数字金融工具，其增值方式基于使用者之间的相互信任与合理使用。

## （四）历史学科

## 《“经世”与“济民”》课程“世界经济大危机与资本主义的发展”

沈 昊

**一、财经融合的教学背景**

课程标准：基于《普通高中历史课程标准》（2017 年版）提出的五大学科素养要求。

课时学科背景：历史学科《“经世”与“济民”》课程旨在帮助学生探索并了解人类社会发展过程中已发生的各类经济活动，通过对历史进程中社会经济现象、国家经济政策、民众经济生活等知识的学习，理解经济与社会发展、国家变革、民众生活的密切关系，将陌生的历史现象情景化、抽象的经济概念具体化，使学生“神入历史”，形成符合马克思主义的对社会发展规律的认识。

财经背景：借助财经素养与历史学科融合的理念，通过历史学科的专题活动探寻财经课程在基础型课程中融合的方式，在历史课程相对紧凑的教学活动中，强化其中的财经因素，探索历史学科与财经融合的关联内容和实施途径。

## 二、财经融合的教学目标

**学科与财经素养融合目标可视化表格**

<table>
<tr><th colspan="2">学段知识模块</th><th>个体与社会</th><th>货币与金融</th><th>收入与消费</th><th>投资与风险</th><th>价值与提升</th></tr>
<tr><td rowspan="4">高中</td><td>知识</td><td>各阶层与经济危机现象的关系；领导者与经济危机现象的关系；文化因素</td><td>股市波动与货币政策的相互关系；财政紧缩到赤字财政；垄断企业与保守政策；国家银行的作用；金本位制度的建立与放弃</td><td>以工代赈；财税制度的创新：累进所得税；福利制度的革新；养老金制度、失业保险制度；《公平劳动标准法》；国家补贴制度</td><td>国家在经济领域作用的延伸；凯恩斯理论的实践</td><td>美国政策与德国政策的对比</td></tr>
<tr><td>能力</td><td colspan="5">学会从材料中掌握客观信息的方法；<br>能通过阅读材料构建知识框架；<br>能理解国家政策与历史传统之间的关系。</td></tr>
<tr><td>思维</td><td colspan="5">培养高中生对经济发展分析的辩证思维，准确把握经济与文化传统的关系</td></tr>
<tr><td>价值观</td><td colspan="5">关注经济危机下各阶层的生活，培养学生人文情怀</td></tr>
</table>

本节课具体课时目标：

1. 学习1929—1933年经济危机相关材料，知道危机爆发的原因。

2. 学习亚当·斯密、凯恩斯的经济学理论，知道基本理论要点。

3. 学习罗斯福新政，知道新政相关具体措施及其影响。

4. 通过对这一重大历史事件前因后果的分析，推动学生了解当代西方社会的成因，完善对西方高福利国家的认识，并学习辩证分析事件的能力，培养政治经济大视野的同时，关注各阶层不同人群的人生经历，培养学生的人文情怀。

5. 利用思维构图整合处理信息，让学生学会从宏观层面观察经济事件。

## 三、财经融合的教学过程

（一）学科活动过程（课前准备）

学习任务单

阅读材料，讨论分析并回答问题：

**【材料一】**

20世纪20年代，大批小投资者……经常以10%的保证金买进，仅用1000美元购入价值1万美元的股票。……有了活跃的证券市场，大公司通过证券筹资的成本就比通过银行短期信贷筹资来得低。许多公司还通过留存盈余来支持公司的扩展……1927年，担保信托公司创设了美国证券托存收据，使美国人能够在不发生币种问题的情况下购买外国股票。……

1920年，在摩根图书馆，杰克·摩根、哈里·戴维森和基德—皮博迪公司的罗伯特·温莎达成了一项分摊美国电话电报公司债券发行的秘密交易，他们在10年中保持一定的参与份额：基德—皮博迪公司30%，J.P.摩根20%，第一国民银行10%，国民城市银行10%，等等。

爵士乐时代（指1918—1929年间）的华尔街不仅谣言盛行，而且能够编造假报表，这被认为是财务上成熟的标志。由于股票交易规则不严，公司财务报表不全，内部消息变得格外有价值。投资者们拼命从他们的华尔街朋友那里套取消息。内部消息并不能保证成功……但泄露内部消息确实有利可图，以至于被认为是华尔街雇员"捞外快"的一条主要渠道。

——《摩根财团：美国一代银行王朝和现代金融业的崛起（1838—1990）》（美）罗恩·彻诺著，金立群校译，江苏文艺出版社，2014年第1版，第331—334页

**【材料二】**

美国股票市场的崩溃开始于1929年9月。一个月内，股票的价值下降了40%，而且除了少数几次股价有短暂的回升外，这种下降一连持续了三年。在此期间，美国钢铁公司的股票从262点下降到22点，通用汽车公司的股票从73点下降到8点。到1933年时，工业总产量和国民收入暴跌了将近一半，商品批发价格下跌了近三分之一，商品贸易下降了三分之二以上。

……美国金融公司不得不收回它们在国外的短期贷款……1931年9月，英国放弃了金本位制，两年后，美国和几乎所有大国也都这样做了。……不包括苏联在内的世界工业生产指数从1929年的100下降到1930年的86.5、1931年的74.8和1932年的63.8，共下降了36.2%。……世界国际贸易的衰退更为急剧，它从

1929年的686亿美元下降到1930年的556亿美元、1931年的397美元、1932年的269亿美元和1933年的242亿美元。

……1933年3月，美国的失业人数保守估计为1400多万，相当于全部劳动力的四分之一。在英国，失业人数将近300万，在全部劳动力中所占比例与美国的大致相同。德国的情况最糟，工会成员中有五分之二以上的人失业，另外还有五分之一的人只有非全日性工作。

……1930年9月的选举是一大转折，当时纳粹党获得了107席和6407000张选票，即占总票数的18.3%。……1932年7月举行的选举中，他(指希特勒)赢得了13799000张选票和230席。1933年1月，希特勒成为内阁总理……

——《全球通史——从史前史到21世纪(下)》(第7版)(美)斯塔夫里阿诺斯著，吴象婴等译，北京大学出版社，2006年第2版，第697—698页。

**【材料三】**

1931年，卓别林拍摄了他第一部带有音乐和声音效果的影片《城市之光》，该片简单地触及了对失业的讽刺。5年后，他又拍摄了经典之作《摩登时代》，该片反映了美国经济萧条时期一些重要的问题，它通过主角查理在工厂干活、发疯、进入精神病院的故事，说明了当时的经济危机给人们带来的生存危机。

——《环球时报》2009年1月20日

**【材料四】**

网上搜索亚当·斯密、凯恩斯、马克思主义政治经济学相关理论，搜索关键词：(1)亚当·斯密 经济危机；(2)凯恩斯 国家干预；(3)马克思 经济危机。将搜索到的材料抄录或粘贴于下方表格：

| 人物 | 生卒年 | 关于经济危机的看法 |
| --- | --- | --- |
| 亚当·斯密 | | |
| 马克思 | | |
| 凯恩斯 | | |

**【材料五】**

阅读《中外历史纲要(下)》第100—102页教材，按要求整理知识点：

1. 整理亚欧战争策源地形成的过程；

2. 整理并罗列罗斯福新政的内容。

（二）财经融合过程(课堂呈现)

小组讨论并尝试回答以下问题并交流展示：

1. 世界经济大危机发生的原因。

2. 尝试归纳解决经济危机的手段。

3. 尝试按危机爆发到解决的内在逻辑构建思维导图。

4. 小组对解决经济危机问题的设想。

## 四、财经融合的教学评价

历史课程中财经专题活动

班级：　　　　　　　小组成员：

**活动过程和活动成果小组交流评价表**

| 评价项目 | 评价等级 | | | 评价等级 | 简单说明 |
|---|---|---|---|---|---|
| 财经知识 | 优秀 | 良好 | 一般 | | |
| 史料运用 | 优秀 | 良好 | 一般 | | |
| 论证逻辑 | 优秀 | 良好 | 一般 | | |
| 史观体现 | 优秀 | 良好 | 一般 | | |
| 构图创意 | 优秀 | 良好 | 一般 | | |
| 价值取向 | 优秀 | 良好 | 一般 | | |
| 团队合作 | 优秀 | 良好 | 一般 | | |
| 风度仪态 | 优秀 | 良好 | 一般 | | |

财经融合教学评价说明：

历史学科五大核心素养，从史观到史学，从史料到史识，再到家国情怀，对学生提出了涵盖自主发展、文化基础、社会参与等几乎全方面的要求，由于涉及大量史料、经济学理论和价值观的塑造，教师需具有一定的耐心和专业知识，教学过程应重在启发、阐释和交流，不应强行灌输，应注意实施过程中学生的个体差异，采取鼓励、引导的方式推动学生的学习。

## 五、财经融合的教学反思

历史学科进行财经融合本即题中之意，从经济角度观察人类社会历史进程是课堂教学的重点之一。因此对历史教师来说，如何更专业地引领学生探索“经济危机”这个重大议题是需要进一步发展探索的方向。

本课时采用学习单的形式，引导学生在课前阅读史料，整理知识点。学习单所提供的准备工作于本课教学非常重要，盖因核心素养中要求学生具备历史解释的能力，学生必须事先掌握一定的基本知识，方可在课堂上作进一步思考和解释。同时，事先做好基础知识的整理，也可促使学生提前思考。按照课标“促进每个学生主动地、生动活泼地发展”的要求，课堂内通过小组合作，完成任务后，进行集体展示。人人参与课堂讨论的展示环节更是全面观察学生财经素养与学科融合的机会。

## 二、数学信息类典型案例

### (一)数学学科

# 数列知识在分期付款中的应用

朱晓磊

## 一、财经融合的教学背景

特色课程：本节课“数列知识在分期付款中的应用”是我校设计的一节专题探究课，针对高二学生，在学生学习完高二数学《等比数列求和公式》之后进行教学。

课程标准：基于《普通高中数学课程标准》(2017年版)数学核心素养。

课时学科背景：数学学科“数列知识在分期付款中的应用”基础型课程旨在通过专题教学引导学生将所学数学知识应用于实际生活，并进一步培养学生的数学抽象、数学建模、数学运算等核心素养。数学作为高中的基础学科之一，在各方面都有极其重要的应用。其中数学和财经金融等领域结合得尤为紧密，高中数学也有对应分期付款方面的实际应用问题。数学是一门源于生活又用于生活的科学，始终占据着人们生活中的重要地位，并且还将继续深入下去。数列计算是高中数学非常重要的一个分支，而在日常生活中，数列同样也是非常重要的工具。

财经背景：借助财经素养与数学学科融合的理念，在数列的教学过程中融入财经内容，以专题教学的方式指导学生对于相关数列问题进行实际应用，培养学生的财经素养。数列是反映自然规律的重要数学模型，涉及生活中的许多领域。日常生活中的大量实际问题都可以转化为数列问题解决，如增长率、减少率、银行贷款、工厂的生产量、浓度匹配、养老保险、存款利息、出租车收费、校园网问题、放射性物质的衰变等。将学科内容融入财经素养的这一教学方式，不仅能使学生更为有效地学习财经技能，也能使数学的教学变得更加生动。

## 二、财经融合的教学目标

学科与财经素养融合目标可视化表格

| 学段知识模块 | | 个体与社会 | 货币与金融 | 收入与消费 | 投资与风险 | 价值与提升 |
|---|---|---|---|---|---|---|
| 高中 | 知识 | 个人消费需求与社会金融行业密不可分 | 了解银行贷款的相关知识（月利率、等额本息还款、等额本金还款等） | 对自己的收入与消费能力进行评估 | 理解投资市场运作的基本原理 | 规划自己的财富，作出合理的投资方案 |
| | 能力 | 能将实际问题化归为数学问题，提升数学抽象能力；<br>通过解决问题，提升自身的运算能力与操作计算器的能力；<br>正确理解等额本息还款与等额本金还款的意义，并能够根据自身的实际情况合理选择相应的还款方式。 | | | | |
| | 思维 | 提升数学抽象能力、数学建模和数学运算能力，培养一定的投资决策能力 | | | | |
| | 价值观 | 有意识地将所学知识应用于社会、服务于社会 | | | | |

本节课具体课时目标如下：

1. 使学生巩固等比数列求和公式，并能够在实际问题中应用。
2. 使学生了解分期付款方式，并能对具体问题进行求解。
3. 培养学生的数学运算、数学抽象、数学建模等核心素养。
4. 使学生了解分期付款方式，渗透财经素养，激发学习兴趣。

## 三、财经融合的教学过程

（一）学科活动过程

题目：某商店采用分期付款的方式促销一款价格每台为 6000 元的电脑。商店规定，购买时先支付货款的 1/3，剩余部分在三年内按每月底等额还款的方式支付欠款，且结算欠款的利息。已知欠款的月利率为0.5%，求：

(1)到第一个月底，货主在第一次还款之前，他欠商店多少元？

(2)假设货主每月还商店 $a$ 元，写出在第 $i(i=1,2,3,\cdots,36)$ 个月末还款后，货主对商店欠款数的表达式。

(3)每月的还款额为多少元？三年内还款总额为多少元？(精确到0.01)

1. 分析引导

师：请认真阅读题目，并写出题目中主要信息(信息条理化)。

生：

(i)电脑价格6000元/台；

(ii)购买时先支付货款的 $\frac{1}{3}$；

(iii)剩余部分在三年内按每月底等额还款的方式支付欠款，且结算欠款的利息；

(iv)月利率为0.5%。

师：有隐含条件吗？

生：每月底等额还款，即每月末还款数相同。

师：如果第 $i$ 个月底还款后的欠款数为 $y_i$，第 $i-1$ 个月底还款后的欠款数为 $y_{i-1}$，则 $y_i$ 与 $y_{i-1}$ 之间有什么关系？

生：$y_i=y_{i-1}(1+0.5\%)-a$(学生分析讨论，得出结论)。

师：题中三年内还清的数学含义是什么？

生：$y_{36}=0$。

2. 问题解决

解：(1)因为购买电脑时，货主欠商店2/3的货款，即6000×2/3=4000(元)，又按月利率0.5%，到第一个月底的欠款数应为4000×(1+0.5)=4020(元)，即到第一个月底，欠款余额为4020元。

(2)设第 $i$ 个月底还款后的欠款数为 $y_i$，则有：

$y_1=4000(1+0.5\%)-a$

$y_2=y_1(1+0.5\%)-a=4000(1+0.5\%)^2-a(1+0.5\%)-a$

同理，$y_3=4000(1+0.5\%)^3-a(1+0.5\%)^2-a(1+0.5\%)-a$

所以，$y_i=4000(1+0.5\%)^i-a(1+0.5\%)^{i-1}-a(1+0.5\%)^{i-2}-\cdots-a(1+0.5\%)-a$

整理得 $y_i=4000(1+0.5\%)^i-a\dfrac{1-(1+0.5\%)^i}{1-(1+0.5\%)}$，$i=1,2,3,\cdots,36$

(3)因为 $y_{36}=0$，所以

$$4000(1+0.5\%)^{36}=a\frac{1-(1+0.5\%)^{36}}{1-(1+0.5\%)}$$

即每月还款数为：

$$a=\frac{4000(1+0.5\%)^{36}\cdot 0.5\%}{(1+0.5\%)^{36}-1}\approx 121.69(\text{元})$$

所以每月的还款额为 121.69 元，三年内还款总数为 4380.84 元。

(二)财经融合过程

学生查阅资料：

1. 等额本息是指一种贷款的还款方式，指在还款期内每月偿还同等数额的贷款(包括本金和利息)。

2. 等额本息还款法特点：等额本息还款法本金逐月递增，利息逐月递减，月还款数不变；还款初期利息占每月供款的大部分，随本金逐渐返还，供款中本金比重增加。该方法每月的还款额固定，可以有计划地控制家庭收入的支出，也便于每个家庭根据自己的收入情况来确定还贷能力。

3. 等额本金是指一种贷款的还款方式，是在还款期内把贷款数总额等分，每月偿还同等数额的本金和剩余贷款在该月所产生的利息。

4. 等额本金还款法特点：等额本金还款法本金保持相同，利息逐月递减，月还款数递减；由于每月的还款本金额固定，而利息越来越少，贷款人起初还款压力较大，但是随时间的推移每月还款数也越来越少。

变式思考：某商店采用分期付款的方式促销一款价格每台为 6000 元的电脑。商店规定，购买时先支付货款的 1/3，剩余部分在三年内按每月底等本还款的方式支付欠款，且结算欠款的利息。已知欠款的月利率为 0.5%，求三年内还款总额。

## 四、财经融合的教学评价

"数列知识在分期付款中的应用"专题教学是在学生学习完高二数学《等比数列求和公式》后补充的一道例题。解决问题所需要的知识是"等比数列求和公式"，涉及的数学思想有"等价化归""函数与方程"等。整个教学过程是在教师引导下，学生通过粗读、细读和精读，准确地理解题意，尤其是对"等额本息还款""等额本金还款""月利率""第 $i$ 个月末还款后欠款表达式"等关键词的深度解读，不仅使学生顺利地解决了问题，还有效地渗透了相关的财经金融知识，培养了学生一定的投资决策能力，发展了学生数学建模等核心素养。将学科内容融入财经素养的这一教学方式，不仅能使学生更为有效地学习财经技能，也能使数学的教学变得更加生动。

## 五、财经融合的教学反思

如今，人们的生活节奏变得越来越快，人们的消费观念也有了很大的转变。分期付款作为一种新的消费方式出现在大家面前，对消费者而言，是一种较为便捷的消费方式，可以帮助消费者缓解一定的经济压力；对商家而言，是一种营销策略与手段。

对数列的研究可以服务于生活，提升学生的财经素养。在数列的教学过程中融入财经内容，在财经素养教育"五维三标"的框架中，明晰了收入与消费、储蓄与投资、风险与保险、制度与环境、财富与人生五个维度，而这其中无不需要利用到等差或等比这两个重要的数学模型，不仅能让学生们感受到学习数列的价值，更是帮助学生们找到解决实际生活分期贷款问题的思路，有助于学生更理性地分析消费与收入这对辩证关系。

# 分段函数在新版个人所得税中的应用

朱晓磊

## 一、财经融合的教学背景

特色课程：本节课"分段函数在新版个人所得税中的应用"是我校设计的一节专题探究课，针对高一学生，本专题是高一《函数关系的建立》的拓展内容。

课程标准：基于《普通高中数学课程标准》(2017 年版)数学核心素养。

课时学科背景：数学学科“分段函数在新版个人所得税中的应用”基础型课程旨在通过专题教学引导学生学会阅读图表，提取图表中的关键信息，培养学生数学抽象、数学运算等核心素养。数学抽象是指通过对数量关系与空间形式的抽象，得到数学研究对象的素养，从事物的具体背景中抽象出一般规律和结构，并用数学语言予以表征。本专题内容是函数章节知识的综合应用，主要体现了强化应用意识的要求，让学生把数学知识应用到生产、生活的实际中去，形成应用数学的意识。

财经背景：借助财经素养与数学学科融合的理念，在函数的教学过程中融入财经内容，以专题教学的方式指导学生了解最新税收方案。随着我国经济的迅速发展，财经素养教育已经成为社会普遍关注的问题，因此提升中学生的财经素养就显得尤为重要。财经素养教育和数学学科的联系非常紧密，将学科内容融入财经素养的这一教学方式，不仅能使学生更为有效地学习财经技能，也能使数学的教学变得更加生动。而在函数的教学过程中渗透财经素养，是一种探索与尝试。

## 二、财经融合的教学目标

**学科与财经素养融合目标可视化表格**

<table>
<tr><th colspan="2">学段知识模块</th><th>个体与社会</th><th>货币与金融</th><th>收入与消费</th><th>投资与风险</th><th>价值与提升</th></tr>
<tr><td rowspan="4">高中</td><td>知识</td><td>紧扣2019年个人所得税调整方案</td><td>问题的模型是函数中的分段函数</td><td>个人所得税关系到每个家庭</td><td>理解家长支撑家庭的真实情况</td><td>了解社会热点，并能更好地感恩父母</td></tr>
<tr><td>能力</td><td colspan="5">能将实际问题化归为数学问题，提升解决数学问题的能力；<br>通过问题解决提升自身的运算能力和计算器的操作能力；<br>掌握分段函数在生活中的应用，较为客观且辩证地理解社会经济问题。</td></tr>
<tr><td>思维</td><td colspan="5">提升数学抽象能力和数学运算能力，培养理性看待社会问题的能力。</td></tr>
<tr><td>价值观</td><td colspan="5">结合实际生活中个人所得税与出租车问题等数学中的模型，提高学生探究解决实际问题的积极性。</td></tr>
</table>

本节课具体课时目标如下：

1. 使学生加深对分段函数的理解，提高分析解决问题的能力。

2. 使学生了解新版个人所得税政策，并能对具体问题进行求解。

3. 培养学生的数学抽象、数学运算等核心素养。

4. 通过计算个人所得税的具体问题，了解新版个人所得税政策，渗透财经素养，激发学习兴趣。

## 三、财经融合的教学过程

（一）学科活动过程

### 2019年新版个人所得税

自2019年1月1日起，新修改的个人所得税法和实施条例正式实施，个人所得税法修订的内容包括将工资薪金、劳务报酬、稿酬和特许权使用费四项劳动性所得纳入综合征税范围。工资、薪金所得税款计算方法如下：

**个人所得税预扣率表**

（居民个人工资、薪金所得预扣预缴适用）

| 级数 | 累计预扣预缴应纳税所得额 | 预扣率 | 速算扣除数 |
|---|---|---|---|
| 1 | 不超过3600元的 | 3% | 0 |
| 2 | 超过36000元至144000元的部分 | 10% | 2520 |
| 3 | 超过144000元至300000元的部分 | 20% | 16920 |
| 4 | 超过300000元至420000元的部分 | 25% | 31920 |
| 5 | 超过420000元至660000元的部分 | 25% | 31920 |
| 6 | 超过660000元至960000元的部分 | 35% | 85 920 |
| 7 | 超过960000元的部分 | 45% | 181920 |

问题：某职员2015年入职，2019年每月应发工资均为10000元，每月减除费用5000元，“三险一金”等专项扣除为1500元，从1月起享受子女教育专项附加扣除1000元，没有减免收入及减免税额等情况，以前三个月为例，应当按照以上方法计算预扣预缴税额多少元？

1. 分析引导

师：同学们，这个问题的解决实际上运用到的是什么知识？

生：分段函数知识点。

师：非常好，新版个人所得税还需在每月工资的基础上减去什么？

生：六项专项扣除费用。

师：你能否利用分段函数的知识量化解释？

2. 问题解决

解：

1 月份：(10000－5000－1500－1000)×3%＝75(元)

2 月份：(10000×2－5000×2－1500×2－1000×2)×3%－75＝75(元)

3 月份：(10000×3－5000×3－1500×3－1000×3)×3%－75－75＝75(元)

进一步计算可知，该纳税人全年累计预扣预缴应纳税所得额为 30000 元，均适用 3%的税率，因此各月应预扣预缴的税款相同。

变式：某职员 2015 年入职，2019 年每月应发工资均为 30000 元，每月减除费用 5000 元，“三险一金”等专项扣除为 4500 元，享受子女教育、赡养老人两项专项附加扣除共计 2000 元，没有减免收入及减免税额等情况，以前三个月为例，应当按照以上方法计算预扣预缴税额多少元？

解：

1 月份：(30000－5000－4500－2000)×3%＝555(元)

2 月份：(30000×2－5000×2－4500×2－2000×2)×10%－2520－555＝625(元)

3 月份：(30000×3－5000×3－4500×3－2000×3)×10%－2520－555－625＝1850(元)

上述计算结果表明，由于 2 月份累计预扣预缴应纳税所得额为 37000 元，已适用 10%的税率，因此 2 月份和 3 月份应预扣预缴有所增高。

(二)财经融合过程

学生查阅资料：

1. 个人所得税是国家税务总局推出的官方税收管理、个税申报系统手机应用，从 2019 年起，所有个人所得税申报的纳税人都可以下载手机版 App，核实自己信息和身份后，在任何地方、任何时间完成自己的税务申报义务。

2. 自 2019 年 1 月 1 日起，新修改的个人所得税法和实施条例正式实施，个人所得税法修订的内容包括将工资薪金、劳务报酬、稿酬和特许权使用费四项劳动性所得纳入综合征税范围，实现从分类税制向综合与分类相结合税制的重大转变，基本减除费用标准从原来的 3500 元/月提高至 5000 元/月(每年 6 万元),首次设立六项专项附加扣除,新个税下扣缴义务人对居民个人工资、薪金所得,劳务报酬所得,稿酬所得,特许权使用费所得实行预扣预缴。同时,对非居民个人上述四项所得扣缴个人所得税的计算方法也进行了明确,调整了中国境内无住所个人居住时间等。

3. 个人所得税预扣率表。

**个人所得税预扣率表一**

(居民个人工资、薪金所得预扣预缴适用)

| 级数 | 累计预扣预缴应纳税所得额 | 预扣率 | 速算扣除数 |
|---|---|---|---|
| 1 | 不超过 3600 元的 | 3% | 0 |
| 2 | 超过 36000 元至 144000 元的部分 | 10% | 2520 |
| 3 | 超过 144000 元至 300000 元的部分 | 20% | 16920 |
| 4 | 超过 300000 元至 420000 元的部分 | 25% | 31920 |
| 5 | 超过 420000 元至 660000 元的部分 | 25% | 31920 |
| 6 | 超过 660000 元至 960000 元的部分 | 35% | 85920 |
| 7 | 超过 960000 元的部分 | 45% | 181920 |

【练习】上海途安型号出租车价格规定:起步费 16 元,可行 3 千米;3 千米以后每千米按 2.5 元计价,可再行 12 千米;以后每千米都按 3.8 元计价。假如忽略因交通拥挤而等待的时间。

(1)请建立车费 $y$(元)与行车里程 $x$(千米)之间的函数关系式。

(2)注意到上海出租车的计价系统是以元为单位计价的。如:小明乘坐途安型号出租车从华师大二附中本部到浦东实验学校,走路线一(总长 8.91 千米)需付车费 31 元,走路线二(总长 8.71 千米)也需付车费 31 元。将上述函数解析式进行修正($[x]$表示不大于的最大整数,$\{x\}$表示不小于的最大整数),并求小明乘坐途安型号出租车从华师大二附中本部到闵行分校需付车费多少元?(两校区路线长 31.62 千米)

**四、财经融合的教学评价**

分段函数即在函数的定义域内，对于自变量的不同取值区间有不同的对应法则。本专题设计遵循教材，但又不局限于教材实例，以实际生活问题引入，进一步巩固分段函数，体现了数学学科源于生活又服务于生活的特点。在学习过程中进一步体会发现规律、应用规律的学习乐趣，从而提高学习数学的兴趣，提高学生的求知欲、感悟数学的实用性。

“分段函数在新版个人所得税中的应用”专题教学是高一《函数关系的建立》的拓展，教材上有配套的应用题，不过具体数据与目前实际生活不相符，本节课解决问题所需要的知识是“分段函数”，涉及的数学思想有“分类讨论”和“函数与方程”等。在整个教学过程中有效地渗透了相关的财经金融知识，培养学生的投资决策能力与数学抽象、数学运算的核心素养。

**五、财经融合的教学反思**

本节课以2019年新版个人所得税引入，将实际生活中工资、薪金所得税款计算方法通过分段函数解释清楚。

本期应预扣预缴税额＝(累计预扣预缴应纳税所得额×预扣率－速算扣除数)－累计减免税额－累计已预扣预缴税额。

通过本节课的学习，学生不仅能意识到学习函数的必要性，更能激发学生与家长的亲子共情，了解父母工作的不易。而且在2019年个税上新设了子女教育、继续教育、大病医疗、住房贷款利息、住房租金、赡养老人六项专项附加扣除，完全可以通过数学模型将政治经济数学与社会关系融合在一起。将学科内容融入财经素养的这一教学方式，不仅能使学生更为有效地学习财经技能，也能使数学的教学变得更加生动。

## 等差和等比数列在财经教育中的应用

朱晓磊

**一、财经融合的教学背景**

特色课程：本节课“等差和等比数列在财经教育中的应用”是我校设计的一节

专题探究课，针对高二学生，是在学生学习完高二数学《数列》章节后进行的专题教学。

课程标准：基于《普通高中数学课程标准》(2017年版)数学核心素养。

课时学科背景：数学学科“等差和等比数列在财经教育中的应用”基础型课程旨在通过数列专题教学引导学生在实际问题中抽象出数学问题进行求解，并进一步培养学生数学抽象、数学建模等核心素养。在实际生活和经济活动中，很多问题都与数列密切相关。数学家华罗庚曾经说过：“宇宙之大，粒子之微，火箭之速，化工之巧，地球之变，日用之繁，无处不用数学。”数列作为高中数学非常重要的一个分支，在日常生活中同样也是非常重要的工具之一。数列是按一定顺序排列起来的一列数，而其中较为简单且在日常生活中应用广泛的重要数学模型是等差数列和等比数列。

财经背景：借助财经素养与数学学科融合的理念，在数列的教学过程中融入财经内容，以专题教学的方式指导学生对于相关数列问题进行实际应用，培养学生的财经素养。日常生活中的大量实际问题都可以转化为数列问题解决，比如银行储蓄方面的利率计算、买房买车的分期贷款等都可以建立在等差数列与等比数列这两个常见的数学模型之中。将学科内容融入财经素养的这一教学方式，不仅能使学生更为有效地学习财经技能，也能使数学的教学变得更加生动。

## 二、财经融合的教学目标

**学科与财经素养融合目标可视化表格**

| 学段知识模块 | | 个体与社会 | 货币与金融 | 收入与消费 | 投资与风险 | 价值与提升 |
|---|---|---|---|---|---|---|
| 高中 | 知识 | 国民生活水平提高与个人消费的正相关性 | 问题的背景实则就是特殊数列的模型 | 会对自己的收入与消费能力进行评估 | 理解卖家的商业模式与数列有关 | 养成初步的财经意识，改变不良的消费习惯 |
| | 能力 | 能将实际问题化归为数学问题，提升数学抽象能力；<br>通过问题解决提升自身的运算能力和计算器的操作能力；<br>正确理解等差与等比数列模型的意义，并会根据自身的实际情况合理选择相应的消费方式。 | | | | |
| | 思维 | 提升数学抽象能力和数学运算能力，培养一定的理性消费习惯。 | | | | |
| | 价值观 | 结合实际生活让数学中的模型有机嵌入，提高学生探究解决实际问题的积极性。 | | | | |

本节课具体课时目标如下：

1. 通过数学基础型课程教学，巩固等差数列等比数列的基本概念。

2. 通过数学基础型课程教学，能将具体问题抽象为数学问题进行求解，提高综合解决问题的能力。

3. 通过数学基础型课程教学，培养数学运算、数学抽象等核心素养。

4. 通过两个实际生活中的具体问题，比较等差数列与等比数列，了解指数爆炸，渗透财经素养，激发学习兴趣。

**三、财经融合的教学过程**

(一)学科活动过程

题目 1：最近微信“夸夸群”特别火爆，也有人借此找到商机，施行“收费夸赞”。小李因为接连几次考试失利缺乏自信，所以咨询了 2 个夸夸群主，想付费进群得到“彩虹屁”。

群主 A：按分钟收费，第一分钟 1 元，之后每分钟所付的钱数都比前一分钟多 1 元。

群主 B：按分钟收费，第一分钟 0.1 元，之后每分钟所付的钱数都是前一分钟的 2 倍。

如果你是小李，你会如何选择？

1. 分析引导

师：同学们，直觉告诉你怎么选？

生：虽然群主 A 一开始比群主 B 贵十倍，但是群主 A 收费是均匀递增，但是群主 B 的收费是指数递增。

师：请问同学们能否写出 A、B 两个群主要求的每分钟支出钱数对应的两个数列吗？

生：群主 A 收费 1，2，3，4，5，6，7，8，…；群主 B 收费 0.1，0.2，0.4，0.8，1.6，3.2，6.4，12.8，…。

师：非常好，能写出这两个数列的通项公式吗？

生：$a_n=n, b_n=0.1\cdot 2^{n-1}$。

师：你会选择群主 A 还是群主 B？你能否利用数列的知识量化解释？

2. 问题解决

解：群主 A 在第七分钟之前(含)的收费都大于群主 B 对应的收费，而第八分钟之后的收费都小于群主 B 对应的收费。

群主 A 前九分钟收费总和 $S_8=1+2+\cdots+8=36$；群主 B 前九分钟收费总和 $T_8=0.1+0.2+\cdots+12.8=25.5$。

换句话说，如果聊的时间少于八分钟(含)，我们选择群主 B，收费较低。

而 $S_9=1+2+\cdots+9=45$，$T_9=0.1+0.2+\cdots+25.6=51.1$。

如果聊的时间多于九分钟(含)，我们选择群主 A。

题目 2：某国采用养老储备金制度，公民在就业的第一年就交纳养老储备金，数目为 $a_1$，以后每年交纳的数目均比上一年增加 $d(d>0)$，因此，历年所交纳的储备金数目 $a_1,a_2,\cdots$ 是一个公差为 $d$ 的等差数列。与此同时，国家给予优惠的计息政策，不仅采用固定利率，而且计算复利。这就是说，如果固定年利率为 $r(r>0)$，那么在第 $n$ 年末，第一年所交纳的储备金就变为 $a_1(1+r)^{n-1}$，第二年所交纳的储备金就变为 $a_2(1+r)^{n-2}$，……以 $T_n$ 表示到第 $n$ 年末所累计的储备金总额。

(1)写出 $T_n$ 与 $T_{n-1}(n\geqslant 2)$ 的递推关系式；

(2)求证：$T_n=A_n+B_n$，其中 $\{A_n\}$ 是一个等比数列，$\{B_n\}$ 是一个等差数列。

1. 分析引导

由学生小组讨论分析题目中的关键信息。

2. 问题解决

解：(1)$T_n=T_{n-1}(1+r)+a_n(n\geqslant 2)$。

(2)$T_1=a_1$，对 $n\geqslant 2$ 反复使用上述关系式，得：

$$\begin{aligned}T_n&=T_{n-1}(1+r)+a_n=T_{n-2}(1+r)^2+a_{n-1}(1+r)+a_n=\cdots\\&=a_1(1+r)^{n-1}+a_2(1+r)^{n-2}+\cdots+a_{n-1}(1+r)+a_n\end{aligned}\qquad ①$$

等号两边同时乘以 $1+r$，得：

$$(1+r)T_n=a_1(1+r)^n+a_2(1+r)^{n-1}+\cdots+a_{n-1}(1+r)^2+a_n(1+r)\qquad ②$$

②－①，得：

$$\begin{aligned}rT_n&=a_1(1+r)^n+d[(1+r)^{n-1}+(1+r)^{n-2}+\cdots+(1+r)]-a_n\\&=\frac{d}{r}[(1+r)^n-1-r]+a_1(1+r)^n-a_n\end{aligned}$$

即 $T_n=\dfrac{a_1r+d}{r^2}(1+r)^n-\dfrac{d}{r}n-\dfrac{a_1r+d}{r^2}$。

记 $A_n=\dfrac{a_1r+d}{r^2}(1+r)^n$，$B_n=-\dfrac{d}{r}n-\dfrac{a_1r+d}{r^2}$

其中，$\{A_n\}$是以$\frac{a_1r+d}{r^2}(1+r)$为首项、以$1+r$为公比的等比数列；$\{B_n\}$是以$-\frac{d}{r}-\frac{a_1r+d}{r^2}$为首项、$-\frac{d}{r}$为公差的等差数列。

(二)财经融合过程

学生查阅资料：

1. 指数爆炸事例——最多对折次数

一张纸对折一次，厚度变成原来的2倍。再对折第二次，变为原来的2的2次方倍，即4倍。以此类推，假设纸的厚度为0.1mm，则对折24次以后，长度超过1千米；对折39次达55000千米，超过地球赤道长度；对折42次达44万千米，超过地球至月球的距离；对折51次达22亿千米，超过地球至太阳的距离；对折82次为51113光年，超过银河系半径的长度。不过，这只是一个不符合实际的数学理论推理数字。那么在现实生活中，一张纸究竟能折多少次呢？

2. 指数爆炸事例——百万富翁破产

杰米是百万富翁，一天，他碰到上一件奇怪的事。一个叫韦伯的人对他说："我想和你订个合同，我将在整整一个月中每天给你10万元，而你第一天只需给我1分钱，以后你每天给我的钱是前一天的两倍。"杰米说："真的?！你说话算数?"合同开始生效了，杰米欣喜若狂。第一天杰米支出1分钱，收入10万元。第二天，杰米支出2分钱，收入10万元。到了第10天，杰米共得100万元，而总共才付出5元1角2分。到了第20天，杰米共得200万元，而韦伯才得5000元多。杰米想：要是合同订二三个月该多好！可从第21天起，情况发生了转变。第21天杰米支出1万多元，收入10万元。到第28天，杰米支出134万多元，收入10万元。结果，杰米在一个月(31天)内得到310万元的同时，共付给韦伯2100多万元！杰米破产了。

练习：国王要奖赏国际象棋的发明者，让发明者自己提要求，发明者提的要求是："请在棋盘的第1个格子里放上1颗麦粒，在第2个格子里放上2颗麦粒，第3个格子里放上4颗麦粒，第4个格子里放上8颗麦粒，依此类推，每个格子里放置的麦粒数都是前一个格子里的2倍，直到第64个格子。"国王听了很高兴，觉得这太容易了，你觉得国王是否真的很容易就能满足发明者的要求呢？

## 四、财经融合的教学评价

“等差和等比数列在财经教育中的应用”专题教学是在学生学习完高二数学《数列》章节后进行的专题教学。解决问题需要用到“等差数列”“等比数列”“等差数列求和”“等比数列求和”等知识点，涉及的数学思想有数学抽象、类比、等价转换等。要求学生能将具体问题抽象转化为数学问题进行求解，提高综合解决问题的能力，旨在培养学生数学抽象、数学建模、数学运算等核心素养。将学科内容融入财经素养的这一教学方式，不仅能使学生更为有效地学习财经技能，也能使数学的教学变得更加生动。

## 五、财经融合的教学反思

在当今经济全球化的时代，财经问题已经越来越多地渗入人们的日常生活中。而培养财经素养，与数学这门基础学科有着密不可分的联系。数学是解决实际生活问题的重要手段，在实际教学过程中，帮助学生从情境中抽象出等差数列和等比数列模型后，不仅让同学们感受到学习数列的价值，更是帮助同学们找到解决实际生活个人买卖问题、社会养老储备金等问题的方法与思路。只有学生了解了相关的模型与情境，才能形成较为理性的消费观，达到培养学生在知识、能力、态度与价值观等方面的财经素养的目标。

## (二)信息技术学科

# 配置家用计算机

范　伟

## 一、财经融合的教学背景

教材出处：本课选自华师大版《高中信息科技》(第一册)第二章“计算机的硬件组成”内容。

课程标准：基于《普通高中信息技术课程标准》信息系统的组成与功能。

课时学科背景：“计算机的硬件组成”章节内容激发学生对配置家用计算机的兴趣。计算机作为一个多功能设备，可以根据个人主观需求进行硬件上的自由灵活配置，延伸到软件安装也是如此，硬件和软件作为配置家用计算机的两个部分，相辅相成。通过自己动手配置家用计算机，不仅能掌握计算机的理论知识、深入了解它是如何工作，也能通过自己动手配置计算机带来的成就感而对信息科技学科产生更浓厚的兴趣。

财经背景：自己配置家用计算机需要综合考虑性能、价格、品牌这三点的平衡，可以用技术前端的品牌，通过可控的预算，再加上自己亲手组装获得乐趣。通过实践配置计算机优点：第一，性价比高；第二，能根据个人的使用需求进行配置。基于这两个优点，可以将信息科技知识与财经知识进行融合，在配置计算机过程中培养高中生财经素养。

## 二、财经融合的教学目标

**学科与财经素养融合目标可视化表格**

| 学段知识模块 | | 个体与社会 | 货币与金融 | 收入与消费 | 投资与风险 | 价值与提升 |
|---|---|---|---|---|---|---|
| 高中 | 知识 | 配置一台家用计算机是家庭生活的日常需求；配置一台家用计算机必须与市场的经济动态发生联系 | 国际金融行情走势影响市场软硬件价格，在日常更新的指导价下选购并配置家用计算机 | 综合自己家庭收入水平、家用计算机需求，折中选择与当下家庭经济能力相适应的计算机 | 理解计算机市场价格变化的基本原理与特征；家用计算机硬件配置的折旧、不保修等风险 | 提升对计算机市场价格定位的分析能力；规避计算机产品的折旧与风险等问题 |
| | 能力 | 通过网络资源、市场考察等情景因素，结合计算机硬件配置的一般需求，具备配置一台家用计算机的能力；<br>了解计算机市场价格的日常变化及走向，具备一定分析决策能力。 | | | | |
| | 思维 | 培养高中生具备商业价值分析能力，提高经济决策时的思维辨识能力。 | | | | |
| | 价值观 | 引导高中生具备分析计算机市场价格动态以及产品商业价值。 | | | | |

本节课具体课时目标如下：

1. 硬件方面：了解计算机的硬件组成，能用所学知识选购和组装计算机。

2. 软件方面(拓展教学)：具备软件安装、调试、使用和维护的基本技能。

3. 个人能力：培养学生的实践动手能力，在日后计算机出问题时学会判断问题所在。

4. 财经方面：通过硬件的选购和配置以及软件的购买和安装，了解计算机硬件、软件市场行情动态以及风险规避等问题。

## 三、财经融合的教学过程

分小组收集资料，建议4—6位同学一组。

1. 根据自己的计算机配置需求及价格预算，分工完成计算机硬件的资料收集，包括名称、规格型号、性能指标、报价、生产厂家、折旧与保修等资料，然后交流各自收集的内容。

2. 实地市场配置。组内根据收集并整理好的资料，到电脑市场去进行实地咨询、配置，得到一份组内配置的这台计算机的市场价格和各硬件的保修情况。

3. 组内协商完成一份最佳硬件配置方案，总结该配置方案的总体性能价格比以及计算机各部件的保修情况记录表。

4. 硬件全部商定后，协商需安装的软件。通过网络搜索完成资料收集，包括软件的功能、价格、评分、所需安装环境、操作主界面图示，然后交流各自收集的内容。

5. 组内协商确定待安装的软件列表。

6. 班级内进行整台计算机的软、硬件配置交流讨论，完成交流评价表。

## 四、财经融合的教学评价

信息科技课程中财经专题活动

班级：　　　　活动小组成员：

| 评价项目 | | 得分(1—10分) |
|---|---|---|
| 基础知识掌握情况 | | |
| 团队合作 | | |
| 硬件方面 | 材料收集 | |
| | 机器性能 | |
| | 配置性价比 | |
| 软件方面 | 资料收集 | |
| | 安装合理性 | |
| | 配置性价比 | |

财经融合教学评价说明：

硬件方面，由于计算机的硬件是不断发展更新的，这就带来了计算机新产品与前沿技术市场动态等有关信息，传统的书本教学内容不能满足实际技术的发展。从初始看，材料收集能力很大程度会影响最终配置结果，因此将其列入评价项目；从结果看，机器性能、配置性价比是决定计算机组装水准的重要评价指标。

软件方面，大多数人购买计算机后选择一键安装“装机必备”软件，实际上根据个性化需求应当有所取舍或更新，收费软件的可替代性也需要自行评估。对软件的选择体现的是学生对软件商业价值和版权的理解，对学生在软件配置过程中资料收集、安装合理性、配置性价比三方面评价也能体现学生的财经素养。

**五、财经融合的教学反思**

信息科技课程通过前期计算机知识的教授，利用实践体验的活动形式，组织学生进行“配置家用计算机”，以了解计算机的市场价格动态以及商业价值。

自主配置计算机最大的优点是性价比很高，最大的缺点是硬件之间的兼容性问题。活动主要通过因特网进行资料收集、电脑市场进行实地配置、小组间进行整理与比较、课堂上展示与分析等。实施过程中，电脑市场的实地配置环节最直接地将财经与学科融合，平衡性能、价格、品牌三者的关系对于高中生来说是个考验。个人对计算机使用需求的不同会导致对性能、价格、品牌三者的侧重点不同，小组成员间的探讨、磨合、理性分析至关重要，如何将性价比最大化？如何能做到物尽其用？相信同学们都已经有了最适合自己的答案。

通过本次活动，学生通过分析计算机市场的价格走向以及计算机产品商业价值培养并提升财经素养。

## 三、自然科学类典型案例

### (一)物理学科

### 《能源与可持续发展》课程“探究太阳能转化为内能的效率”

姜　峰

**一、财经融合的教学背景**

特色课程：本课是我校物理学科《能源与可持续发展》课程中的一个教学内容。

课程标准：基于《普通高中物理课程标准》(2017 年版)“能源与可持续发展”学习任务群。

课时学科背景：在 20 世纪中，人类使用的能源主要有石油、天然气和煤炭三种，而根据国际能源机构的统计，假使按目前的势头发展下去，地球上这三种能源能供人类开采的年限分别只有30—40年、50—60年和约300年了。因此，开发新能源已经成为人类发展中的紧迫课题。

太阳是个巨大的能源。在太阳内部不断地发生热核反应（氢变成氦的聚变反应），由此产生的巨大能量通过辐射到达地球。在地球上，平均每平方米每秒所接受的太阳的辐射能约为1.353 kJ，也就是说，太阳每秒照射到地球上的能量约相当于燃烧$6.0\times10^{5}$吨标准煤释放出的能量。目前，太阳能已成为人类新能源发展的一个重要方向。

财经背景：相比于昂贵并随着越来越快的消耗而不断减少的石油，太阳能的优势不言而喻。丰富的太阳辐射能是重要的能源，取之不尽、用之不竭。太阳能每秒钟到达地面的能量高达80万kW，假如把地球表面0.1%的太阳能转为电能，转变率为5%，每年发电量可相当于目前世界上能耗的40倍，研究太阳能的利用将极大地提高人类的经济收益。

## 二、财经融合的教学目标

**学科与财经素养融合目标可视化表格**

| 学段知识模块 | | 个体与社会 | 货币与金融 | 收入与消费 | 投资与风险 | 价值与提升 |
|---|---|---|---|---|---|---|
| 高中 | 知识 | 知道太阳能的利用能为家庭带来很大的便捷，为社会的经济发展做出很大的贡献 | 了解太阳能的利用为全球的金融市场带来的变化 | 了解城市家庭的基本收入与安装太阳能设备所需的支出，从而分析其可行性 | 了解太阳能发电项目的投资形式及可能带来的风险 | 通过太阳能转化效率的研究，提升太阳能转化为电能的效率 |
| | 能力 | 能通过实验设计、探索研究的方式了解太阳能的转化效率；<br>能通过太阳能转化效率的研究思考其隐含的经济发展的潜力。 | | | | |
| | 思维 | 培养高中生透过实验探究思考其背后的经济、文化因素的思维方式，培养其由表及里、由此及彼、由具象到抽象的思维能力。 | | | | |
| | 价值观 | 引导高中生了解全球的能源危机，提高环保意识和节能意思，并了解新能源的利用为经济带来的贡献。 | | | | |

本节课具体课时目标如下：

1. 知道太阳能可以转化为内能、电能等其他形式的能，初步学会制作太阳能集热装置等基本实验技能。

2. 经历发现问题、提出方案、进行实验探究的自主学习过程，能运用搜集资料、分析数据、得出结论、进行讨论等科学方法。

3. 在探究过程中养成踏实认真、实事求是的科学态度，增强相互交流探讨、合作完成任务的自觉性，提高环保意识和节能意识。

4. 对太阳能电池板的真正效率及其利用率进行研究，发掘出太阳能相较于传统能源的优势，并因此感受利用太阳能后所带来的经济收益。

**三、财经融合的教学过程**

（一）学科活动过程

1. 第一阶段教师与学生的主要任务

教师：

(1)介绍有关太阳能利用的事例，组织学生开展组装太阳能小车等实践活动。

(2)提出一些启发性的有关太阳能利用的问题，例如，目前在太阳能利用方面存在的主要困难是什么等。

(3)指导学生思考和讨论提高太阳能转化为内能的效率的方法，并形成初步方案。

学生：

(1)观察思考，参与组装太阳能小车等活动。

(2)对如何提高太阳能转化为内能的效率，做出各种猜想、假设。

(3)设计探究方案。从多个设计方案中选择较好的，在课外开展实验，并完成“探究太阳能利用效率活动任务单”记录。

(4)为第二阶段的探索研究任务做准备。

2. 第二阶段教师和学生的主要任务

教师：

(1)点评学生在第一阶段完成的各项任务。

(2)指导学生完成“探究太阳能转化为内能的效率”的探究实验。可以用 DIS 温度传感器来测试，也可以用普通温度计来测试。

(3)布置下一阶段任务，例如撰写课题报告、做好展示准备、完成练习等。

学生：

(1)进行实验探究，得出结论。

(2)做简单的训练题。

(3)课外完成作业;查资料,为下一阶段任务做准备等。

3. 第三阶段教师和学生的主要任务

教师:

(1)组织学生展示成果。

(2)帮助学生进行学习小结。

学生:

(1)参与成果展示。

(2)交流学习心得,谈谈进一步开展太阳能利用课题研究的打算等。

(3)课外完成对课题报告的修正、对作品的改进,完成练习等。

## 四、财经融合的教学评价

物理课程中财经专题活动

班级:　　　　　　活动小组:

**活动过程和活动成果小组交流评价表**

<table>
<tr><td rowspan="7">时间:________________<br>地点:________________<br>活动内容记录:</td><td colspan="2">课题组成员</td><td></td><td></td><td></td></tr>
<tr><td colspan="2">出勤情况</td><td></td><td></td><td></td></tr>
<tr><td colspan="2">承担任务</td><td></td><td></td><td></td></tr>
<tr><td rowspan="4">活动态度</td><td>优</td><td></td><td></td><td></td></tr>
<tr><td>良</td><td></td><td></td><td></td></tr>
<tr><td>中</td><td></td><td></td><td></td></tr>
<tr><td>差</td><td></td><td></td><td></td></tr>
<tr><td colspan="6">研究目的和意义:</td></tr>
<tr><td colspan="6">选用的器材:</td></tr>
<tr><td colspan="6">写出实验设计方案并画出实验装置设计图:</td></tr>
<tr><td colspan="6">实验数据的记录:</td></tr>
<tr><td colspan="6">实验结论:</td></tr>
</table>

财经融合教学评价说明：

财经融合的教学评价旨在让学生通过探索研究并结合下列问题检测本人对学习包的学习情况。

1. 通过网络检索太阳能的相关知识，是否比单一从课本上学习所获的知识更丰富？在查阅资料的过程中遇到过什么困难？

2. 对学习包中所提供的资料，在阅读理解上是否存在困难？有关太阳能方面的资料还有哪些？有哪些相关的杂志和书籍？

3. 你能利用身边的实验器材研究太阳能转变为内能的效率吗？

4. 你能够顺利完成“探索研究”中的实验项目吗？你有哪些关于太阳能利用方面的新设想和创意？

**五、财经融合的教学反思**

在太阳能转化为内能效率的探索研究中，结合财经素养的渗透是一次非常成功的尝试。在课后，同学还会继续思考并回答：从经济角度来看，太阳能利用的各种途径有什么优势和不足？

综合学生的回答，总结为：太阳能是一种辐射能，具有即时性，必须即时转化成其他形式的能量才能储存和利用。其利用途径主要有：

1. 太阳能转化为电能，其优势是储存和传输方便、使用安全、应用广泛，前景极其广阔；不足是目前的转化成本偏高。

2. 太阳能转化为热能：优势是储存方便、转化效率高、成本低、操作简单；不足是受地理位置和天气的影响明显，利用时受气候制约。

3. 太阳能转化为生物能或化学能：这种转化形式广泛存在于自然界中，为人类提供了丰富的能源储备，必须再经转化才能被人类利用。

除此之外，还有学生对我国不同地区使用太阳能热水器的安装形式不同进行了思考：由于我国北方和南方纬度不同，太阳的辐射特点不同，太阳高度也不同，安装时应保证太阳能利用效率最大，即要调整集热板与水平地面的夹角保证最大限度地接受太阳辐射，从而提高太阳能利用的经济性。

# 《能源与可持续发展》课程“研究可再生能源”

姜　峰

## 一、财经融合的教学背景

特色课程：本课是我校物理学科《能源与可持续发展》课程中的一个教学内容。

课程标准：基于《普通高中物理课程标准》(2017 年版)“能源与可持续发展”学习任务群。

课时学科背景：在全球能源问题日益突出的大背景下，人们普遍意识到不可再生能源（主要是煤炭、石油和天然气等传统化石能源）的不可持续性，将目光投向具有可持续开发和利用的可再生能源上来。尤其是近年来，随着世界石油价格不断上涨，世界各国开始更加重视可再生能源。那么什么是可再生能源？可再生能源究竟有哪些种类？这些可再生能源的资源潜力有多大？从可再生能源的内涵看，其关键特征是“可再生”性，是指那些具有自我恢复原有特性，并可持续利用的一次能源，或者指那些在自然界中可以不断再生并有规律地得到补充或重复利用的能源。可再生能源包括太阳能、水能、生物质能、氢能、风能、地热能、潮汐能以及海洋表面与深层之间的热循环等。

财经背景：可再生能源在自然界中可以不断再生和永续利用，具有取之不尽、用之不竭的可再生特点，开发和利用对环境无害或危害极小。可再生能源资源分布广泛，比较适宜就地开发利用。相对于化石能源来说，可再生能源在自然界中可以循环再生。

中国水能的可开发装机容量和年发电量均居世界首位。中国每年地表吸收的太阳能大约相当于 1.7 万亿吨的能量；可供开发的风能资源量可能超过 30 亿 kW；海洋能可利用的资源量估计约为 4 亿—5 亿 kW；地热资源探明储量为 31.6 亿吨；现有生物质能资源总量达 7 亿吨。总之，中国可再生能源资源丰富，具有大规模开发的潜力，可以为经济发展提供足够的能源，开发利用可再生能源大有可为。

## 二、财经融合的教学目标

**学科与财经素养融合目标可视化表格**

| 学段知识模块 | | 个体与社会 | 货币与金融 | 收入与消费 | 投资与风险 | 价值与提升 |
|---|---|---|---|---|---|---|
| 高中 | 知识 | 知道可再生能源的利用能为家庭带来很大的便捷，为社会的经济发展做出很大的贡献 | 了解可再生能源的利用能为全球的金融市场带来的变化 | 了解城市家庭的基本收入与安装可再生能源设备所需的支出，从而分析其可行性 | 了解可再生能源发电项目的投资形式及可能带来的风险 | 通过可再生能源转化效率的研究，提升可再生能源转化为电能的效率 |
| | 能力 | 能通过实验设计、探索研究的方式了解可再生能源的经济效益；<br>能通过可再生能源转化效率的研究思考其隐含的经济发展的潜力。 | | | | |
| | 思维 | 培养高中生透过实验探究思考其背后的经济、文化因素的思维方式，培养其由表及里、由此及彼、由具象到抽象的思维能力 | | | | |
| | 价值观 | 引导高中生了解全球的能源危机，提高环保意识和节能意思，并了解可再生能源的利用为经济带来的贡献 | | | | |

本节课具体课时目标如下：

1. 知道什么是可再生能源，知道可再生能源的种类，以及人类利用可再生能源的方式。

2. 经历发现问题、提出方案、进行实验探究的自主学习过程，能运用搜集资料、分析数据、得出结论、进行讨论等科学方法。

3. 在探究过程中养成踏实认真、实事求是的科学态度，增强相互交流探讨、合作完成任务的自觉性，提高环保意识和节能意识。

4. 对可再生能源转化为电能真正效率及其利用率进行研究，发掘出可再生能源相较于传统能源的优势，并因此感受利用可再生能源后所带来的经济收益。

## 三、财经融合的教学过程

（一）学科活动过程

1. 认识可再生能源

教师制作多媒体课件，着重介绍可再生能源的情况：可再生能源是指在自然界中可以不断再生、永续利用、取之不尽、用之不竭的资源，它对环境无害或危害极小，而且资源分布广泛，适宜就地开发利用。

2. 调查我校能源利用现状

教师带领学生到学校后勤处调查学校的用电情况：学校每天的耗电量非常大，一个月的电费达 3 万元人民币。

3. 市场调查

为了更好地认识可再生能源在生活中的运用，可将学生分成两组进行活动，分别调查太阳能热水器和太阳能空调。利用周一的第七、第八节课，由老师带领活动小组的成员来到虹口区某电器超市，让两组同学做市场调查。

4. 利用网络查找资料

此活动分三组进行。一组查阅太阳能热水器情况；一组查阅太阳能空调情况；一组查阅太阳能在其他方面的使用情况。

5. 制作手抄报

各活动小组把他们从市场上、网络上收集的资料进行整理，制作成手抄报。

6. 撰写调研报告

同学们把网络上查阅的信息打印出来并筛选整理，同时结合自己市场调查时了解的情况，撰写调研报告。

**四、财经融合的教学评价**

物理课程中财经专题活动

班级：　　　　　　活动小组：

**活动过程和活动成果小组交流评价表**

<table>
<tr><td rowspan="7">时间：________<br>地点：________<br>活动内容记录：</td><td colspan="2">课题组成员</td><td></td><td></td><td></td></tr>
<tr><td colspan="2">出勤情况</td><td></td><td></td><td></td></tr>
<tr><td colspan="2">承担任务</td><td></td><td></td><td></td></tr>
<tr><td rowspan="4">活动态度</td><td>优</td><td></td><td></td><td></td></tr>
<tr><td>良</td><td></td><td></td><td></td></tr>
<tr><td>中</td><td></td><td></td><td></td></tr>
<tr><td>差</td><td></td><td></td><td></td></tr>
<tr><td colspan="6">研究目的和意义：</td></tr>
<tr><td colspan="6">选用的器材：</td></tr>
<tr><td colspan="6">写出实验设计方案并画出实验装置设计图：</td></tr>
<tr><td colspan="6">实验数据的记录：</td></tr>
<tr><td colspan="6">实验结论：</td></tr>
</table>

财经融合教学评价说明：

学生事先把研究的活动过程、作品及有关资料制作成 PPT 幻灯片，供各小组成员展示活动成果、介绍研究过程之用。操作时，由教师主持，各小组成员依次上台汇报情况，最后由教师适当点评并总结。讲解时，学生落落大方、慷慨陈词，有时结合幻灯片上的实物图讲解，有时自己画图到黑板上讲，间或向在座的同学、老师提问，开展互动，有条不紊地叙说他们的研究情况，俨然像一个个小老师。在谈活动体会时，学生们都谈到了全球面临的能源安全以及燃烧化石燃料造成的生态破坏的问题。他们呼吁人们使用可再生能源，走可持续发展的道路，并且认为这样做是每一个公民应尽的义务和责任。

因此，我们的活动不仅使学生学到了有关太阳能利用的知识，而且成功地进行了可持续发展教育。同时，很好地培养了学生的创新精神、严谨的科学态度以及与人交往合作的能力，拓展了他们获取知识的途径，改变了他们学习的方式，使他们的长处得以发挥，让他们获得自信，为以后更好地学习或进入社会奠定基础，这一切正是我们新课程理念中所期望的。

**五、财经融合的教学反思**

能源作为一种商品，具有普通商品的一般属性，同时具有其独有的特征，这是由能源价格的形成机制决定的，主要表现为：一是能源产品资源稀缺性极强，所以长期价格走向趋高，而且能源价格要同时受到国际市场与产地市场的双重影响；二是国家能源价格管制机制，由于能源生产的规模经济效应导致的自然垄断性以及能源安全与国家军事、经济的紧密联系，各国均对能源市场从法律及规制角度采取一定程度的管制措施。改革开放 40 多年来，我国经济市场化改革进程不断加快，绝大部分产品价格实现由市场决定，能源价格改革也取得了重要进展，化石能源的上中游价格基本实现了市场化，即煤炭、原油基本实现由市场决定的价格体制，但电力、成品油、燃气仍实行政府管制。能源价格作为一种杠杆调节手段，有利于形成对能源消费结构调整的倒逼机制，促进企业增加研发投入，推动能源消费结构调整，实现能源转型目标。党的十九大报告也同样指出，要加快要素价格市场化改革，推进能源生产和消费革命，构建清洁、低碳、安全、高效的能源体系。

## （二）化学学科

# 化工生产能否做到又快又多

刘学腾

**一、财经融合的教学背景**

特色课程：本节课是财经与沪科版高中化学教材高一下学期第六章第三节融合的一个教学内容。

课程标准：基于《普通高中化学课程标准》(2017 年版)“科学探究与创新理解”学习任务群。

课时学科背景：本章内容主要揭示化学反应速率和平衡之谜，主要学习化工生产中两大内容：化学动力学和化学热力学。具体内容是学习化学反应速率和化学平衡，使学生理解速率和平衡的含义，并借助相关知识指导化工生产，从大的角度来看是人类合理利用自然资源，培养学生敬畏自然和保护环境的绿色化学理念，从小的角度来看是公司如何提高生产效率，使目标反应进行得又快又多，同时抑制一些不利的副反应，使生产效率和原料的利用率最大化，这是化学学科培养学生的核心素养之一。

财经背景：在化工生产中，原料的成本、原料的转化率、过程生产成本和产品盈利等都是化工企业高度关注的问题，这些都与企业的经营状况息息相关。本节课的内容，可以将财经素养的渗透和化学教学有效结合，不仅可以巩固化学基础知识，还可以通过分析化工生产中的经济问题，模拟大型化工生产，培养学生基本的财经素养。

## 二、财经融合的教学目标

**学科与财经素养融合目标可视化表格**

| 学段知识模块 | | 个体与社会 | 货币与金融 | 收入与消费 | 投资与风险 | 价值与提升 |
|---|---|---|---|---|---|---|
| 高中 | 知识 | 了解产品和企业生产之间的关系 | 了解在市场经济体制下企业生存的核心经济因素 | 了解产品成本和产品价值的关联性 | 了解工业生产中影响投资回报的因素，提高规避风险的意识 | 了解重要化工产品的生产对于社会正常运转的价值 |
| | 能力 | 通过工业制硫酸和合成氨，学会成本核算以及降低成本的方法；<br>通过成本核算，学生能合理判断设计行为背后的经济动机。 | | | | |
| | 思维 | 通过成本核算，能培养高中生具备维护自身经济权益，提高风险规避的意识，养成一定的投资决策思维，培养创新创业思维。 | | | | |
| | 价值观 | 通过成本核算，引导高中生意识到利用经济手段创造社会价值和服务社会的重要性。 | | | | |

本节课具体课时目标如下：

1. 了解工业生产中(合成氨和制硫酸)反应条件的选择依据。

2. 通过对合成氨和制硫酸工业生产的学习，认识化学原理在化工生产中的重要应用。

3. 感悟化学原理对生产实践的指导作用，并懂得一定的辩证思维和逻辑思维。

4. 通过对合成氨和制硫酸工业生产的学习，了解化工企业如何通过选择合适的条件降低生产成本，提升企业经济效益。

5. 通过对合成氨和制硫酸工业生产的学习，学会合理判断设计行为背后的经济动机，养成一定的投资决策思维和创新创业思维。

**三、财经融合的教学过程**

| 教学环节 | 教与学活动 |
| --- | --- |
| 课前预习 | 阅读课本，了解本节课所学的两个典型工业生产流程 |
| 知识梳理 | 对本章所学理论知识进行梳理，对于学习的一些原理可以如何指导工业生产进行理论分析 |
| 典例分析 | 以工业制硫酸为例，分析生产硫酸的三个步骤中所涉及的化学原理，如何使生产做到又快又多进行理论分析，再对照工业生产的实际情况，找出在生产过程中为了节约成本、提高原料的利用率进行了哪些调整，然后分析实际生产中各种设备是如何设计的，哪些设计可以使资源和成本的回报最大化；通过对硫酸工业的分析，总结归纳在实际生产中为了提高生产效益应该考虑哪些方面 |
| 学生运用 | 学生根据工业合成氨的原理，分析在实际生产过程中应该对反应条件进行怎样的选择，对生产设备应如何设计可以降低成本、提高收益 |
| 课堂总结 | 分析总结在工业制硫酸和合成氨工业生产中所涉及的关于化学反应速率和化学平衡的知识和规律，巩固复习所学理论知识 |
| 课后作业 | 完成理论知识作业；分组活动，选择任一化工生产过程进行设计 |
| 交流展示 | 交流展示化工生产过程的设计方案 |
| 作业评价 | 学生和教师共同完成设计方案的评价 |

## 四、财经融合的教学评价

化学课程中财经专题活动

班级：　　　　　　活动小组：

**活动过程和活动成果小组交流评价表**

| 评价项目 | 评价等级 | | | 评价等级 | 简单说明 |
|---|---|---|---|---|---|
| 基本知识 | 优秀 | 良好 | 一般 | | |
| 文献调研 | 优秀 | 良好 | 一般 | | |
| 设计理念 | 优秀 | 良好 | 一般 | | |
| 逻辑思维 | 优秀 | 良好 | 一般 | | |
| 展示效果 | 优秀 | 良好 | 一般 | | |
| 方案效果 | 优秀 | 良好 | 一般 | | |
| 团队合作 | 优秀 | 良好 | 一般 | | |

财经融合教学评价说明：

化工生产中，在选择原材料和生产流程等涉及生产成本的环节时，学生应考虑在保证产品质量的基础上降低生产成本。生产成本作用在市场经济条件下，生产成本是衡量生产消耗的补偿尺度，企业必须以产品销售收入抵补产品生产过程中的各项支出才能确定盈利，因此在企业成本管理中生产成本的控制是一项极其重要的工作。除了生产成本，产品的市场价值也是决定该产品是否盈利的关键，因此在选择目标产品以及这些产品的市场竞争力时应考虑到如何让产品价值最大化。化工产品的成本核算和市场价值属于高中财经素养中的“投资与风险”知识模块。在生产中需要降低生产成本，从化学角度主要是降低原料成本、能源成本和设备成本等，学生需要用化学知识从成本角度进行分析，并且考虑产品的市场价值和市场竞争力。

## 五、财经融合的教学反思

化学反应速率和化学平衡向来是化学基本理论教学中的重要内容，如何应用原理解决化工生产中的实际问题，并使学生了解选择化工生产条件的思路和依据，便是这节课的主要目的。本节课的设计，试图为学生提供自主学习的时间和空间，具体体现在：让学生有充分时间阅读、分析和思考，有足够的时间讨论解决问题的方案;在学生充分思考的基础上,对有难度的问题及时分解,为学生设置阶梯,使其顺利作答。这样使得学生在思考与讨论中,不断利用已有知识解决现有问题,从而加深对所学理论的理解。

将财经素养的培养与课本所学知识相结合,让学生直接分析可能难度比较大,因此老师先给学生举一个例子,详细分析一个成熟的生产工艺应该考虑哪些问题。这样学生既可以巩固课本所学知识,又可以对实际的化工生产了解得更加透彻,并且可以深刻体会到工业生产的复杂性和其中蕴含的知识与智慧。同时,学生以经营者的身份去考虑这个流程,要考虑的核心问题是使原料和成本的收益最大化,培养了学生的财经素养。

### (三)生物学科

## 推动蓝色经济发展——多重压力下的中国海洋可持续发展

谢 晶

### 一、财经融合的教学背景

学科背景:海洋生态学是一门基础性强、研究与应用广、学科渗透大的前沿海洋学科,本课程旨在让学生了解生态学基本原理、海洋系统基本过程和国内外研究进展。

海洋生态学是研究海洋生物与环境相关的科学,近年来以生态系统研究为主线,尤其关注自然一社会一经济发展的和谐与统一,体现出多学科交叉融合的显著特点,发展十分迅速。因此,本课程的重点:以生态系统生态学为主线,重点讲授生态系统框架中的个体、种群、群落和生态系统等不同层次的生态学原理,以及相应的以海洋资源与环境为中心的应用生态学理论与实践,同时还扼要地介绍国内外最新研究动态和最新研究方法。

财经背景:蓝色经济,从生态设计的角度出发,在生态系统中寻找改变高度浪费的生产和消费模式的灵感,像大自然一样将养分和能源串联利用以达到可持续性发展,它摈弃了对废物的传统认识,提出一种模拟自然的经济发展模式,提高了人类对需求所做出的反应。与传统经济模式和绿色经济相比,蓝色经济具有四个显著特点:创造就业机会、提高经济价值、仿效生态系统和零排放。蓝色经济与环境产业未来的趋势有着非常高的契合度。

近十年来，海洋科技突飞猛进，新的可开发利用的海洋资源不断发现，海洋已成为巨量财富源泉，为解决困扰人类生存和可持续发展的资源与环境两大问题展现了新的曙光。一是以海底天然气水合物资源、海底多金属结核资源为代表的海洋新能源储量巨大；二是海洋新药物资源家族庞大；三是提取和开发利用深海基因资源前景广阔。据估计，深海基因资源的市场潜力可达 30 亿美元/年。总之，20 世纪最后 10 年，多学科联动的海洋科学发展，使新的海洋资源不断被发现，由此，引发了世界范围的以全面开发利用海洋、保护海洋为基本特征的“海洋世纪”的到来。世界蓝色经济发展步入了世界经济发展的快车道：在众多沿海国家和地区，蓝色经济成为区域经济发展的新的增长点。

## 二、财经融合的教学目标

**学科与财经素养融合目标可视化表格**

<table>
<tr><th colspan="2">学段知识模块</th><th>个体与社会</th><th>货币与金融</th><th>收入与消费</th><th>投资与风险</th><th>价值与提升</th></tr>
<tr><td rowspan="4">高中</td><td>知识</td><td>蓝海经济发展的必要性</td><td></td><td></td><td></td><td>与传统经济模式和绿色经济相比，蓝色经济具有四个显著特点：创造就业机会、提高经济价值、仿效生态系统和零排放；蓝色经济与环境产业未来的趋势有着非常高的契合度</td></tr>
<tr><td>能力</td><td colspan="5">提升学生文献综述能力，初步理解市场运行和宏观调控的基本原理等；具备财经分析和决策能力是关键，能够将知识运用到解决实际财经问题的决策过程</td></tr>
<tr><td>思维</td><td colspan="5">我们希望学生能养成基于现实问题的实践导向思维和初步的创新精神，养成在瞬息万变的经济世界中不确定性应对思维</td></tr>
<tr><td>价值观</td><td colspan="5">蓝色经济，从生态设计的角度出发，在生态系统中寻找改变高度浪费的生产和消费模式的灵感，像大自然一样将养分和能源串联利用以达到可持续性</td></tr>
</table>

本节课具体课时目标如下：

1. 知道海洋生态学国内外最新研究动态和最新研究方法。
2. 了解生态学基本原理、海洋系统基本过程。
3. 通过财经素养与学科活动情境化途径，挖掘海洋生态学中的经济学知识。
4. 知道在众多沿海国家和地区，蓝色经济成为区域经济发展的新的增长点。

## 三、财经融合的教学过程

| 教学环节 | 教与学活动 |
|---|---|
| 课堂导入 | 近十年来，海洋科技突飞猛进，新的可开发利用的海洋资源不断发现，海洋已成为巨量财富源泉，为解决困扰人类生存和可持续发展的资源与环境两大问题展现了新的曙光。一是以海底天然气水合物资源、海底多金属结核资源为代表的海洋新能源储量巨大；二是海洋新药物资源家族庞大。三是提取和开发利用深海基因资源前景广阔；据估计，深海基因资源的市场潜力可达 30 亿美元/年。 |
| 学科背景知识探究 | 课堂探究 1：海洋生态系统的特殊性<br>学生通过查阅资料，能够比较清晰地了解海洋生态系统与其他生态系统的差异，了解海洋生态系统在生物圈中重要作用。<br>课堂探究 2：影响海洋生态系统变化的一些重要因素<br>通过参观同济深海探索馆，了解影响海洋生态变化的一些重要因素。<br>课堂探究 3：我国近海海洋生态系统面临巨大的压力<br>学生小组以东海为例，了解近海海洋生态系统面临巨大的压力。<br>课堂探究 4：我国实现“蓝色经济”的展望<br>学生小组合作完成研究性学习报告。 |
| 教师提出学科与财经融合的活动问题 | 1. 海洋生态系统蕴含的经济价值：据估计，深海基因资源的市场潜力可达 30 亿美元/年；以海底天然气水合物资源、海底多金属结核资源为代表的海洋新能源储量巨大；海洋新药物资源家族庞大；提取和开发利用深海基因资源前景广阔。<br>2. 我国近海海洋生态系统面临巨大的压力。<br>3. 我国实现“蓝色经济”的展望。 |
| 财经融合活动交流与评价 | 班级交流展示；<br>学生和教师共同完成活动评价。 |

## 四、财经融合的教学评价

物课程中财经专题活动

班级：　　　　　活动小组：

**活动过程和活动成果小组交流评价表**

| 评价项目 | 评价等级 | | | 评价等级 | 简单说明 |
|---|---|---|---|---|---|
| 基本知识 | 优秀 | 良好 | 一般 | | |
| 材料收集 | 优秀 | 良好 | 一般 | | |
| 文稿撰写 | 优秀 | 良好 | 一般 | | |

续表

| 评价项目 | 评价等级 | | | 评价等级 | 简单说明 |
|---|---|---|---|---|---|
| 展示效果 | 优秀 | 良好 | 一般 | | |
| 语言表达 | 优秀 | 良好 | 一般 | | |
| 逻辑思维 | 优秀 | 良好 | 一般 | | |
| 团队合作 | 优秀 | 良好 | 一般 | | |
| 风度仪态 | 优秀 | 良好 | 一般 | | |

财经融合教学评价说明：

与新课标相对接，通过生命科学课程中的活动设计与参观活动，引导学生了解海洋生态系统，知道海洋生态系统中蕴含的经济价值，激发学生热爱海洋、保护海洋的意识，落实生命科学核心素养中的生命观念、理性思维及社会责任。

教师通过这样的财经奠基课程课例实施和反思进一步认识到，生命科学中有很多研究方向都是与经济学科密不可分的。在我们生命科学研究实验阶段需要有经济学理论的支持，我们的研究成果又可以带来一定的经济财富。

财经奠基课程，可以有效地拉近教师与学生距离，也能有效地丰富我们的教学内容，使学生更容易接受生命科学基础知识。

**五、财经融合的教学反思**

在生物学科中开展财经融合课程，可以帮助学生逐步理解生态学的基本原理以及海洋生态学国内外最新研究动态和最新研究方法。在活动中，学生逐步挖掘海洋生态系统中的经济学知识，知道在众多沿海国家和地区，蓝色经济已经成为区域经济发展的新的增长点。

此外，还能提升学生文件综述能力，初步理解市场运行和宏观调控的基本原理等；具备财经分析和决策能力是关键，能够将知识运用到解决实际财经问题的决策过程。

我们希望学生能在学习过程中养成基于现实问题的实践导向思维和初步的创新精神，养成在瞬息万变的经济世界中不确定性应对思维。

蓝色经济，从生态设计的角度出发，在生态系统中寻找改变高度浪费的生产和消费模式的灵感，像大自然一样将养分和能源串联利用以达到可持续性发展。

### （四）地理学科

## 从“商业区位条件”谈上海城市商业中心体系

李　梅

### 一、财经融合的教学背景

教材：本课是中图版高中地理第二册第七篇专题24“第三产业与经济发展”。

课程标准：基于《普通高中地理课程标准》（2017年版）地理必修课程2“产业区位选择”部分。

课时学科背景：本课程将运用真实情境下的实践教学法，学生能认识有关商业的特征、区位条件和不同商业中心的等级体系。在掌握分析区位条件的基本方法的基础上，本课将以基本社会经济活动的空间特点为线索组织全新的学习路径。学生通过收集、呈现、运用、分析地理数据，能够更好地理解和领会党和国家所提出的发展理念，并学会掌握分析该类地理问题的思路和方法，形成地理空间思维习惯，从而凸显学科核心素养。不同领域的内容有机整合，也有助于学生在高中阶段学习商业区位融合在经济地理学基本理论。

财经背景：以财经素养和地理学科融合为基础，模拟真实情境，培养学生区域的观念和意识。在探究空间格局与经济发展的过程中，领会生产发展与生产分布如何相互作用、相互影响。在结合实际分析相关问题的同时，进一步树立发展意识，贯彻可持续发展的理念。

### 二、财经融合的教学目标

**学科与财经素养融合目标可视化表格**

<table>
<tr><th colspan="2">学段知识模块</th><th>个体与社会</th><th>货币与金融</th><th>收入与消费</th><th>投资与风险</th><th>价值与提升</th></tr>
<tr><td rowspan="4">高中</td><td>知识</td><td>商业选址及相关考量因素分析；商业选址的区位分析；商家与个人之间可能存在的异同因素</td><td>国际金融行情走势分析指导下的商业选址租金支付方式、商业选址方式的选择</td><td>如何综合自己收入水平、商业区位条件，折中选择与当下家庭或个人经济能力相适应的商业</td><td>调查已有商业周边再建新楼可能性，分析其带来的问题；及时关注调控性政策要素对商业选址的作用</td><td>商业选址时机与商家投资对个人、区域财富积累的目标设定及影响分析</td></tr>
<tr><td>能力</td><td colspan="5">能合理判断影响商业价值的各种地理要素；<br>能通过实地测量与考察，综合自然、经济等要素分析商业价值；<br>能理解国际或国家的实局、金融走势等把握商业选购的时机。</td></tr>
<tr><td>思维</td><td colspan="5">培养高中生具备商业区位分析知识，商业周边环境调查的实践思维，准确把握选址时局意识及风险规避意识。</td></tr>
<tr><td>价值观</td><td colspan="5">体验地理信息技术对实体经济和虚拟经济的影响，感受学科的社会价值。</td></tr>
</table>

本节课具体课时目标如下：

1. 通过课前社会调查采集数据，在熟悉的环境中创设情境，了解不同的传统商业区位条件(区域认知)。

2. 通过比较两个商业广场的商业区位条件，自主探究商业中心的等级体系(综合思维)。

3. 运用计算机系统和手机 App 来采集相关地理数据并进行分析，理解科学技术对于人类日常生产生活的积极作用(实践创新)。

4. 通过分析电子商务对于传统商业区位的影响，思考大数据时代背景下的实体经济与虚拟经济的发展方向，培养分析问题和解决问题的能力(财经视野)。

**三、财经融合的教学过程**

| 教学环节 | 教与学活动 |
|---|---|
| 财经背景介绍：生活化案例引入 | 介绍学生日常生活中熟悉的商业网点，引入商业区位“旺铺”的概念 |
| 课堂探究 1：寻找学校的第二个“旺铺” | 在学生熟悉的环境中创设新情境，将宽泛的商业缩小为餐饮类商业服务作为研究对象 |
| | 教师提出问题：要求学生以规范化的语言来描述和归纳传统商业区位条件 |
| 课堂探究 2：传统商业区位的比较 | 以开设奶茶店为例，继续创设情境 |
| | 通过移动端百度地图 App 的热力图功能，观察人流量图层的叠加，以及不同时间段的热力图，了解两个商圈在人流量上的差异 |
| | 学生利用导入环节归纳的区位条件，借助百度地图进行判读和分析 |
| 课堂探究 3：电子商务与传统商业区位 | 提出问题：为什么味多美的老板建议奶茶店开在曲阳生活广场？ |
| | 教师给出利用地理信息技术获得的大数据和各类图表，引导学生关注虹口高科技园区在线外卖的优势区位条件；思考阴雨天气同一时间段的长泰广场热力图的变化 |
| 课堂探究 4：电子商务对于传统商业区位条件的影响 | 安排学生分组讨论：结合工业区位对于原料和燃料依赖性减弱、运费成本降低的变化过程，思考商业区位条件如何变化 |
| | 通过饿了么 App 获得美食类商家的大数据，展示曲阳商务广场正在发生的变化以及两个商圈的差异化发展，客观评价电子商务的对于传统商业区位条件的影响 |
| | 通过饿了么 App 在线外卖流程，展示地理信息技术是如何在后台为配送系统提供支持并向客户提供基于地理位置的服务 |
| | 展示地理信息技术改变了以往对于追求人流量最大的传统商业区位选址 |

续表

| 教学环节 | 教与学活动 |
|---|---|
| 思考 | 虹口商业的转型，规模不断扩大，升级该地区的商业中心等级势在必然；<br>地理信息技术将实体经济和虚拟经济以及将互联网和物联网结合，才能在大数据时代抓住商机，找到线上和线下旺铺 |

## 四、财经融合的教学评价

地理课程中财经专题活动

班级：　　　　　活动小组：

**活动过程和活动成果小组交流评价表**

| 评价项目 | 评价等级 | | | 评价等级 | 简单说明 |
|---|---|---|---|---|---|
| 区域认知 | 优秀 | 良好 | 一般 | | |
| 材料收集 | 优秀 | 良好 | 一般 | | |
| 文稿撰写 | 优秀 | 良好 | 一般 | | |
| 展示效果 | 优秀 | 良好 | 一般 | | |
| 语言表达 | 优秀 | 良好 | 一般 | | |
| 财经理解力 | 优秀 | 良好 | 一般 | | |
| 财经知识运用 | 优秀 | 良好 | 一般 | | |
| 社会实践 | 优秀 | 良好 | 一般 | | |

财经融合教学评价说明：

本课程从“商业区位条件”这一知识点入手，通过梳理和分析不同的区位因素，学生将针对不同产业进行学习和剖析，建立思维路径，能够针对特定的生产活动，比较和判断出一个地区内某个行业的具体布局结果。

运用数字化地理专业教室和各类软件，能够更全面地收集、储存和分析数据。了解地理信息技术在财经领域中的应用，并能结合实际服务业布局的案例，掌握不同区位选择的特点及区位因素的变化，有助于帮助学生正确认识人地关系，形成正确的地理观念和财经思维。

财经类知识涵盖面广，具有一定深度和难度。在高中地理教学中，需要重视培养学生区域的观念和意识以及发现问题和分析问题的能力。此外,正确处理好经济的发展与环境的保护之间的关系是我们走可持续发展道路的必然,因此,树立正确的发展意识、贯彻可持续发展理念,也是现阶段地理教学的一个重要内容。

### 五、财经融合的教学反思

本课程的设计以发展学生的地理核心素养和财经素养为教学理念。通过设置调查法,让学生收集地理数据和资料,掌握调查方法,提高学生的地理实践力;通过学习区位明确环境与人类生活生产相互关系,树立正确的人地协调观;通过分析城市中不同商业区位以及城市中心体系的变化,培养学生的综合思维和区域认知素养。

本课程在教学中设置了多样化的情境,尤其是选取了学生日常生活中常见的地理事物和现象。多种教学方法相结合,有利于发挥学生集体的力量,在讨论声中扩展学习的思路。

案例教学法是进行区位因素讲解的十分恰当的方法,在案例的选取中,要注意案例是否具有典型性和代表性,不同的案例是否有区别度,后一个案例能否在前一个案例的基础上扩展学生的思维。

## 从“工业区位选择”中培养高中生财经素养

李 梅

### 一、财经融合的教学背景

教材:本课是中图版高中地理第二册第七篇专题23“工业区位与工业区”。

课程标准:基于《普通高中地理课程标准》(2017年版)地理必修课程2“产业区位选择”部分。

课时学科背景:从人类社会的发展来看,工业是在农业发展基础上出现的产业部门。工业是指从事自然资源的开采,对采掘品和农产品进行加工和再加工的物质生产部门。与农业相比,工业生产除了场地和水源外,对自然条件的依赖不大,这使工业生产在区位选择上比农业灵活得多,也复杂得多。随着社会的发展、市场需求的变化、科学技术水平的不断提高,工业区位因素以及各因素所起的作用在不断变化。一个区位因素及其作用的变化,会导致其他区位因素及其作用发生变化,进而直接影响工业的区位选择。

财经背景：本课程通过实例和典型案例的分析，提高学生对地理和财经问题的分析能力、归纳能力以及学以致用的能力；通过生生互动，活化了计算机模拟过程，更有利于工业区位的布局这一部分知识的创造性学习；通过对话和讨论激发了学习地理的兴趣、拓展了财经视野，既为地理原理的理解提供生动“案例”，又为培养学生关注和分析身边财经现象提供范例。

## 二、财经融合的教学目标

**学科与财经素养融合目标可视化表格**

<table>
<tr><th colspan="2">学段知识模块</th><th>个体与社会</th><th>货币与金融</th><th>收入与消费</th><th>投资与风险</th><th>价值与提升</th></tr>
<tr><td rowspan="4">高中</td><td>知识</td><td>工业区位选址及相关考量因素分析；工业区选址的区位分析；投资商与政府之间可能存在的异同因素</td><td>工业的租房租金支付方式、购房贷款方式的选择</td><td>如何综合厂方收入水平、工业投资区位条件，折中选择与当下区域发展经济能力相适应的工业投资</td><td>调查已有工业周边再建新楼可能性，分析其带来的经验和问题；及时关注调控性政策要素对工业选址的作用</td><td>投资时机与投资对地区财富积累的目标设定及影响分析</td></tr>
<tr><td>能力</td><td colspan="5">能合理判断影响工业区位的各种地理要素；<br>能通过实地测量与考察，综合自然、经济等要素分析工业投资价值；<br>能理解国际或国家的实局、金融走势等把握工业投资选购的时机。</td></tr>
<tr><td>思维</td><td colspan="5">培养高中生具备工业投资区位分析知识、工业投资周边环境调查的实践思维，准确把握选址时局意识及风险规避意识</td></tr>
<tr><td>价值观</td><td colspan="5">引导高中生树立工业区位选择、生产及投资的经济价值观</td></tr>
</table>

本节课具体课时目标如下：

1. 通过阅读相关图文资料，了解工业区位选择的基本原理和主要区位因素（综合思维）。

2. 运用案例分析主要工业区位因素的变化及其对工业区位选择的影响，结合实际分析环境对工业区位选择的影响，培养学生的环保意识，树立工业发展必须走可持续发展道路的思想（人地协调观）。

3. 列举相关案例，使学生了解区位因素是不断发展变化的，并通过手绘等方式，让学生自主构建工业区位知识体系（自主发展）。

4. 设计讨论议题，开展生活情境模拟活动，学生以类似于“角色扮演”的方式进行讨论，帮助学生了解工业投资区位分析知识、体验工业投资周边环境调查的实践思维(财经兴趣)。

## 三、财经融合的教学过程

| 教学环节 | 教与学活动 |
| --- | --- |
| 财经背景介绍：相关知识点重现与回顾 | 阅读“不同工业生产特点”材料并归纳“工业区位选择的原则”表格，该活动侧重阅读地理文字材料的能力 |
| 任务一：“比一比” | 对比钢铁工业区位选择三次变化图 |
| | 筛选不同时期区位异同、分析区位变化原因 |
| 任务二：“画一画” | 在某工业区示意图中画出污染企业的布局，让学生动手画图，把布局知识显像化 |
| | 绘制“现实工业区位选择原则”概念图，让学生自主构建工业区位知识体系，展现学生对工业区位知识体系的掌握程度，以便发现其中的薄弱部分 |
| 生活情境模拟活动：“上海市某新城开发投资推介会”；开展讨论 | 以游戏的形式，通过计算机软件对假象的某城区进行了工业布局的模拟，巩固了工业区位的知识，为真实生活情境模拟活动的顺利进行做了铺垫；在该活动中通过生生互动，活化了计算机模拟过程，更有利于工业区位的布局这一部分知识的创造性学习。通过对话激发了学习地理的兴趣，拓展了地理学习视野，既为地理原理的理解提供生动“案例”，又为培养学生关注和分析身边事物提供范例 |

## 四、财经融合的教学评价

地理课程中财经专题活动

班级：　　　　　活动小组：

**活动过程和活动成果小组交流评价表**

| 评价项目 | 评价等级 | | | 评价等级 | 简单说明 |
| --- | --- | --- | --- | --- | --- |
| 综合思维 | 优秀 | 良好 | 一般 | | |
| 材料收集 | 优秀 | 良好 | 一般 | | |
| 文稿撰写 | 优秀 | 良好 | 一般 | | |
| 展示效果 | 优秀 | 良好 | 一般 | | |
| 语言表达 | 优秀 | 良好 | 一般 | | |
| 规划与回报 | 优秀 | 良好 | 一般 | | |
| 分析财经情境 | 优秀 | 良好 | 一般 | | |
| 兴趣活动 | 优秀 | 良好 | 一般 | | |

财经融合教学评价说明：

本课程主线从“有哪些工业区位因素”“不同工业部门有何主导区位因素”“钢铁工业区位如何变化”到“污染企业如何布局”“如何开发新开发区工业”，沿着“工业区位因素→区位的选择→区位的变化→区位布局”这一知识建构路线展开。

通过实例和典型案例的分析，提高学生对地理问题的分析能力、归纳能力以及学以致用的能力。例如，能结合实例分析某类工业的主导区位因素或某区域的工业区位优势，能运用工业区位选择的基本原理对工厂进行合理的区位选择。

通过相关的讨论，学生能了解工业区位选择还必须考虑到环境效益和社会效益，有利于培养学生的环保意识、可持续发展的意识以及热爱家乡和为家乡服务的意识。课程讨论环节的设置，以轻松和潜移默化的方式引导学生树立工业区位选择、生产及投资的经济价值观，建构了关于工业区位的经济思维体系，进一步加深学生的财经素养。

**五、财经融合的教学反思**

本课程充分利用信息技术手段，提供充实的实例及素材，提出问题引导学生读图、分析工业区位的主要因素。采用生活情境模拟活动，让学生充分展现小组讨论的成果，形式新颖，激发学生兴趣。

区位理念贯穿了高中人文地理有关人类空间活动的章节，从城市、农业、工业、到交通区位，把各章节有机地联系在一起。要帮助学生分析某个工业布局的主导因素，以及该主导因素变化的原因及其变化后对工业布局的影响。

通过具体案例的分析，让学生学会根据主导区位因素进行工业区位选择，理解主导区位因素变化对区位选择的影响。引导学生讨论分析影响工业的主要区位因素，并做出适当评价。同时，提高学生分析地理图表的能力，培养学生提取并加工有效地理信息的能力，从而加强学生综合分析问题的能力。通过学习工业的区位理论，让学生学会用正确的地理思想思考工业问题，初步懂得衡量工业区位合理性的标准是经济、社会、环境三大效益的统一，进一步树立人地协调的观念。

# 第四章

# 财经广域课程的设计与实施

财经广域课程是以财经为中心选择教学内容，由本校教师开发，面向对财经有兴趣的学生，以学生自主探究为基本形式，培养学生的财经人文、国际理解和经济数理能力的综合性课程。财经广域课程是在财经奠基课程的基础上为对财经有兴趣的学生提供更专业的财经学习资源。财经奠基课程主要挖掘语文、数学、外语、历史等学科课程中各学科与财经素养培育相关的内容并进行整合，为财经素养奠基，培养学生良好的财经态度和诚实的财经品格。财经广域课程主要借助拓展课，开设财经特色的独立校本课程，形成培育学生财经素养的具有学校特色的课程群，培养学生基础的财经知识和基本的财经行为能力，渗透财经教育。如果说财经奠基课程是隐性财经课程，那么财经广域课程则是显性财经课程，直接以财经为中心对课程进行设计，将财经知识和财经素养融入课程目标、课程准备、课程实施和课程评价等各个环节，让学生在高中也能接受像在大学一样的财经课程。

财经广域课程主要包括财经人文类广域课程、经济数理类广域课程和国际理解类广域课程，从三个不同的维度培养学生的财经知识和财经行为能力，提高学生高阶财经素养。财经人文类课程：财经领域富有丰富的人文属性，财经人才不仅需要具备沟通、心理和人际关系等能力，更需要在与金融资产打交道时诚实守信、有职业操守，这要求高素质财经人才具备人文情怀。经济数理类课程：身处中国经济中心的上海，高中生面临更为复杂多变的金融环境并且要做精算与数据评估。本课程着重培育学生经济数理能力、变式思维能力和动手能力，提高其思维的缜密性与逻辑性。国际理解类课程：随着经济全球化与现代化的迅猛发展，在全球一体化环境下对学生个人的思维能力和全球视野有着更高的挑战。本课程旨在增强学生国际意识，拓展学生国际视野，提高学生国际交往能力，为学生面向未来和国际化发展打下坚实的基础。

在课程具体实施过程中，依托财经金融实验室，通过情景模拟、现场观摩、案例分析和方案设计等手段，增加学生实战机会和体验，财大教授指导研究型课题为实践成果，增强财经素养培育实效。在财经人文类广域课程中，以《经济地理》和《选不选物理这个问题》为例；在经济数理类广域课程中，以《财经视角》和《理财规划从手机套餐开始》为例；在国际视野类广域课程中，以《财商发掘之翔解》和《Lesson plan sales business English》为例，从财经视角对课程进行剖析，研究在课程的各个环节如何高效地将财经知识传授给学生，让学生真正参与课堂，在探究活动中展现出高阶的财经素养。

在财经广域课程中，学生可以学习到宏观经济学、微观经济学和金融学等财经理论知识，拓展财经视野，通过剖析详解典型经济案例，深挖案例背后蕴含的财经知识和技能，体会财经技能在经济活动中的作用，激发财经技能带来的成就感，在课程探究活动中切身地参与经济活动，思考日常生活中的财务问题，从活动中领会财经的魅力，培养财经观念，深化投身财经的志向。

财经广域课程向对财经领域有兴趣的同学打开一扇财经广角，关注学生对未来生活的准备程度，拓展学生财经视野，深化学生财经兴趣，让学生唤醒自我的财经萌芽，发现自己的志趣所在。

## 第一节　财经广域课程的课程设计

### 一、财经广域课程的课程目标

#### （一）财经广域课程的意义

随着社会经济的飞速发展，财经素养成为人们生活中必备的一种能力。上海是中国的经济中心，又是国际化大都市，对于上海的中小学生，财经问题对个人和未来家庭生活的重要性日益凸显，特别是经过多次金融危机和经济大萧条的冲击后，我们应该更加重视财经素养教育。财经素养的培养是一个长期的过程，因此从中小学时期开始进行财经能力的培养势在必行。①

根据JA(Junior Achievement)中国2015年发布的一份《高中生金融理财态度与行为调研报告》显示，我国高中生对基本经济概念有一定的了解，但个体对概念的理解有较大差异，基础知识薄弱。高中生普遍对日常金融工具和理财活动有广泛接触，但对不同金融理财工具和活动的使用与参与程度差异较大。高中生学习金融理财知识的渠道主要通过父母，但大部分家长的财经知识水平有限，基本无法满足高中生对于财经知识的求知欲，因此学生对在学校学习财经知识和技能有强烈需求。研究表明，开设财经教育相关课程是培养学生财经能力比较有效的学习方式。②

面向全体学生的财经奠基课程将学科教学和财经素养的渗透有机结合，挖掘学科课程中各学科与财经素养培育相关的内容并进行整合，教学更多与经济生活和社区生活联系，为财经素养奠基，培养学生良好的财经态度和诚实的财经品格。而对于对财经知识有兴趣的学生，财经奠基课程的财经素养渗透远远不能满足学生对于基础财经知识的渴望，因此，为对财经有兴趣的学生开设更加专业的财经课程显得尤为重要。

### (二)财经广域课程的定位

财经广域课程是以财经为中心选择教学内容，由本校教师开发，依托于拓展课，面向对财经有兴趣的学生，以学生自主探究为基本形式，培养学生的财经人文、国际理解和经济数理能力的综合性财经课程。财经广域课程是在财经奠基课程的基础之上为对财经有兴趣的学生提供更专业的财经学习资源。财经奠基课程主要挖掘语文、数学、外语、历史等学科课程中各学科与财经素养培育相关的内容并进行整合，为财经素养奠基，培养学生良好的财经态度和诚实的财经品格，而财经广

① 李昶辉. 高中生财经素养调查与自我修炼[J]. 现代经济信息，2019(2)：449.

② 张建城. 新时代高中生财经素养培育探析[J]. 中学政治教学参考，2018(12)：14－15.

域课程向对财经领域有兴趣的同学打开一扇财经广角，借助拓展课，开设财经特色的独立校本课程，形成培育财经素养的具有学校特色的课程群，培养基础的财经知识、基本的财经行为能力，渗透财经教育。

### （三）财经广域课程各类课程的目标

财经广域课程主要包括财经人文类广域课程、经济数理类广域课程和国际理解类广域课程，从三个不同的维度培养学生的财经知识和财经行为能力，提高学生高阶财经素养。财经人文类课程主要体现财经领域具有丰富的人文属性，财经人才不仅需要具备心理学知识和人际交往能力，更需要具备诚实守信的品质和职业操守。经济数理类课程着重培育学生经济数理能力、变式思维能力和动手能力，提高其思维的缜密性与逻辑性，让高中生在面临更为复杂多变的金融环境时能做出精算与数据评估。国际理解类课程旨在增强学生国际意识、拓展学生国际视野、提高学生国际交往能力，为学生面向未来和应对国际化发展打下坚实的基础。

### （四）财经广域课程的总目标

总体来说，财经广域课程依托于学校拓展课程，引导学生掌握基本的财经专业术语，使学生了解与财经有关的基本知识；培养学生与时俱进的良好经济素养，使学生能够将财经知识应用于具体的生活情境中；培养学生较好的理财习惯，帮助学生学会在未来的经济社会中如何从容冷静地应对各种经济环境，有效降低经济风险。此外，本课程注重财经核心素养的养成与实践。依托本校财经创新实验室，引导学生养成合理消费和勤俭节约的优良品质，培养学生以创新精神与实践为重点的创造能力，提升学生的财经核心素养，为学生将来从容地走向社会，更好地适应社会的发展要求，成长为造福国家与社会的财经人才打下坚实的基础。

## 二、财经广域课程的流程安排

### （一）财经广域课程的整体架构

随着高考改革的推进，教育不断趋向于个性化，为了满足学生的个性化课程需求，拓展型课程在高中教育教学中的地位愈发凸显。拓展型课程是以学科课程为出发点，满足学生个性特长和生存发展需要，让学生学会学习和学会生存。课程内容具有多样性，为学生提供适合发展需要的更多选择，适应不同发展水平和不同个性发展需要。课程设置强调学习与生活及社会发展的联系，加强知识系统的开放性、知识形成过程的开放性和知识来源的开放性。课程教学方法和内容符合时代发展的需要，利用最新教育学、教育心理学及国内外最先进的教育教学研究成果，课程内容的编制主动适应社会的需要，根据现代科学及学科发展的新变化，不断对教学内容进行调整，并不断加强信息技术在课堂教学中的应用。财经广域课程的目标和内容与拓展型课程完美契合，因此本校财经广域课程的实施主要依托于拓展型课程，为对财经有兴趣的同学提供相对专业的课程资源，进一步激发学生财经学习兴趣的同时，为后续更深入的财经知识学习打好基础。

**（二）财经广域课程的课程安排**

我校拓展型课程由课程发展中心主管，负责策划并实施本校的拓展型课程，制定并完善相关工作制度，其他行政中心负责保障课程的顺利开展。财经广域课程以选课模式下的走班化组织教学形式呈现，由我校教师编制、实施和评价。具体流程如下：

1. 学期末进行宣传动员，老师根据自身特长拟定开设的课程，领取财经广域课程开设申请表。

2. 开学前一周为财经广域课程开设申报截止日，开课申报表交课程发展中心。

3. 开学前课程发展中心完成财经广域课程的汇总及整合，确定学校开设的财经广域课程名单。

4. 开学初向学生公布学校开设的财经广域课程内容介绍，供学生选择参考。

5. 第一周的拓展型课程时间，学生网上选报课程，具体时间为周五下午第一节课。

6. 课程发展中心汇总各课程的学生名单并进行调整，确定正式开设的课程，落实开课的具体地点，第二周开始正式上课。

7. 正式开设财经广域课程的教师须制订《课程纲要》，一般应包括下述内容：

（1）关于课程目标的陈述。主要阐述课程涉及的目标与学习水平。

(2)课程内容与要求、教学活动的安排。主要涉及选择什么样的内容以及怎样组织这些内容,或安排什么样的活动等。

(3)课程实施。主要包括方法、组织形式、课时安排、场地和设备等。

(4)课程评价。主要是对学生学业成绩的评定,涉及评定方式和记分方式等。

**(三)财经广域课程的课程管理**

拓展型课程由课程发展中心统一负责管理和实施,课程发展中心每学期将抽查财经广域课程的教案,平时加强巡视和组织听课、评课。每位教师的上课情况将作为教师业务考评的参考依据之一,对老师的教学评价主要包括以下几个方面:第一,教学计划对发展学生个性的合理性;第二,教学内容的科学性、时代性、层次性和综合性;第三,对所教每一个学生的关注程度;第四,教师在开发和建设财经广域课程过程中其专业水平的提高程度;第五,教学目标的达成度等。一个学期的课程结束后,课程发展中心通过问卷调查和座谈等方式了解学生对教师的评价,并以此了解学生的需求,不断提高财经广域课程的质量,使之更加适合学生发展的需要,并组织教师进行课程反思、自我评价,逐步提高课程质量。

对学生的教学评价主要包括以下几个方面:第一,在财经知识或财经技能的某些方面获得进一步的拓展或提高;第二,财经兴趣爱好和潜能得到进一步开发和发展;第三,学会选择并作出商业决策,能根据自身的基础、兴趣爱好和社会发展需要选择拓展内容与方向;第四,在综合实践能力方面得到提高;第五,在自学能力、合作能力、批评性思维能力、发现问题分析问题和解决问题的能力等方面得到增强;第六,勇于探索、积极创新、自觉钻研、进取向上的精神得到培养。老师根据学生的出勤和课程评价结果对学生在整个过程中的表现进行等级评定,评定一般分为A、B、C、D四等。如学生对所选科目的出勤率无法达到该科目总课时的50%以上,则直接评定为D等。

## 三、财经广域课程的教学策略

目前我国的财经类课程,从课程设置和知识内容来看,总体比较枯燥无味。面对枯燥无味的财经知识和经济术语,改进传统满堂灌的教学方式,提升课程的趣味性，提高课程的实用度，是提升财经教学效果的关键。案例教学法和情境教学法是被认为可以加深学生对知识点的掌握、提高学生对知识的应用能力和应变能力的重要教学方法。因此，财经广域课程的教学策略是采用案例教学和情境教学，通过选择与学生生活密切相关的案例和情境，提高课程的真实感，让这些专业的财经知识距离学生不是那么遥远，让学生获得更多的参与感，无论对于财经知识的理解还是财经技能的应用都事半功倍。

**(一)案例教学法**

财经素养教育要求以学生的实际生活为出发点，面向社会，重视实践，但因为客观因素的限制，教师不可能每次都通过社会实践进行财经素养教学，而案例教学法可以在一定程度上解决这个问题。通过向学生展示最真实、贴近学生实际生活的案例，学生通过分析和解决案例中的问题，可以加速将所学财经知识应用于处理实际财经问题，逐渐形成一定的财经能力。通过将具体案例升华，还可以帮助学生形成和发展正确的财经意识、态度和价值观。[①]

在财经广域课程中，案例教学法的使用主要包括以下几个步骤：第一，确定案例学习的目标。案例的使用是为课程目标服务的，因此在选择案例之前，首先结合教学内容明确案例的教学目标。第二，选择合适的案例。理想的案例应该有以下几个特征：包含一个事件和多个问题，而且问题是开放性的，要求学生基于一定的分析来确定下一步将要采取的行动。在运用知识点方面，案例需要运用到大量学生此前学习过的知识和少量学生未接触过的知识，能够让学生发展高层次的推理技巧，案例最好是真实世界的例子。案例分析过程不仅仅涉及商业知识，还需要对社会价值和道德前沿问题进行讨论。第三，指出决策者的困境。在正式的案例教学课开始之前，为了让学生与决策者建立共情，良好的案例讨论应该首先确定问题的实质，指出决策者无法克服的问题、他们所面临的困境以及几种可能的选择。第四，对学生的分析过程进行详细评价。理想的情况是，由学生而不是教师引导对分析的评价，从中发现问题并提出改进意见，这体现了以学生为中心的学习精神。第五，引导学生分析不确定性。鼓励学生对他们的决策结果进行敏感性测试分析，并

---

① 曾凡.案例教学法在财经类课程教学中的应用[J].金融理论与教学，2107(6)：102－104.

鼓励在对未来进行预测时，对重要的宏观和中观指标使用范围估计。第六，要求学生将分析落实到行动。每个讨论都应该包含一个“我们应当如何做”的环节，便于行动。第七，探索进一步改进的可能性。在讨论结束时，鼓励学生考虑如果他们有更多的时间，如何优化假设，以及他们将利用哪些信息来证明他们分析的价值。

### （二）情境教学法

情境教学法是将既定教学任务作为基础内容，将实际教学需求作为出发点，依据教学内容及情境构建营造出来适应性比较强的教学场景，促使学生可以在学习的过程中获取一定情感体验，除去在原本教学内容的基础上进行拓展之外，也可以促使学生的心理机能及学习能力得到大幅度提升。从情境教学理论的角度上进行分析，其所重视的是在实际教学的过程中，通过个体参与这种方法获取更好的教学体验，也是社会化意识在教学过程当中的渗透。在模拟出来的真实情境当中，学生能够参与到更为真实的实践活动中，促使学生的认知能力及实践技能水平得到大幅度提升，从而可以对学生毕业之后的岗位适应性做出一定保证。情境教学法可以切实将学生的财经课程学习兴趣激发出来，推动课程内容及社会实践相互融合。①

情境教学法在财经广域课程中的具体应用为：(1)活化教材内容，规避纸上谈兵。在实际教学的过程中，应当引用一些学生容易理解的日常生活情景，促使学生能够简单地将学习到的知识迁移到对日常生活现象的理解中。(2)凭借情感共鸣，将学生带入自己的角色。利用学生十分关心的问题，尽可能将教学内容从个人财务问题上进行延展，倡导学生依据自己的思路找寻掘进途径，让学生找寻到适应性比较强的思想探寻方法，让学生主动将自身放置在教师创设的学习情境中，积极主动地获取情感体验，从而对学生的学习效率及学习效果做出一定保证。(3)随时扮演职业角色。在实际教学的过程当中，需要积极地对学生职业素质进行培养，让学生可以更多地扮演职业角色，对现行法规中本职业所提出的要求形成深入的认识，逐步提升学生的职业素养水平。

---

① 张瑞军.情境教学在财经教学中的应用分析[J].中外企业家，2018(6)：174.

# 第二节　财经广域课程的课程实施

财经广域课程的实施以传授财经基础知识和培养财经技能为目标，采用案例教学法和情境教学法，将财经知识和财经技能融合到课程的每个环节，根据目前的课程架构，具体实施方案主要从财经人文、经济数理和国际理解三个方面展开。

## 一、财经人文类广域课程

### （一）财经人文类广域课程的课程目标

人文素养是指在人文科学、人文精神和人文氛围滋养熏陶下而形成的思想观念、价值取向、人格模式、审美情趣、思维方式和学识才华等精神收获的总和，是将人类优秀的文化成果，通过知识传授和环境熏陶等教育过程，使其内化为人的学识、气质、修养，成为人的相对稳定的内在品质。人文素养就其核心来说，主要指人的世界观和人生观，内容包括人生的意义、追求、理想、信念、道德和价值等，使学生拥有科学的世界观、健康的人生观、合理的价值观，从而激发学生学习科学知识的兴趣，使之在健康的心理状态下掌握知识结构和知识点，把所学知识最大限度地转化为能力和素养。

商道即人道，人道即商道。现代社会的经济活动不同于旧时代的农业和小生产经营方式，市场经济日益发达，产业和市场结构日益复杂，市场机制日臻完善，竞争日益成为企业兴衰成败的关键因素，财经人文素养的修炼成为财经类人才的关键因素。例如，在经济活动中，诚信品质是促进社会主义市场经济健康发展的道德基石，是财经从业者的基本素养，也是高中生进入财经行业的必备品质，它是立国和立业之本，也是个人安身立命的精神法宝。财经领域具有丰富的人文属性，通过财经类课程的学习，学生可以提升沟通、心理和人际关系等能力，同时在与金融资产打交道时诚实守信和有职业操守，这些都是财经人才所必备的人文素养。

财经人文类课程是以财经相关知识为基础，在发展学生的内省和人际交往等技能的同时，拓展学生的财经人文素养，在财经背景下构建自身发展所需的人文精神，形成科学的世界观。本课程主要通过文本阅读、走访观察和议题讨论的活动方式，学生在活动中感悟经济和文化的发展，树立正确的世界观、人生观和财富观。

**（二）财经人文类广域课程的具体课程**

目前本校相对成熟的财经人文类广域课程的具体课程有：《闲财每周理》《哲学与财经》《阅读上海》《经济地理》等课程。

《闲财每周理》旨在转变传统的经济思维模式，拓展学生的知识领域，拓宽学生的学习视野，培养学生的财经素养。通过课堂讲授，帮助学生更好地了解金融相关概念，初步树立理财规划意识，注重财商意识的培养。通过课堂活动，联系生活实际，改变既有的思维模式，思考日常生活中的财务问题，学会运用取舍、相互影响和分析计算等多种方式，为实际生活案例提供创新策略。课程旨在丰富学生的金融知识、拓展财经思维、树立理财规划意识，引导学生在生活中做出适当决策，理解相互影响以及整体经济运行的关系。

《哲学与财经》是为了使高中生树立正确的财富观与人生观，坚持公正法治的价值取向，践行敬业诚信的价值准则，将财经知识与哲学中的唯物主义等相关知识结合，学生运用辩证唯物主义与历史唯物主义的观点认识金融知识和经济现象，从而在生活中做出科学的价值判断与行为选择。

《阅读上海》是统整于学校“国际都市公民素养”的课程框架体系内的一门校本特色课程，旨在通过专题活动引导学生感悟都市文化、涵养城市精神、强化核心价值观，并在活动过程中探寻感悟城市在经济和文化等方面的变化和发展，进而爱城市、爱国家、读生活、读人生。这样的综合实践活动不但可以让学生获得从娱乐消遣到认知情感的提升，而且能进一步涵养精神、提升思维、激发创意，明白责任与担当。

《经济地理》是挖掘地理学科中的经济问题，进行剖析和总结，在此过程中将财经人文素养内化，比如住房选择问题，学生通过分析影响不同需求人群在城市中选择住房的区位因素，将财经地理问题与现实生活结合，培养学生对现实问题的求索精神。

**（三）财经人文类广域课程的课程方案**

财经人文类课程的课程方案由任课老师结合自身特长，并与财经人文相结合编写而成。比如：

1.《闲财每周理》课程的具体课程方案

课程目标：通过课堂讲授，能够系统性地联系课堂讲授的各个单元内容，交叉联系各学科的相关知识点，帮助学生更好地了解金融相关概念，初步树立理财规划意识，注重财商的培养。通过课堂活动，能联系生活实际，改变既有的思维模式，思考日常生活中的财务问题，学会运用取舍、相互影响和分析计算等多种方式，为实际生活案例提供创新策略。

课程内容：(1)了解选修财经拓展课的原因；(2)介绍课程，明确意义；(3)介绍课程中可能涉及的金融知识，使学生对课程有大致的了解；(4)确定交流研究方向，明确课堂交流顺序；(5)课堂教授相关知识点；(6)就身边生活案例进行代入讨论；(7)梳理讨论过程中遇到的问题；(8)班级交流展示，形成评价。

课程教学方法：讲授与活动结合，知识与能力结合，学习与生活结合。

课程具体安排：专题一，金融市场；专题二，现金规划；专题三，储蓄；专题四，货币市场基金；专题五，信用卡；专题六，住房消费；专题七，收益与风险；专题八，机会成本；专题九，货币的时间价值；专题十，金融工具；专题十一，决策中的博弈；专题十二，收入与支出；专题十三，理财规划。

课程考核：课堂出勤 60%，课堂互动表现及反馈评价 20%，案例讲解及创新思维 20%。

2.《经济地理》课程的具体课程方案

课程目标：(1)区域自然特征与经济现象、区域经济发展与区域自然条件的关联分析方法，与地理学科相关的基础财经知识；(2)话题讨论、材料搜集、对比分析等实践体验；(3)树立正确人地协调观念、培养财经兴趣。

课程内容："人地关系"视角的经济地理学概况；主要经济活动；经济活动的区位选择(经典模型)；区域经济开发案例；世界区域经济的自然环境背景分析；地缘政治格局与经济发展；经济全球化战略案例；中国区域经济的自然环境背景分析；中国区域经济对比分析(以长三角为参照)；上海自贸区建设。

课程教学方法：小组讨论、案例分析、网络资源搜寻等方法。

课程具体安排：第一讲，“人地关系”视角的经济地理学概念；第二讲，主要经济活动；第三讲，经济活动的区位选择（经典模型）；第四讲，区域经济开发案例；第五讲，世界区域经济的自然环境背景分析；第六讲，地缘政治格局与经济发展；第七讲，经济全球化战略案例；第八讲，中国区域经济的自然环境背景分析；第九讲，中国区域经济对比分析（以长三角为参照）；第十讲，上海自贸区建设。

课程考核：课程结业要求学生结合所学经济地理知识，以区域经济案例分析或实践考察报考的方式代替一卷式传统考试模式，并采用过程性评价体系对学生进行评价。遵循学生自评与教师评价相结合的原则。

## 二、经济数理类广域课程

### （一）经济数理类广域课程的课程目标

经济学离不开数学。经济数理是指数学方法在经济学原理方面的应用，主要通过数学语言来表达、推理和论证经济学原理，进行定性分析理论经济学，它研究最优经济效果、利益协调和最优价格的确定这些经济学基本理论问题，为经济计量学、管理科学和经济控制论提供模型框架、结构和基础理论，是经济学的基础之基础。经济数理强调由假设、推理到结论的论证过程，使用确定的函数关系，用实际统计资料对函数关系涉及的相关参数进行估算和验证，有利于发现经济问题的实质，指明经济问题的发展变化趋势。西方经济数理研究的内容主要包括：生产理论、效用理论、价格理论、均衡理论、决策理论、偏好理论、群体行为理论和社会选择理论，以及静态经济模型、动态经济模型和多部门投入产出模型等等。

身处中国经济中心的上海，高中生面临更为复杂多变的金融环境并且要做精算与数据评估。本课程着重培育学生的经济数理能力、变式思维能力、动手能力，提高其思维的缜密性与逻辑性。通过采用数学模型解决经济学问题来使学生能够运用多元经济分析方法，分析解决经济学中的基础原理问题，并具备基本的分析和解决实际经济问题的能力。

### （二）经济数理类广域课程的具体课程

目前本校相对成熟的经济数理类广域课程的具体课程有：《财经视角》《微观经

济学》《数学建模》等课程。

《财经视角》是以热点经济话题为载体，将经济学的各种理论与现实问题相结合，通过热点经济话题的分析、讨论和总结，提炼其中蕴含的专业理论知识。本课程包括 10 个热点经济话题，其中涉及宏观经济学、微观经济学和金融学等基础内容。学生将有机会研究、分析和讨论这些话题，在思辨中理解经济理论，在交流中提高合作精神，同时可以了解国家的经济政策及其影响，学会分析中国经济与全球经济的联系。

**（三）经济数理类广域课程的课程方案**

经济数理类课程的课程方案由任课老师根据学生的知识水平和当前的热点话题编写而成，将热点经济问题与经济理论相结合。比如，《财经视角》课程的具体课程方案如下：

课程目标：(1)了解国家的经济政策及其影响，会分析中国经济与全球经济的联系；(2)了解企业、银行和政府等机构在竞争环境下的市场结构；(3)分析经济系统、商业组织和经济机构；(4)会发现生活中的经济现象，并用简单的经济理论进行分析；(5)通过团队合作，能完成一份经济热点问题的研究报告。

课程内容：学生们将研究经济学的各个方面与相关理论在现实中的应用。课程包括 10 个热点经济话题，其中涉及宏观经济学、微观经济学、金融学等基础内容。学生将有机会研究、分析和讨论这些话题，在思辨中理解经济理论，在交流中提高合作精神。

课程教学方法：授课式、互动展示、独立研究。

具体课程安排：(1)生活中的经济问题；(2)金山银山与绿水青山；(3)经济发展与环境保护；(4)全球化与逆全球化；(5)贸易开放与贸易保护；(6)人工智能；(7)技术创新对传统经济的影响；(8)人口老龄化与二胎政策；(9)人口经济学；(10)聊聊房价；(11)货币、银行与央行；(12)人民币国际化；(13)利率与汇率；(14)高铁建设；(15)基础设施建设与经济发展；(16)创业；(17)投资学；(18)国企改革；(19)英国脱欧与留欧；(20)网红经济学。

课程考核：40％平时成绩＋60％期末论文。

## 三、国际理解类广域课程

### (一)国际理解类广域课程的课程目标

进入21世纪,经济全球化和社会信息化使人类的交往和经济行为更加突破国家和民族的界限,教育的国际化趋势也日益明显,培养具有国际视野的人才成为各国教育的重要目标。在财经教育中的国际视野是指学生的国际眼光或者国际视角,能够站在全球或更广阔的角度上观察经济运行、市场营销。自习近平总书记提出"一带一路"的伟大构想,在国家经济发展、社会建设和政治合作等领域进行探寻经济发展道路的战略,从国际经济的视角下对一些经济问题提出了挑战,结合当前中国和世界的经济情况,为国家改变经济发展模式提供不同的视角,为新时代国家人才的培养指明方向。

国际理解类课程通过深入挖掘投资热点、经济看点、人物观点和旅游时尚等,以"精益求精,求实创新"为使命,对最值得关注的时事热点进行聚点,切入不同的视角,360°全方位解析,深度探讨,为高中生量身定制最新的经济视角。国际理解类课程旨在增强学生国际意识,拓展学生国际视野,提高学生国际交往能力,为学生面向未来和国际化发展打下坚实的基础。随着经济全球化与现代化的迅猛发展,在全球一体化环境下,学生个人的思维能力和全球视野可以应对未来的挑战。

### (二)国际理解类广域课程的具体课程

目前本校相对成熟的国际理解类广域课程的具体课程有:《财商发掘之翔解》《商务英语》等课程。

《财商发掘之翔解》是统整于学校"国际都市公民素养"之下"财经素养类"的课程框架体系内的,属于"财经素养类"版块。财商的定义是在市场经济中根据市场规律,创造财富、管理财富与运用财富的能力。顾名思义,《财商发掘之翔解》就是培养和发掘学生的理性消费的观念,培养其创新精神和创业能力,达到提升学生财商的目的。

《商务英语》是以适应职场生活的语言要求为目的,内容涉及商务活动的方方面面。商务英语课程不只是简单地对学生的英语能力的提高,它更多的是向学生传授一种西方的企业管理理念、工作心理,甚至是如何和外国人打交道、如何和他们合作、工作的方式方法，以及他们的生活习惯等，从某种程度上说是包含在文化概念里的。

**(三)国际理解类广域课程的课程方案**

国际理解类课程的课程方案由任课老师根据当前世界形势，精选世界经济中的热点话题编写而成。比如，《财商发掘之翔解》课程的具体课程方案如下：

课程目标：(1)拓宽学生的课外知识面，理解国家乃至世界经济活动，知晓国家经济与个人财务之间的关系；(2)学习基础的国际金融相关知识，例如常见的国外货币、汇率的换算和20世纪的欧洲汇率机制(ERM)等；(3)提高自身对财富的正确理解，拒绝盲目消费、攀比消费，或者滋生出拜金主义的思想，避免学生陷入社会上金融骗局的陷阱。

课程内容：本课程分为10个不同专题，让同学们对财经类相关知识有个初步的认识，树立正确的金钱观、消费观和财富观，开拓眼界。

具体课程安排：(1)认识财商；(2)中国银行体系演化；(3)货币的时间价值；(4)复利与年金；(5)股票投资；(6)高利贷黑手；(7)庞氏骗局；(8)溢价营销；(9)商务谈判；(10)学生演说。

课程考核：40%平时成绩+60%期末论文。

## 第三节 财经广域课程的典型案例研究

### 一、财经人文类典型案例

财经领域富有丰富的人文属性，财经人才不仅需要具备心理学知识和人际交往能力，更需要具备诚实守信的品质和职业操守。

**(一)哲学与财经——胡亦然、王亚辉老师**

**【课程背景】**

中国特色社会主义新时代背景下，财经素养作为国民素养中的重要组成部分，对提高全民素质有着重要作用，受到越来越多的关注和重视。行之有效的财经素养教学可使高中生树立正确的财富观与人生观，坚持公正法治的价值取向，践行敬业诚信的价值准则。为响应《普通高中思想政治课程标准(2017 年版 2020 年修订)》“优化案例，采用情境创设综合性教学形式”的实施建议，合理取舍财经相关的知识与案例，可在丰富哲学教学情境的基础上进一步提升哲学教学的生动性与有效性。因此，本课程是基于财经知识与案例的情境教学，尝试将其与高中哲学教学相结合，展开教学内容。

财经视角剖析：

高中学生应能理解物质和意识的概念，能正确阐述物质与意识的辩证关系，但尚未能运用唯物主义的根本要求综合分析具体的社会现象；学生应能了解家庭理财常见工具(债券与股票)的运作原理，理解家庭理财的收益与风险，但对相关知识可能有所遗忘；学生应能理解宏观调控的目标和手段，但对相关知识可能有所遗忘；学生应能围绕具体主题搜集信息，并对搜集的材料进行初步的归纳和分类。作为高中思政课程内容的重要组成部分，马克思主义哲学可使学生运用辩证唯物主义与历史唯物主义的观点认识自然界、人类社会和人类思维，实事求是、与时俱进地分析社会现象，从而在生活中做出科学的价值判断与行为选择。

**【课程目标】**

1. 学生应能综合运用“一切从实际出发”的唯物主义根本要求，针对具体问题(理财以筹集学费)，初步制定较为科学、可行的家庭理财计划。

2. 复习家庭理财与宏观调控手段的相关知识，优化家庭理财意识，提升对我国宏观调控政策的科学认知。

3. 初步体会从分析到综合的辩证思维方法。

4. 进一步提升形成观点、阐释观点和互相评价的集体学习能力。

财经视角剖析：

为践行唯物主义根本要求，我们应“一切从实际出发”。该要求不仅具有认识论意义(即尊重客观事实和客观规律),更凸显方法论意义(即在发挥主观能动性的基础上总结经验)。应用于理财信息的科学分析,即要求学生在认识论层面学会正确搜集理财信息,更要求学生在方法论层面科学分析理财信息,从而初步学会确定理财目标、制订理财计划。而哲学因其内容较为抽象,在教学设计时,更应运用具体事例,创设生动情境,开展探究活动。与学生实际生活结合较紧密的财经知识与案例可作为开展哲学教学的有效情境。

**【课程准备】**

课前一周,下发导学案,请学生思考以下三大问题:

1. 居民理财前,在宏观、微观层面应分别注重哪些客观信息?
2. 请查阅所列客观信息的具体内容。
3. 请举出一个生活中的具体理财目标,课前两天收齐导学案以作教师参考。

财经视角剖析:

作为新课标学生自主学习的重要载体,导学案可帮助学生在课前有的放矢地搜集资料,对议题展开初步探索。同时,教师也需及时对导学案作出反馈,梳理学生搜集的资料与案例,依据学情分析与教学目标,做出取舍。如在本例中,若学生搜集的客观信息较为复杂,教师可事先与学生交流,鼓励其课后继续学习。

**【课程实施】**

课程导入

1. 步骤

(1)教师提问、创设情境:若你们想通过理财筹得两年后大学四年的学费,你们制订理财计划时运用的唯物论思考路径是什么?

(2)学生展开讨论并得出本节课的核心议题:唯物主义的根本要求,即一切从实际出发。

2. 目的

导入课程,引导学生快速进入课堂情境,推导核心议题。

**议题一：确定微观层面的客观事实与客观规律**

1. 步骤

(1)学生交流课前需搜集的微观客观信息(如家庭基本状况、资产状况、负债状况、支出状况和证券购买状况等)。

(2)在教师的引导下，学生讨论微观客观信息对理财行为的影响(如较多[少]的负债、较多[少]的不动资产和较大[小]的投保额等因素对理财行为的影响)。

(3)教师总结并评价学生的发言和讨论。

(4)教师引导学生制定家庭财务档案([电子]账本、发票盒和证件夹等)。

2. 目的

使学生了解需搜集的主要微观理财信息，理解这些信息对家庭理财行为的主要影响，初步体会"一切从实际出发"的唯物主义根本要求。

**议题二：确定宏观层面的客观事实与客观规律**

1. 步骤

(1)学生交流课前需搜集的宏观客观信息(如 GDP、税收制度、CPI 和通货膨胀率等)。

(2)在教师的引导下，学生讨论客观信息对理财行为的影响(如国家计划、财政政策和货币政策等产生的影响)。

(3)教师引导学生简析"美林投资时钟"。

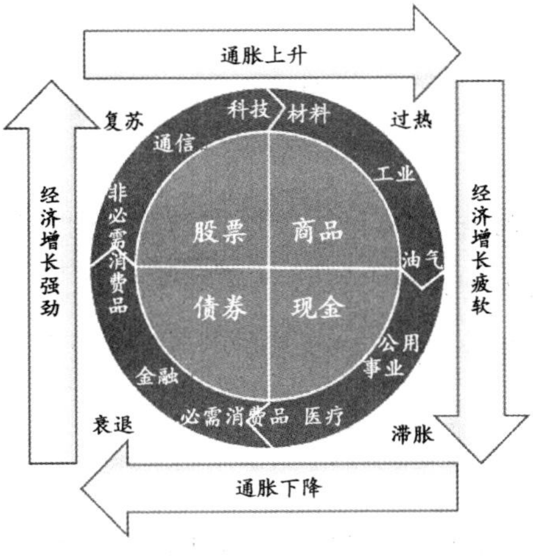


**图 4—1　美林投资时钟图**

(4)教师总结并评价学生的发言和讨论。

2. 目的

使学生了解需搜集的主要宏观理财信息，理解这些信息对家庭理财行为的主要影响，再次体会"一切从实际出发"的唯物主义根本要求。

**议题三：发挥主观能动性**

1. 步骤

(1)引导学生结合自身情况，明确自身的具体理财目标。

(2)基于前两大议题的探讨，引导学生积极发挥自身的主观能动性，就自身具体的理财目标制定科学可行的理财计划，并相互交流和评价。

(3)教师总结并评价学生的发言和讨论。

2. 目的

使学生初步学会如何制定合理可行的理财目标，能从认识论及方法论两个层面体会"一切从实际出发"的重要意义，初步体会从分析到综合的辩证思维方法。

财经视角剖析：

高中思想政治课教学要求运用情境案例的方法来实现教学目标。学生通过微观和宏观两方面理财信息的搜集与交流，使学生理解这些信息对家庭理财行为的主要影响，初步体会"一切从实际出发"的唯物主义根本要求，再次体会"一切从实际出发"的唯物主义根本要求。引导学生结合自身情况，使学生初步学会如何制定合理可行的理财目标，能从认识论及方法论两个层面体会"一切从实际出发"的重要意义，初步体会从分析到综合的辩证思维方法。真正实现哲学内容和理财知识的融合，进一步实现教学目标。

**【课程总结】**

与很多高中哲学知识点一样，唯物主义根本要求对学生而言，虽有较高的抽象性，但并不难理解，关键在于创设恰当的情境，引导学生在情境中体会哲学原理的合理运用，体验正确运用原理对生活产生的积极效用。因此，为使财经情境与哲学教学有机结合,教师需充分发挥主导作用,尤其应注重课前导学案的整理与学生活动的评价。

新课标注重教师对学生活动的即时评价,在财经情境与哲学融合的教学中即时评价也显得十分重要——学生有无准确搜集有用的客观信息?有无准确把握这些客观信息对理财行为的影响?有无根据自身情况制定合理的理财目标?有无坚持“一切从实际出发”,综合参考客观信息而制订理财计划?此外,教师也可鼓励学生互相评价,在评价中强化学生对核心知识点的理解和运用。

财经视角剖析:

对于当代高中生,懂得理财的基本知识、学会搜集理财信息并制订科学可行的理财计划是日常生活中非常重要的部分,形成正确的理财观念,明白良好的理财能力是未来生活中必不可少的能力之一,能够为以后步入社会提供很大的帮助。在学习过程中,逐步体会学习从分析到综合的辩证思维方法。

本课程通过课前搜集微观客观信息(如家庭基本状况、资产状况、负债状况、支出状况、证券购买状况等),引导学生讨论微观客观信息对理财行为的影响(如较多[少]的负债、较多[少]的不动资产和较大[小]的投保额等因素对理财行为的影响),初步体会“一切从实际出发”的唯物主义根本要求。通过课前需搜集的宏观客观信息(如 GDP、税收制度、物价[CPI]和通货膨胀率等),在教师的引导下,学生讨论客观信息对理财行为的影响(如国家计划、财政政策和货币政策产生的影响)再次体会“一切从实际出发”的唯物主义根本要求。基于前两大议题的探讨,引导学生积极发挥自身的主观能动性,就自身具体的理财目标制定科学可行的理财计划。这样既可以让学生从认识论及方法论两个层面体会“一切从实际出发”的重要意义,初步体会从分析到综合的辩证思维方法,又可以使学生初步学会如何制定合理可行的理财目标,从而实现高中生财经素养的培养。

### (二)选不选物理这是个问题——周贤玫老师

**【课程背景】**

风险无处不在,然而长期以来,我们在高中生财经素养的培育方面对风险教育是忽视的。全方位财经素养的提高要求学生对风险有全面的认知和理解能力，并且应具备应用这些知识的技能。能够在各种情况下做出有效决策，提高个人和社会的经济利益，并能够参与经济生活。

但是现实生活中的财经风险教育主要都是以保险这一金融工具来作为教学案例，这些距离高中生的实际学习生活较远，内容也较为枯燥，无法激起学生的学习乐趣，没有有效的情境作支撑，学生对于金融概念的理解也比较困难。为了提升学生的学习兴趣，选择贴近学生学习生活的新高考选科案例作为学习的载体是一个高效的教学策略。本课程是以新高考等级考选不选物理作为一个切入点，结合课堂教学，对有关金融风险的知识点进行讨论和分析，教会学生在面临复杂问题时能通过经济角度的思考来解决现实问题，从而提升学生财经素养的课堂教学实例。

财经视角剖析：

2018 年 1 月 23 日，中国财经素养教育协同创新中心首次正式发布了从幼儿园到大学阶段的《中国财经素养教育标准框架》，这是我国第一份青少年财经素养教育标准。该标准将财经素养教育划分为收入与消费、储蓄与投资、风险与保险、制度与环境、财富与人生五个维度。也就是说，如何理解风险及其相关概念是青少年财经素养教育中必不可少的一部分，尤其是能够通过与学生实际学习、生活息息相关的案例作为学习的载体来进行金融风险相关知识的学习是学生迫切需要的。

**【课程目标】**

1. 理解风险的不确定性

风险可定义为结果的不确定性。因此，在财务学的实际应用上，风险可以定义为负面结果(即财务亏损)的不确定性。然而，我们不应以此取代传统的风险概念(对结果的不确定)。

面对同一项投资，不同的人可能会感到不同程度的风险。对很多投资者来说，风险只是一种感觉和情绪。

2. 了解不完全信息的概念

所谓不完全信息，是指市场参与者不拥有某种经济环境状态的全部知识。信息不完全不仅是指那种绝对意义上的不完全，即由于认识能力的限制，人们不可能知道在任何时候、任何地方发生的任何情况。而且这个不完全信息是指“相对”意义上的不完全，即市场经济本身不能够生产出足够的信息并有效地配置它们。

3. 理解生活中人们大多是风险逆向的

在现实生活中，大部分人都是风险逆向的，意思是大部分投资者面对回报率相近的投资，会选择风险最低的项目。换言之，人们对得与失有不同的反应。例如，对风险逆向的人而言，在投资中赚取1元，他的快乐程度会增加2个单位；然而，当他在投资中损失了1元，他的快乐程度却会减少超过2个单位。

如果其他因素不变，风险逆向的人都想回避风险，例如回家两条路的距离相同，但一条安全而另一条危险。由于你走任何一条路都可到达目的地，而且消耗同样的体力，所以你必定会选择那条安全的路，不希望涉险(危害生命的风险)。

因此，特别可能遭遇坏事的人更可能购买保险，而风险很低的人则不太可能会购买。如果保险公司只是以平均损失来设定保险价格，那么知道自己比一般人安全的那些人就会退出市场，或者顶多购买最低保额的保险；另一方面，保险公司将承保较多风险偏高的人。保险公司吸引了高风险客户，就需要提高保费，但保费一旦提高，低风险和中风险的客户就会退出，或是缩小投保范围。而保险公司则想要选择低风险客户，排除高风险客户。对保险公司来说客户越多，越有可能使低风险的客户保持在一个良好比例，以抵消高风险族群的影响。

保险方案中也会有各种方式来解决这个问题。例如排除条款、部分负担和共同保险等可以把财务风险转回客户身上，甚至会直接统筹进行覆盖人群较多强制性保险，来增加参保人员的群众基数，从而使参保群体中的低风险客户维持在一个较理想的比例，如交强险和社保等。

4. 能够根据所学知识理解目前的等级考选科行为和政策

上海新高考改革方案中要求每位考生需要从物理、化学、生物、政治、历史、地理6门中选考3门作为等级考科目。等级考试成绩分值折算后计入高考总分。

同时建立选考科目保障机制，当特定选考科目考试赋分人数少于保障基数时，以保障基数为准，从高到低进行等级赋分，由此建立选考科目托底保障机制，进一步提高学生选考科目情况与国家专业人才选拔培养需求的适应性与匹配度。保障基数按照国家相关学科人才培养的需求予以确定。

由于物理选考人数明显低于平均水平，因此确定了物理选考的保障基数。如果学生出于“物理难学、不容易得高分”而在高考中避选此科，导致物理选考人数太少，怎么办？上海市首次确定物理选考保障基数为1.5万人。比如，2018年上海高考有1万名学生选考物理，在没有保障机制的情况下，前5%须考入前500名才能进入A+档，得到满分70分。采用保障机制后，以1.5万人保障基数为准赋分，学生只要考入前750名，就可以进入A+档，得到70分。这样，对于成绩在第501名到第750名的学生来说，有了保障机制，就可以从原先的A档进入A+档，在高考总分中多得3分。

财经视角剖析：

上海新高考改革后，考试规则进行了大幅度调整，除了一般意义上的秋考和春考以外，外语科目一年有2次考试，物理、化学、生物、政治、历史、地理6门科目以6选3等级考的形式计入高考总分。由于选择的自由度较大，产生了多种考试组合，因此如何进行合理、合适的选择是每一个高中生家庭所面临的实际问题。一般情况下，选科是按照孩子自身实际的学习情况和兴趣来确定的。但是经过实际观察，无论是学生家庭、学校老师还是教育管理者，在面对新高考这一实际问题时不约而同地运用了一定的财经知识来帮助决策。本课程以此为教学案例，希望通过理论教学让学生理解风险的意义，并通过课堂教学教会学生分析应对风险决策的一般步骤。决策并不是自己随便做出的选择和决定，而是根据客观情况进行综合风险评估的结果。本课程在提升学生学习兴趣的同时，帮助学生理解所学的相关金融专业知识，进而使学生通过运用所学的知识为自己的学习提供助力，为自己的学习生活提供创新策略。

**【课程准备】**

1. 提前布置思考作业

作业内容为：(1)写下自己的等级考学科；(2)罗列出选择与不选的理由。

2. 课前回收作业

分析作业，准备讨论内容。

8名学生选科情况汇总如下：

| | | | |
|---|---|---|---|
| 学生A | 政治 | 历史 | 地理 |
| 学生B | 化学 | 生物 | 地理 |
| 学生C | 化学 | 政治 | 地理 |
| 学生D | 化学 | 生物 | 政治 |
| 学生E | 化学 | 生物 | 政治 |
| 学生F | 化学 | 历史 | 地理 |
| 学生G | 物理 | 政治 | 地理 |
| 学生H | 生物 | 政治 | 历史 |

**图4—2　8名学生选科情况**

选择相应学科的人数统计如下：

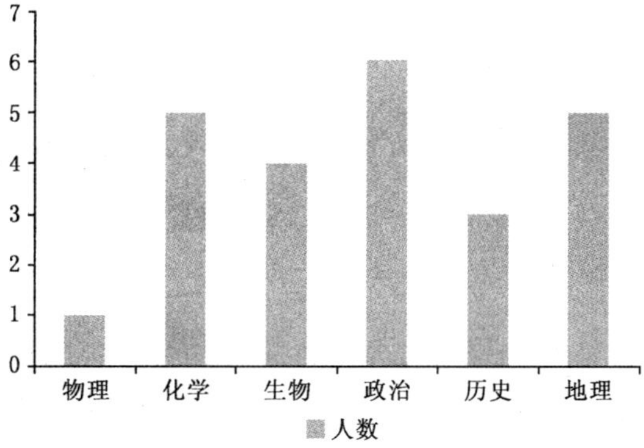


**图4—3　各科选择人数统计**

是否选择的理由汇总如下：

| 学科 | 人数 | 选的理由 | 不选的理由 |
|---|---|---|---|
| 物理 | 1 | 专业多 | 太难 |
| 化学 | 5 | 不太难的理科 | 太难 |
| 生物 | 4 | 高二考掉 | 太难 |
| 政治 | 6 | 背的多 | 太难 |
| 历史 | 3 | 不太难的文科 | 太难 |
| 地理 | 5 | 高二考掉 | 太难 |
| 总数 | 8 | | |

**图4—4　各科是否选择的理由**

3. PPT 和板书

PPT 制作，板书设计。

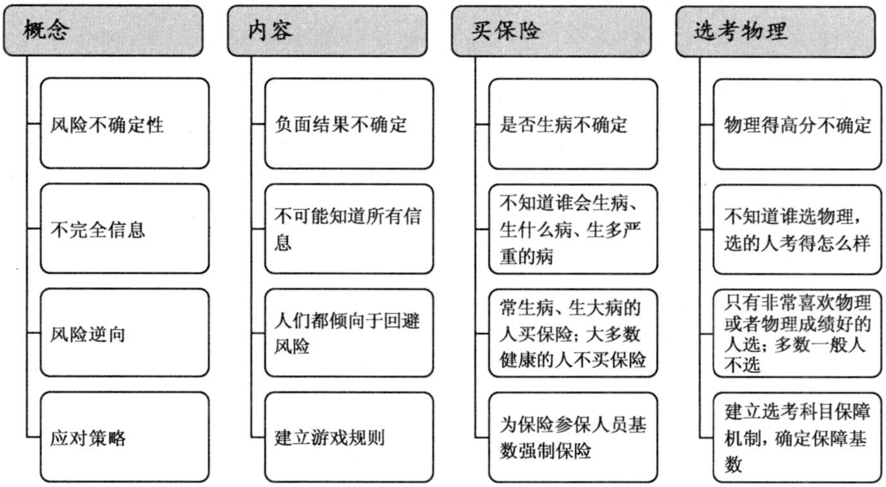


图 4—5　课程 PPT 设计

财经视角剖析：

由于课堂教学时间有限，将选科情况的作业提前布置给学生，可以提高课堂的教学效率。学生也可以利用课余时间认真地分析和思考这些问题，并且根据自身的情况尝试进行分析。在课堂教学中，再对学生案例进行集中讨论分析。由于学生是主角，通过亲身参与，充分调动学生的学习积极性和主动性。

**【课程实施】**

1. 引入

中国的汉字博大精深，每一个字都有其丰富的含义。风险两个字就是如此。风，本义：空气流动的自然现象；险，本义：两面都是绝壁的山丘。风险二字连起来就是迎着风站在悬崖边，即指可能发生的危险。

2. 理论教学

(1)理解风险的不确定性。风险是对结果的不确定，就像我迎着风站在悬崖边上，可能会掉下去，我很害怕，可能会掉下去就是一种对结果的不确定。

(2)了解不完全信息的概念。我们不可能知道在任何时候、任何地方发生的任何情况。在悬崖边上，我不知道我会不会掉下去。

(3)理解生活中人们大多是风险逆向。如果其他因素不变，人们倾向于回避风险。如果没有特殊情况，我尽可能选择不要站在悬崖边上。

(4)通过举例教职工平安保险的案例，进行知识点的进一步解释：

风险不确定→是否生病不确定。

不完全信息→对保险公司而言：不知道谁会生病、生什么病和生多严重的病；

对投保人而言：不知道自己的医疗费用与保额相比孰轻孰重。

风险逆向→常生病、生大病的人更愿意买保险；大多数健康的人并不太愿意买保险。

应对策略→为保障参保人员的总体基数，强制一定数额的人群购买保险。

3. 案例讨论分析

邀请同学就自身的选科情况进行解释和分析，并结合所学的有关风险、不完全信息和风险逆向的知识点，讨论选修物理学科人数较少的原因，以及保障机制出台的理论背景。

(1)选考物理是否能得高分不确定→风险不确定。

(2)不知道谁会选考物理，不知道有多少人选考物理，不知道选考物理的人物理考得怎么样，不知道自己如果选考物理在全部选考物理考生中的排位→不完全信息。

(3)只有非常喜欢物理的人或者物理成绩非常好的人选考物理，多数的一般人不敢选考物理→风险逆向。

(4)建立选考物理科目的保障机制，确定了物理选考的保障基数→应对策略。

财经视角剖析：

以学生为中心的案例学习方法可以更好地激励学生，联系自己真实的新高考选科体验，让学生增强财经思维能力。通过研究自己身边触手可及的学习生活案例，更能有效地培养对商业环境的洞察力，锻炼他们利用信息分析信息的能力，并获得丰富有意义的学习体验。

**【课程总结】**

由于对风险的感受因人而异，在讲授相关知识的时候较难量化分析，因此把人们倾向于回避风险的选择与高中生实际的学习生活中的高考选科相结合。在课堂上进行选科的数据调查、原因分析和经济学知识的迁移，解释学科保障基数出台的经济理论背景。同时，列举相关的金融工具——保险，作为类比，帮助学生理解其中的金融概念。

高中学生具有一定的自主学习、归纳迁移和研究创新的学习能力，因此本课程发挥学生的这一优势，并在进一步提升学生这些能力方面，结合风险相关专题经济学知识的学习、讨论和研究，提高学生在实际学习生活中的应用能力，提升财经思维品质。通过课堂活动，联系高中生学习生活实际，改变既有的思维模式，思考日常生活中的现实问题，学会运用取舍、相互影响和分析计算等多种方式，为实际学习生活案例提供创新策略。

财经视角剖析：

财经素养的培养要求同学们具备风险的知识和理解力，并且具备应用这些知识和理解力的技能。能够在各种财经情况下做出有效决策，提高个人和社会的经济利益，并能够参与经济生活。

由于高中生本身的社会生活经验匮乏，空讲风险十分抽象。对于他们来说，如何认识风险、分析风险和量化风险从而能够理智地应对风险，是整个学习过程中的难点。因此本课程在实际教学的过程中，同时引用学生的选科案例和金融保险案例进行对比，促使学生能够简单地将学习到的知识转移到日常学习生活现象中加以理解，从而培养他们的风险意识，更有利于高中生的财经素养综合发展。

## 二、经济数理类典型案例

身处中国经济中心的上海，高中生面临更为复杂多变的金融环境并且要做精算与数据评估。本课程着重培育学生经济数理能力、变式思维能力、动手能力，提高其思维的缜密性与逻辑性。经济数理类广域课程具体如：《财经视角》《闲财每周理》《数理统计》《微观经济学》《变式数学思维》等特色课程。

### (一)财经视角之博弈论初步——戴世懿老师

**【课程背景】**

博弈论是现代数学的一个分支，也是运筹学的一个重要学科，更是经济学的标准分析工具之一。博弈论考虑游戏中的个体预测行为和实际行为，并研究它们的优化策略。通过博弈论的学习，高中生可以拓展财经知识面，也可以提升逻辑分析能力和理性思维能力。博弈论学习是一种很有趣的体验，不同于乏味的公式化学习，学生参与式地分析每一个博弈模型，感悟博弈理论，可谓“玩中学”。

财经视角剖析：

在财经拓展课上，教师教授专业的财经知识，帮助学生理解、掌握财经知识，拓展学生的知识面。与此同时，借助体验式教学模式，发展学生的财经思维和逻辑能力，提升学生的财经素养，激发学生的学习热情。

**【课程目标】**

1. 知道博弈论的基本知识、基本原理和研究方法。

2. 通过分析简单的博弈模型，体会博弈论的基本思想和方法，增强逻辑推理能力，提高分析问题解决问题的能力。

3. 运用博弈模型分析实际问题，体会经济理论与生活的密切联系，提升财经素养。

财经视角剖析：

现代社会中，博弈论的应用领域非常广泛，因此让学生了解博弈论的知识是有必要的。博弈论的教学符合财经素养教育的要求，财经素养教育不仅是传授学生财经知识和技能，更是能力教育和生活教育。学生通过学习博弈论，可以提升财经素养，更重要的是，未来可以利用学过的知识和方法解决财经问题，更有甚者，可以利用财经思维方法解决生活中的其他问题。此外，学生在运用博弈论思维解决实际问题时，让学生体验学以致用的过程，培养学生的创新意识，进一步激发学生的学习兴趣。

**【课程实施】**

## 专题一：博弈论的原理

1. 博弈论的简介

(1)生活中的博弈

例子：下棋和企业间价格战等。

(2)什么是博弈论?

定义：博弈论是研究决策主体在给定信息结构下如何决策以最大化自己的效益，以及不同决策主体之间决策的均衡。

(3)博弈论的应用领域

博弈论的应用：经济学、生物学、政治学、计算机科学和军事战略等领域有广泛应用。

2. 博弈论的构成要素和博弈论的书写格式

(1)成绩游戏

在不被别人看到的情况下，在空格中填写字母 α 或者 β，把它视为成绩的赌注；然后将你们随机地分成两两一组，按如下方法给你们成绩：如果你选择 α 而你的对手选择了 β，那么你得 A，你的对手得 C；如果你们都选择了 α，那么你们都得 B－；如果你选择 β，而你的对手选择 α，那么你得 C，你的对手得 A；如果你们都选择 β，你们都得 B＋。

(2)博弈论的书写格式

对手

| | | α | β |
|---|---|---|---|
| 我 | α | B−、B− | A、C |
| | β | C、A | B+、B+ |

注解:表格里,左侧字母表示我做出选择后会得到的结果,右侧字母则表示对方的结果。

(3)博弈的构成要素

博弈的基本要素:①参与人:理性的;②策略:注意策略与行为的区别;③收益或者效用.

3. 两个简单的博弈

(1)囚徒困境和占优策略

游戏规则如下:如果你选择α而你的对手选择了β,那么你得3,你对手得1;如果你们都选择了α,那么你们都得0;如果你选择β而你的对手选择了α,那么你得1,你的对手得3;如果你们都选择β,那么你们都得1。

问:你选α还是β? 为什么?

占优策略的定义:在博弈中如果不管其他参与人选择什么策略,一个参与人的某个策略给他带来的收益始终高于其他策略,或至少不劣于其他策略,则称该策略为该参与人的严格占优策略或占优策略。

生活中的"囚徒困境"应用:打扫寝室、价格战……

(2)协调博弈和无占优策略

游戏规则如下:如果你选择α而你的对手选择了β,那么你得−1,你的对手得−3;如果你们都选择了α,那么你们都得0;如果你选择β而你的对手选择α,那么你得−3,你的对手得−1;如果你们都选择β,那么你们都得1。

问:你选α还是β? 为什么?

思考:这两个博弈有什么区别?

4. 总结

博弈的启示：

(1)不要选择劣势策略。

(2)理性选择导致次优的结果，从个人利益出发选择的最优策略，从整体看却不一定是个好的结果，个人利益和集体利益之间存在冲突。

(3)学会换位思考，站在别人的立场上去分析对方想要得到的收益是什么，会做出怎样的选择，对方的优势策略与劣势策略是什么，当然做出选择的同时也要考虑到对方也会这样考虑你的立场和你的选择。

5. 思考

从1到100之间选择一个数字填写到空格内，不要让别人看到，然后计算全班的平均数，谁选的数字最接近平均数的三分之二，谁就是赢家，赢家的奖金是5元减去所选数与平均数的三分之二的差的百分数。

财经视角剖析：

什么是财经素养教育？北师大顾明远教授曾说，财经素养绝不是理财的技能，而是一种意识、一种精神。财经素养教育脱离不了经济知识和技能的学习，但必须要在这些知识与技能基础上有升华。博弈论的教学就是一个很好的例子，学生学习博弈论的收获不是记住了什么模型或是什么公式，而是博弈思想，是分析问题的基础。博弈，需要学生做一个理性的人，需要学生换位思考、知己知彼，需要学生有缜密的逻辑推理、全局意识以及化繁为简的转换，这些思维习惯将影响学生一生的学习、工作与生活。因此，财经素养教育的目的不是仅为大学做准备，更重要的是全面提高个人综合素质，全面提高个人修养，这也是我们重视培养财经素养的初心所在。

### (二)理财规划从选手机套餐开始——周贤玫老师

**【课程背景】**

长期以来，我国许多家庭对孩子的投资理财教育是忽视的。如果学生在高中时就能树立科学合理的投资理财观，那么对其日后投资理财能力将大有益处。大部分的理财规划都是以买房、买车为案例，但这些都离中学生的实际生活较远，无法激起学生的兴趣，没有有效的情境作支撑，学生对于金融概念的理解也比较困难。为了提升学生的学习兴趣，选择贴近学生生活的理财案例作为学习的载体是一个高效的教学策略。本课程是以如何选择手机资费套餐为一个切入点，结合课堂教学，对有关理财规划的知识点进行讨论和分析，教会学生在面临复杂的金融数据时学会精算与数据评估，培育学生经济数理能力、变式思维能力，提高思维的缜密性与逻辑性。

财经视角剖析：

根据JA(Junior Achievement)中国2015年发布的一份《高中生金融理财态度与行为调研报告》显示，我国高中生对基本经济概念有一定的了解，但对不同概念的理解有较大差异。高中生普遍认为理财很重要，对日常金融工具和理财活动有广泛接触，但对不同金融理财工具和活动的使用与参与程度差异较大。高中生能够通过多渠道学习金融理财知识，但主要渠道是父母，对在学校学习理财知识和技能有很高的需求。没有时间和合适的咨询对象被认为是妨碍其学习理财知识的主要原因。因此，开设理财规划相关课程和提供模拟操作被认为是比较有效的学习方式，尤其能够借助与学生息息相关的案例作为学习载体的理财规划课程是学生迫切需要的。

**【课程目标】**

1. 理解理财规划的意义。
2. 了解理财规划的步骤。
3. 学做理财规划师。

财经视角剖析：

在我国，高中阶段的学生大部分依赖父母提供经济帮助，没有实现自我经济独立。因此，家庭环境决定高中生能够支配的金钱额度以及对待金钱的态度。一般情况下，如果父母对子女的教育相对严格，那么他们在消费的时候会一定程度上控制；如果父母对子女的教育相对宽松，那么他们对于消费就没有严格的概念，随性消费的情况时有发生。调查发现，高中生在理财规划方面主要存在两个问题：第一，缺乏正确的理财观念；第二，不具备足够的理财能力。针对缺乏正确的理财观念这个问题，本课程的第一个教学目标是通过理论教学让学生理解理财规划的意义，要想维持健康稳定的财务状况，不能只关注眼前的状况和利益，对财富的管理非常重要。针对理财能力差的问题，本课程的第二个教学目标是通过课堂教学教会学生理财规划的一般步骤。理财并不是头脑一热随便买个理财产品，而是根据自身财务状况和理财目标，制定切实的理财方案，并可以有效落实，通过本课程的学习，学生对理财规划有方可依。

**【课程准备】**

1. 提前布置思考作业

作业内容为：(1)分析自己手机使用情况；(2)计划手机使用的费用；(3)列举几个可选的资费套餐；(4)选择某个资费套餐的理由；(5)反馈实际手机资费的使用情况。

2. 课前回收作业

分析作业，准备讨论内容。

3. PPT 和板书

PPT 制作，板书设计。

财经视角剖析：

课堂教学的关键是在有限的时间内完成教学内容的最优化，但毕竟课堂时间是有限的，尤其学生需要花费一定的时间来完成的活动在课堂中很难开展，把课堂上需要完成的一部分活动提前布置给学生并且提前回收学生的完成结果可以大大提高课堂的教学效率。本课程中把与手机套餐的选择相关的思考题提前布置给学生，学生利用课余时间可以认真地分析和思考这些问题，并且根据自身的财务状况做出理智的选择。在课堂教学中,在以手机的套餐选择为案例落实理财规划的步骤时,学生带着自己的思考融入课堂教学中。

**【课程实施】**

1. 引入

中国的汉字博大精深,每一个字都有其丰富的含义。“理财”两个字就是如此。理,本义:按事物本身的规律或依据一定的标准对事物进行加工处置;财,本义:财物。理财二字连起来就是按财物本身的规律或依据一定的标准对财物进行加工处置,即管理财物。

2. 理论教学

(1)学习理财规划的意义

理财追求的是个人生涯中财务资源配置效用的最大化,是实现个人或家庭平衡收支、积累财富、管理投资、管理风险、保障退休、减轻税负和财产传承等目标的有效手段。对个人来说,要管理自己的财富和规划自己的人生;对家庭来说,要独立面对和处理养老、居住、教育、医疗和保险等问题。如今,金融活动日益贴近人们日常生活,人们可以根据需要选择合适的金融产品,为个人生涯规划提供财务解决方案。理财贯穿一生,终身理财学习也不为过。理财是按照一定的规律来对财务进行的管理。

(2)了解理财规划的步骤

①分析和评估当前的财务状况;②设定理财目标;③制订理财规划方案;④落实理财规划;⑤检查理财规划方案的执行。

(3)学做理财规划师

在人生的不同阶段,家庭理财的内容和侧重点大不相同。

3. 案例讨论分析

邀请同学就自身的手机资费套餐情况进行解释和分析,并结合所学的有关理财规划的知识点,试讨论手机资费套餐的选择情况。

(1)分析手机使用情况→分析和评估当前的财务状况。

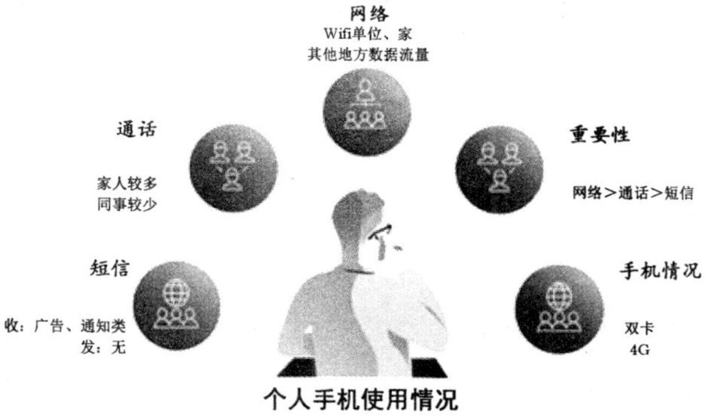


图 4—6　手机使用情况分析

(2)计划手机使用的费用→设定理财目标。

(3)列举几个可选的资费套餐→制订理财规划方案。

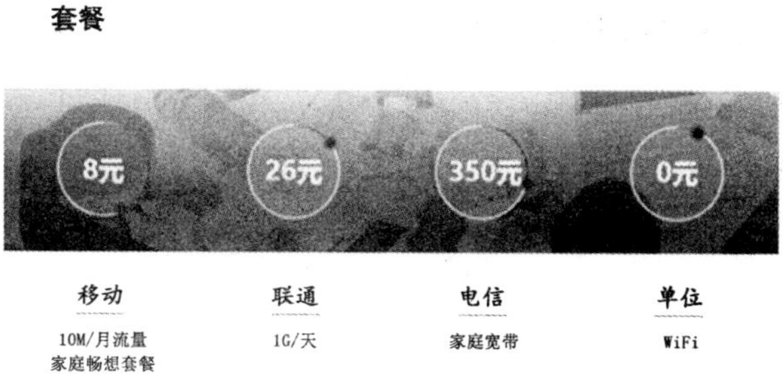


图 4—7　不同资费套餐

(4)选择某个资费套餐的理由→落实理财规划。

图 4—8　选择套餐的理由

(5)反馈实际手机资费的使用情况→检查理财规划方案的执行

4. 学生作品展示

略。

财经视角剖析：

在经济技术环境瞬息万变的今天，案例教学法是加深学生对知识点的掌握程度、提高学生对知识点的应用能力和应变能力的重要教学方法，尤其对于理论知识枯燥乏味的财经课程，一味地专业知识满堂灌无法将学生真正带入课堂中，而和同学们生活息息相关的经济案例可以增加财经课程的现实感和趣味性。在本课堂中，学生不但能了解到专业的财经理论知识，更重要的是参与到案例的讨论分析中，从第一视角学习理财规划的步骤，并且通过案例分析找到真正适合自己的手机套餐，让学生感受到科学理财的成就感，让学生从中唤醒自我的财经萌芽。同时，面对案例中繁杂的数据，学生学会对这些数据进行精算与评估，可以有效提高自身的经济数理能力和变式思维能力，在完成作业的过程中，动手能力和逻辑的缜密性得到锻炼。

**【课程总结】**

高中学生具有一定的自主学习、归纳迁移和研究创新的学习能力，因此本课程发挥学生的这一优势，并在进一步提升学生这些能力方面，结合相关专题的经济学知识进行学习、讨论和研究，提高学生在实际学习生活中的应用能力，提升思维品质。

通过课堂活动，联系学习生活实际，改变既有的思维模式，思考日常生活中的现实问题，学会运用取舍、相互影响、分析计算等多种方式，为实际学习生活提供创新策略。

财经视角剖析：

对于当代高中生，认识到合理的消费和理财是日常生活中非常重要的部分，形成正确的理财观念,具备良好的理财能力是未来生活中必不可少的能力之一,为以后进入社会提供很大帮助。养成良好的消费习惯可以避免不必要的浪费,同时减少对父母索要金钱的数量。通过理性消费理解金钱来之不易,懂得珍惜。

本课程以手机的套餐选择为案例落实理财规划的步骤时,可以让学生更有代入感,在案例中根据实际情况和需求制订合理的消费和理财计划。在理财规划中,学生学会了消费计划制订以及消费情况记录。通过明确消费计划,减少冲动消费。及时对消费情况进行记录,定期总结分析,以此来养成良好的理财意识。学生在面临简单的经济数据时学会了精算与数据评估,经济数理能力明显提升,思维辨析能力增强,逻辑的缜密性得到提高。这样既能够为学生树立正确的财富观念,又可以令高中生养成良好的理财习惯,从而实现高中生高中财经素养的培养。

## 三、国际理解类典型案例

随着经济全球化与现代化的迅猛发展,全球一体化环境对现代人的思维能力和全球视野有着更高的挑战。本课程旨在增强学生国际意识、拓展学生国际视野、提高学生国际交往能力,为学生面向未来和应对国际化发展打下坚实的基础。国际理解类广域课程具体如:《财商发掘之翔解》《商贸英语》《世界经济地理》《放眼世界》等课程。

### (一)财商发掘之翔解——高翔老师

**【课程背景】**

《财商发掘之翔解》是统整于学校“国际都市公民素养”之下财经素养类的课程框架体系内,属于财经素养类版块下国际视野的一部分。

财商的定义是“在市场经济中根据市场规律,创造财富、管理财富与运用财富的能力”。《财商发掘之翔解》课程,顾名思义就是培养和发掘学生的理性消费观念,培养其创新精神和创业能力,达到提升学生财商的目的。

财经视角剖析:

在我国,绝大部分中学对于学生财经素养的培养尚未开设相关课程,或者没有形成正式的课程体系。是因为对中学生进行财经方面的基础教育为时尚早吗？其实不然，随着现代经济的高速发展，美、英、德、法等发达国家都已经将财商教育列入国家教学计划和学校课程，我国国务院2015年印发的《推进普惠金融发展规划（2016—2020年）》指出，我国要加强普惠金融教育。

我国作为世界第二大经济体，每一位学生都是现代经济社会的一分子，一直在参与并影响着社会的经济活动。随着我国社会经济的增长，我国中学生的可支配财富普遍也在增加。所以从对认识货币到养成良好的消费习惯等贴近生活的一些方面入手设计培训课程，以此提升学生的财经素养是十分必要的。财商教育是培养财经素养的重要组成部分，由此可见，中学生财商教育正当时。

**【课程目标】**

1. 通过在课上展示丰富的案例，让学生知道如何更好地创造财富以及创造更多财富。

2. 帮助学生树立正确的财富观，懂得每个人都可以通过创造和劳动合法地获得财富。

3. 拓宽学生的课外知识面，理解国家乃至世界经济活动，知晓国家经济与个人财务之间的关系。

财经视角剖析：

青少年财商培养是青少年素质教育的重要组成部分，目前这一理念已经逐渐得到了社会的认可和支持。通过学校的财商教育，学生会懂得应该正确认识财富。虽然社会上存在贫富差距，每个家庭的经济条件都是不同的，但只要拥有正确的财富观念，学生就会有拼搏奋斗的动力，面对财富能做到不卑不亢，懂得自食其力，遵纪守法，靠自己的能力去追求人生的幸福。家庭条件不理想的学生不会因为贫穷而产生羞耻、嫉妒和仇富等负面情绪；家庭富裕的学生不会对父母过度依赖，不会只满足于物质层面而失去对人生更高追求的渴望。

**【课程准备】**

1. 课程开发的基本原则

(1)思想性与知识性相统一。提高学生的财商意识是财商教育的出发点和目的,知识性是财商教育的重要内容。中学生有显著的青少年心理和年龄特征,所以课程的开发要贴近学生的年龄特征,贯穿诚信友善的价值导向,注重思想性,培养学生的问题意识,激发学生的学习兴趣,引导学生自觉自主学习相关知识,进而实现思想性与知识性的统一。

(2)渐进性与实践性相统一。课程的开发应遵循财商教育系统性的特点,包含马克思主义政治经济学、教育学、社会学和心理学等基础理论,并根据学生的认知情况设置分阶段分层次的目标,随着社会进步和经济发展而不断完善和拓展教学内容,体现渐进性原则。课程开发的目标是使学生通过渐进式学习,鼓励其将自身的财商素质外化为经济行为。

(3)预设性与生成性相统一。课程的开发应遵循校本课程设计的指导思想——持续发展,设计上注重预设与生成的内在联系,始终不能偏离财商教育的目标。因此,在课程设计中应充分考虑学生主动探索的欲望,在过程中开发、在开发中实施、在实施中完善,使学生真正亲身参与到财商教育教学活动中,实现单向封闭的一维过程向双向的多维教学过程的转变,进而使学生的财富知识、财富观和财商意识进一步得到巩固,从而实现规划人生财富和打理财富的行为习惯化,得以生成学生的财商素养。

(4)趣味性与校本特色性相统一。课程的开发主旨之一就是满足学生的兴趣需要。校本课程的设计和内容要体现符合中学生特征的趣味性,如对于某些案例故事采用配图的形式呈现,图文并茂,便于学生直观感受,培养了学生的学习兴趣,又突出了学校气息和校本特色。

《财商发掘之翔解》广域课程分为10个不同专题(见表4—1)。在本课程中,让同学们对财经类相关知识有个初步的认识,树立正确的金钱观、消费观和财富观,起到开拓眼界和增长财商的目的。

**表 4—1** **《财商发掘之翔解》广域课程内容**

| 专题 | 课程内容安排 | 年级 |
| --- | --- | --- |
| 一 | 认识财商 | 高一、高二 |
| 二 | 中国银行体系演化 | 高一、高二 |
| 三 | 货币的时间价值 | 高一、高二 |
| 四 | 复利与年金 | 高一、高二 |
| 五 | 股票投资 | 高一、高二 |
| 六 | 高利贷黑手 | 高一、高二 |
| 七 | 庞氏骗局 | 高一、高二 |
| 八 | 溢价营销 | 高一、高二 |
| 九 | 商务谈判 | 高一、高二 |
| 十 | 学生演说 | 高一、高二 |

**专题一:认识财商**

在第一个专题开始前,老师先向学生介绍何为财商?“财商”这个词最早出现在《富爸爸、穷爸爸》这本书中,是指一个人驾驭金钱,与财富打交道的能力。它和智商、情商,已并列成为现代人必须具备的三大素质。

财商高的人,善于利用好手中的财富;财商低的人,就算拥有可观的财富,也无法发挥其价值,甚至会给自己增加烦恼。

老师用一个真实的案例,曾经的山西省规模最大的民营企业——海鑫钢铁集团,在 2003 年由李兆会接手掌管之后,生产经营情况持续恶化,终于在 2014 年 3 月,这个大规模的山西民营企业宣布破产倒闭。让学生们明白,如果一个人没有利用好财富的能力,哪怕有一天他突然拥有了常人无法想象的巨额财富,最终也会被金钱蒙蔽自己的心智,导致人生渐渐陷入深渊的泥潭。

所以提高财商对于每个人来说,显得尤为重要。

**专题二:中国银行体系演化**

说到发掘自己的财商,就不得不提到钱,从而联想到与钱息息相关的一种机构——银行。有的学生不知道钱从哪里来,银行又用来做什么?在这个专题中,会让学生对货币和银行有个初步的认识。

专题第一阶段,老师先用一部短视频,向学生展示钞票是怎么从原料通过各种工艺流程，一步步变成平时我们所使用的钱。再让学生理解一个概念，钱虽然是印出来的，但是并不是钱印得越多就越富有，恰恰相反钱印得过量了，金融体系会受到影响。

专题第二阶段，主要介绍我国银行体系的演化，从新中国成立初期组建的中国人民银行，后来发展成中央银行加专业银行的体系结构，衍生出了国有商业银行和政策性银行，接着又逐渐出现股份制商业银行和地方性银行等金融机构。

通过专题二，让学生对货币和银行有了一定的了解，为将来学习更专业的金融知识打下基础。

**专题三：货币的时间价值**

很多人都听说过一个词，叫作"钱生钱"，之所以有这个词，就是因为其中暗含了货币的时间价值。货币的时间价值就是指当前所持有的一定量货币比未来获得的等量货币具有更高的价值。货币的时间价值不产生于生产与制造领域，而产生于社会资金的流通领域。所以放在家中保险箱的钱不会产生增值，是因为保险箱里的钱没有进入资金在社会中的流通环节。

在本专题中，老师用浅显易懂的小事例向学生讲解如何来理解货币会随着时间的推移而产生增值。如果人们把钱存入了银行，等同于要放弃当前货币及其价值，银行为了让人们做出这一决定，必须付出一定代价作为补偿，利息率便是这一代价的体现形式之一。

学生从本专题中学到一个概念，在今后的投资中，要充分考虑货币的时间价值，这样我们才能正确地制订出最合理的投资决策。

**专题四：复利与年金**

人们在学习财经知识时，利率是一个必须要掌握的最基础的概念。大部分中学生都知道本利和等于本金加上本金乘以利率的总和，若是用复利计算本利和，那就要更复杂一些。

复利计算的特点是：把上期末的本利和作为下一期的本金，在计算时每一期本金的数额是不同的。在投资理财领域，最为著名的概念还是复利，很多资产配置和投资理财的大师，不管方法是多么的完美、独特，要取得长期的成功都离不开复利。

年金是指一定时期内每次等额收付的系列款项，年金在我们的经济生活中非常普遍，当人们要进行定期投资或者购买年金保险等经济行为时，就是利用了年金的理论。

在经过专题四的学习以后，学生将会学到复利和年金的概念以及两者的区别。

**专题五：股票投资**

本专题主要向学生介绍针对中国股市投资的入门知识。

股票是有价证券的一种，是用以证明股东所持股份的凭证。我国上市公司的股票是在上海证券交易所和深圳证券交易所发行，投资者可以在证券经纪公司凭借本人身份证和银行卡开户后进行交易。

在学生了解了股票的基本概念之后，在教学过程中将利用我校特有的财经创新实验室，让学生体验模拟股票交易操作。财经创新实验室与同花顺公司合作，打造了高度仿真的模拟金融平台。在该平台上，学生可以进行开户、查看证券市场行情和进行证券交易等操作。在老师的手把手指导下，学生学会了如何查看某个上市公司的财务状况和各项指标，以此为依据，逐渐积累判断该公司股价走势的经验。让每一位学生都能体验到手握巨额资金在股海中驰骋的快意。

**专题六：高利贷黑手**

当今社会比较复杂，有很多不法分子专门盯上了校园，把黑手伸向了社会经验不足的学生，比如向学生推销披着低息贷款外衣的高利贷陷阱。为了避免学生落入高利贷的陷阱，在高中阶段就对学生普及贷款防骗知识正当时。高利贷黑手专题主要采用给学生讲述真实案例以及播放防骗教育视频的形式。

案例中，老师向学生详细讲述一位大学生遭遇的借贷案例，起初该学生向一些社会人员借了数额很小的贷款，可是由于高额的贷款申请手续费和这些社会人员怂恿被害人不停地借新账还旧账，事情的发展超出了这名大学生的控制，最终酿成了悲剧。其实，根据我国法律相关规定，民间借贷约定的利率在年利率 24%—

36%，属自然债务区，法律既不支持也不反对；借贷双方约定的利率超过年利率36%，超过部分被认定为无效利息，借款人可要求出借人返还已支付的超过年利率36%部分的利息。如果案例中的当事人懂得上述的法律知识，就不会糊里糊涂地踏入不法分子的圈套。

经过本专题中的学习，可以培养学生正确的消费观念和金钱观念，养成良好的社交习惯，做好财务的自我管理，就能够让孩子养成正确的消费习惯，提高学生识别经济诈骗陷阱的能力。

**专题七：庞氏骗局**

人性的复杂，超乎每个人的想象。贪婪，无时无刻不在考验着每个人。在投资（机）界，将人性的贪婪体现得淋漓尽致。有一种"拆东墙补西墙"的骗局，起源于查尔斯·庞兹，之后此类诈骗手法统称为庞氏骗局。

在本专题中，老师向学生介绍了这类骗局的鼻祖——查尔斯·庞兹，以及他是如何策划出庞氏骗局的。

1919 年，查尔斯·庞兹声称他找到了一个又稳定又有高额回报的投资项目，将这个投资项目的盈利模式描述得非常复杂，让投资者向他虚构出来的企业投资，并许诺投资者 3 个月内就能得到高达 40%的利润回报。然后，狡猾的庞兹将新进投资者的钱以利润回报的名义支付给最初的投资者。巨大的诱惑使得整个骗局在短短 7 个月内就吸引了 3 万名投资者。最后这场骗局持续了一年之久，骗局被揭露之后，那些被利益冲昏头脑、被贪婪蒙蔽双眼的人们方才如梦初醒。后人将此事称为"庞氏骗局"。

所以，我们每个人都应该警惕，那些凡是许诺给投资者期限短而回报高的投资项目，我们就该思考一下，会有这么好的事情吗？我们做投资决策时，能只看收益不看风险吗？

**专题八：溢价营销**

为了让学生简单了解一些有趣的商业知识，本专题从溢价营销方面和学生分享一些商业小故事。

溢价营销，是指销售者通过涨价使价格超出底价的方式来达成销售的行为。要想销售的产品能够有更高的溢价，其中一种技巧是形象营销。以建立优质的形象为基础，提升销售者在利益公众中的心理地位，使其对销售者有较好的评价，产生认同和归属感，促进销售的达成。

本专题的案例是以二手手机交易商家为例，商家以一个专业、靓丽、大方的销售形象与商品购买人面对面交货，成交率远高于不经过刻意对形象包装的销售人员。而且成交金额也大于市场平均水平。其中的原因，无非是形象好的销售人员更容易取得买家的信任。我们从中学到，无信任不成交，更不要说把价格卖到更高。这是销售者形象包装的一种，但包装不等于欺骗，包装讲究适当夸张，但不能太离谱。否则事与愿违，会影响自身信用、未来发展。在上述案例中，如果取得了买家信任之后，利用劣质有故障手机充当质量好的手机，将会构成欺诈。学生会从老师的案例讲述中懂得诚信经营是企业安身立命的根本。

专题还讲述了另一种能提高产品溢价的方法，案例用著名的太空飞梭笔研发者的故事，让学生明白了，原来一支普通的笔，也能作出这样精妙的设计，还能卖出非常高的价格。这就是科技的力量，只有提高产品的科技含量，提高企业的研发实力，做到人无我有、人有我优，就能够做强企业品牌，实现高溢价的产品定价权。

**专题九：商务谈判**

商务谈判是现代社会经济生活必不可少的组成部分，可以说，没有商务谈判，经济活动便无法进行，小到生活中的讨价还价，大到企业之间，都离不开商务谈判。本专题向学生介绍一些商务礼仪以及商务谈判技巧。

经过理论学习之后，老师将设定一个商务情景，A 公司需要与 B 公司进行合作，让 B 公司对 A 公司投资以缓解 A 公司的现金压力，而 B 公司为了获得更高的投资收益，需要 A 公司保证尽最大努力拓宽市场，提高市场占有率。该谈判蕴含着商务博弈之道，老师让学生分为两组，代表两家企业进行模拟商务谈判，双方学生能不能为自己效力的公司获得更多的利益，对他们是一个考验。模拟谈判让学生体验如何运用好商务谈判的技巧，展现职场中的风度。

**专题十：学生演说**

在经过本学期的专题学习之后，学生的财商得到了提高。最后的这个专题，需要每位学生站到讲台上，面对全体同学进行 3 分钟的演说，谈一谈自己在本学期的《财商发掘之翔解》课程中学到了什么？印象最深的是哪个专题？

课程的最后，老师向学生提出几点今后自身主动提升财经素养的方法，比如：正确认识自身的经济能力和正确树立经济消费观念等。相信随着时间的推移，学生会锻炼出越来越强大的财经素养，会得到不一样的收获和感悟，未来怎样才能运用好手中财富的思想也会愈发成熟。

财经视角剖析：

学校财商培养的课程目的是要求学生懂得基础的财务知识、理财的概念和养成良好的消费观念，做到量入为出，达到收支平衡。根据以上目的，财商培养的教学内容围绕着树立正确的财富观念、理财的目的和方法、常见投资工具的介绍和使用、现代商务相关知识、市场经济中的风险管理等多方面内容。让学生的财商得到显著提高，在将来能够利用经济头脑去解决生活中碰到的经济类问题。

**【课程实施】**

在课程的实施过程中，学校充分利用了动手体验、游戏训练和学生互动等多样化的形式和手段，帮助学生更好地牢记课程中所涉及的知识。

1. 模拟操作

学校的财经创新实验室提供学生上机模拟操作的机会，给学生带来真实、直观的投资体验，财经创新实验室在财经类课程中起到了巨大的效用。

财经创新实验室是专门为了支持学校财经课程体系而打造的。我校财经课程体系包括财经奠基课程、财经广域课程和财经核心课程。以多元化、特色化和个性化为设计原则，既满足学生学习的适应性、选择性和发展性，在夯实学生学科素养的同时，培育学生的财经素养。

图 4—9 学生在财经创新实验室体验模拟金融活动

进入财经创新实验室，首先映入眼帘的就是高度仿真证券交易所 LED 环绕屏幕，双屏显示证券信息的计算机让每一位学生都大开眼界。在老师的详细指导下，学生登录了由学校和同花顺金融公司合作打造的 iFinD 金融实验室平台，在专用的模拟平台上尝试模拟购入人生第一只股票。开户成功之后，一些学生尝试查询各类财经讯息，更有许多学生耐不住性子直接输入股票代码，进行股票的买入操作。

图 4—10 老师正在指导学生如何使用模拟金融平台

有些学生“购入”人生第一只股票后，便紧盯电子屏，期待着自己所买股票带来盈利。模拟股票不仅教会大家如何购买股票，也让大家感受了一下股民的心理过程，锻炼了大家谨慎的分析能力与洞察能力。学生纷纷表示财经广域课程可以帮助他们了解财经数据指标含义等必备的财经知识，不仅仅是对金融的喜爱，更是自己对未来的一份瞩望。

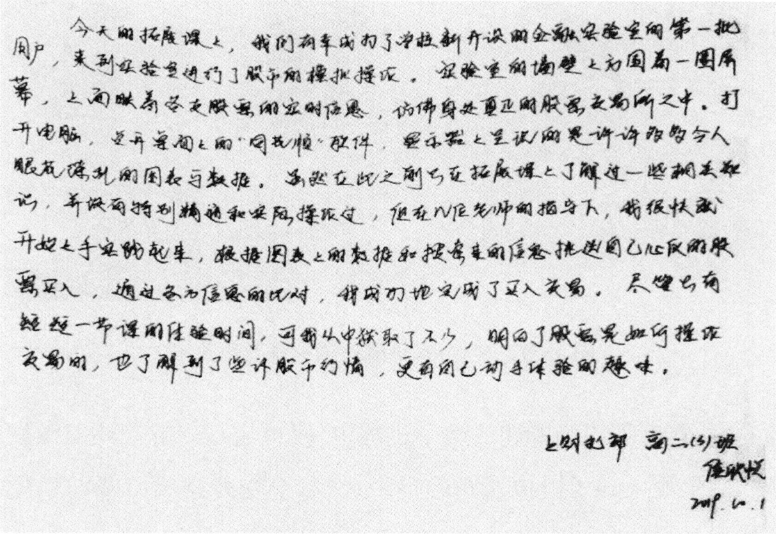
今天的拓展课上，我们有幸成为了学校新开设的金融实验室的第一批用户，来到实验室进行了股市的模拟操作。实验室的墙壁上方围着一圈屏幕，上面映着各支股票的实时信息，仿佛身处真正的股票交易所之中。打开电脑，点开桌面上的“同花顺”软件，显示器上呈现的是许许多多令人眼花缭乱的图表与数据。虽然在此之前已在拓展课上了解过一些相关知识，并没有特别精通和实际操作过，但在[illegible]老师的指导下，我很快就开始上手实践起来，根据图表上的数据和搜索来的信息挑选自己心仪的股票买入，通过各方信息的比对，我成功地完成了买入交易。尽管只有短短一节课的体验时间，可我从中获取了不少，明白了股票是如何操作交易的，也了解到了些许股市行情，更有自己动手体验的趣味。

上财北郊　高二(3)班
[illegible]
2019.[illegible].1

图 4—11　学生在初次体验财经创新实验室后的感悟

2. 游戏训练

财商培养类的教学引入商业模拟游戏的方式，引导学生在游戏中得到实践和交流，帮助学生主动学习，获得经验，学有所用。

以商务谈判专题为例。在此专题中，老师向学生介绍了一些有趣的商务谈判技巧，涉及认清当前形势、判断对方底线、你来我往的试探、针锋相对的决战等环节，这些交流无不彰显着谈判双方的智慧和勇气。

为了让学生加深学习印象，对使用商务谈判技巧进行一次实践，老师在课堂上设计了模拟谈判环节。老师首先将学生平均分成两组，各自扮演甲乙双方公司的谈判团队。在谈判前的准备阶段，甲乙双方的谈判团队将会获得不同的任务，只有在谈判中达成了目标，己方团队才能获得相应的分数，但是显然对方不可能轻易答应对手开出的条件。那么如何将谈判顺利完成，并且尽可能为自己的团队夺得更高的分数，这就考验学生的表达能力、临场反应能力以及对谈判技巧的运用。

图4—12　学生都沉浸在模拟谈判角色中

老师发现，在商务谈判专题的教学过程中，模拟谈判的游戏环节激发了学生极大的兴趣。学生投入到了模拟谈判的整个过程，享受着这项游戏的乐趣。他们十分自然地使用各类谈判技巧，审时度势，打破僵局，尽力促使谈判完成，模拟谈判最后以双方签订下一份"模拟商务合同"为课堂实践环节的尾声。活动结束后，学生的优异表现获得了老师的鼓励和对手的尊敬。相信在学习了这个专题之后，大家的财商又将获得进一步的提升。

3. 学生互动

课程教学过程中十分注重给予学生在课堂上互动的机会，融合课堂实践的教学方法，能够判断老师在课上所涉及的财经知识是否可以被学生理解和吸收，以及能够判断学生是否可以将课上所学习到的知识灵活运用。

《财商发掘之翔解》的学生演说是每个学期教学过程的最后一个部分，是要求每一位学生依次站上讲台，以微型演讲的形式，用几分钟的时间谈一下本学期学习的体会和感悟，或者可以谈一谈我们每一个人今后应当如何提升自己的财商，开阔自己的眼界，打开人生的格局。

在这个互动部分，老师要求每位学生都提前在家做好准备。上课当天，他们自信地站在讲台上，以自己撰写好的财经主题开始发表自己的观点。作为中学生的他们，也许很少有上台演讲的经历，但让人意外的是，有些学生在讲台上也能表现出了强大的个人魅力，他们在演讲中，有的人清晰地表达出了自己今后可以如何提升财商的独特见解，有的和大家一起回顾了财经课上提到的知识点。学生们的精彩表现让课程的互动环节增加了不少趣味性，课堂气氛十分活跃。

图 4—13 学生上台演讲

图 4—14 学生按演讲表现互相评分

演讲结束后，台下的学生都给演讲者报以热烈的掌声。学生时刻学生做主，通过这种方式的自我表达，每一位学生都会对自己收集的演讲素材有更深刻的理解，也是依靠这样的实践和锻炼，学生才能将本学期财经课程的所知所学加深印象，逐渐提升财经素养。

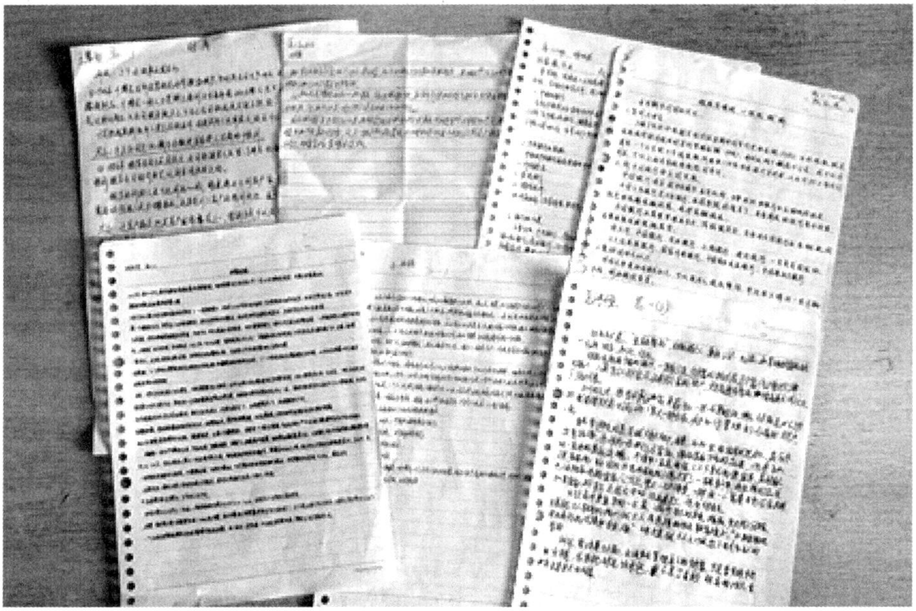

图 4－15 部分学生作业

财经视角剖析：

课程的实施必须以新课程改革的核心理念——以学生为本。以学生的兴趣爱好为依托，以学生的发展为目的。

《财商发掘之翔解》每一课围绕一个核心主题，通过教学让学生感受、体会和领悟，积累知识，认识财商，为树立正确的金钱观和消费观打下良好基础；学生在课程的系统学习中，埋下财商的种子，形成了勤俭节约、管理钱财、珍惜财富和回报社会的品行，通过知识的积累，让学生心中的种子发芽生长。

**【课程总结】**

著名财商教育家汤小明认为，财商教育是经济学、金融学、教育学、心理学、行为经济学、社会学和数学等学科的融合性教育，更是一门思维训练课程。依据校本课程开发的指导思想，设计课程时对内容进行了反复遴选。按照领悟金钱观念、引导消费行为、明晰创富路径为主线确定各课主题。各课主题紧紧围绕学生学习和生活，以家庭中的真实案例为背景展开，用富有生活气息的案例故事，形成《财商发掘之翔解》课程。

课程的开发理念——以学生发展为本。课程开发应结合中学生的年龄特点和心理因素，着眼于学生思想道德素质、财商素质与实践能力的需要，注重对知识目标、能力目标、情感、态度和价值观的整合，尤其要把关注学生的情感、态度和价值观三方面摆在突出地位，为学生形成正确的人生观、价值观、财富观和消费观打下良好的基础，实现影响他们一生的财商发展轨迹。

课程的建构基础——中学生不断拓展的生活。人的财商素养是通过生活中对财富的认识和实践慢慢形成的。随着中学生生活范围的扩大，在日常生活中要经常计划自己零用钱的用途，处理好自身与财务的关系，尽量达到财务的最优化。

课程的价值意蕴——帮助和引导中学生树立正确的人生观、价值观和财富观。财商教育在鲜活的生活中给予学生正确的价值引导，培养学生管理财富的能力，更是引导学生学习感恩父母、对社会对国家建立责任感、获得自尊自信自立自强等健全人格的教育。正确的财富观念和先进的创新意识，将使学生终身受益。

关于课程的思考：随着现代经济的高速发展，美、英、德、法等发达国家都将财商教育列入国家教学计划和学校课程。我国财商教育近些年才起步，虽然正在逐步得到社会的认可，但目前财商课程发展还存在一些问题值得去思考：其一，家长作为财商教育的编外教师，怎样更加充分地发挥他们的作用，这一点需要深入研究；其二，财商教育的普及度有待进一步提高，学校目前以拓展课的形式开展财商教育课程，参与该课程的同学只占全体学生的一部分。

财经视角剖析：

提高青少年群体的财经素养是我国素质教育中的重要环节，这不仅仅是为了学生个人的未来发展，也是我国经济发展的现实基础。所以学校作为专职的教育机构，在学生中开展财经素养教育是一项不可推卸的重任。

学校可以依托现有的文化资源，积极开发财经素养教育的课程，例如本案例中涉及的财商培养类课程，不仅指引了学生的财富成长之路，也丰富了校园文化生活，可谓是一举多得的课程改革。

要让我国中学生的财经素养类教育得到更好的发展，还需要家长和学校的共同配合，家庭教育中需要从小就开始重视子女的财商教育，比如制定孩子用家务劳动获得零花钱的家规，平时不溺爱孩子，做到不一味去满足孩子的物欲，避免孩子养成花钱大手大脚的习惯等，家庭中培养出金钱观、价值观正确的孩子，就会成就孩子幸福的未来。

**（二）Lesson Plan Sales Business English——胡秋伟老师**

**【课程背景】**

中学生怎样进行理财？有什么财可以理？由于在理财知识方面的缺乏，导致学生常常对手中多余的钱不知如何使用。有些学生养成了盲目消费、互相攀比、肆意炫富的不良习气。这折射出学生价值观迷失，也是学生、家长和社会共同关心的话题。我们的学生并非无财可理，每个春节过后都是学生最富裕的时候，他们会收到压岁钱，而且数目可观，于是有些学生开始大手大脚花钱，比如买电子产品、零食、请客吃饭等。除了压岁钱，学生也会有生日礼金以及每个月家长给的零花钱。如何让学生理性消费以及懂得如何理财，这是课程的重点之一。

财经视角剖析：

首先，树立正确的金钱观。学生需要明白金钱来之不易，它是父母的劳动成果，从而学生可以养成勤俭节约的好习惯。

其次，增强理财意识，学会理性消费。很多学生认为“省来省去省不了几个钱”，因此，有必要让学生懂得积少成多的道理。每个月制定好预算，明白哪些物品必须要买，哪些可以留在以后再买，将多余的钱存入银行等，为投资理财做前期准备。

再次，学生在家中可以请教父母关于理财的知识，培养投资理财的意识和能力。例如，怎样购物比较划算，如何存款可以获得更多利息。同时，在父母的带领下进行储蓄存款，增加金融知识。对于理财有更深认识的学生，可以进行其他投资理财，比如购买基金、股票、债券、保险等。

最后，教师需要在课堂上对学生进行理财引导。中学生正处于心智的重要成长阶段，他们不具备经济收入。身处于经济高速发展的大城市中，他们会产生极强的消费欲，所以，怎样培养学生的理财习惯，应从小事抓起。中学时期正是培养学生理财意识和能力的黄金阶段，这就成为学校的一种责任。

**【课程目标】**

1. 理性规划自己的支出

学生需要将每月的零花钱的多余部分省下来，记录支出多少、余钱多少，做到心中有数。把这种习惯坚持下去，这对自己今后的理财大有益处。

2. 学会理财

适合学生理财的途径有多种。

(1)银行储蓄

到银行存款是最基本的理财方式。学生可以学习开立储蓄账户，将每月余钱存入银行。由于科技的发展，学生可以直接开通网上银行进行理财。

(2)选择支付宝理财产品

智能手机在中学生中已经普及，学生可以选择手机中关于理财的 App，比如支付宝。支付宝中的余额宝是目前最受欢迎的理财产品。虽然收益较低，但安全性高且资金流动性强，是适合理财的一款产品。学生在将来会接触更多的理财产品，比如货币基金，这些都是门槛不高且便于操作的理财产品。

3. 学会阅读英语类的财经阅读资料和用英语来表达相关财经知识和观点

通过活动，不仅培养学生的理财规划能力，同时培养学生的英语能力，其中包括：(1)语言能力——表达个人见解，较为熟练地使用已有的英语语言知识；(2)文化意识——激活学生已有的文化知识，联系现实生活，领悟生活百态；(3)学习能力——善于自主学习和合作学习；(4)思维品质——根据获得的信息，提出个人观点和批判性建议。

**【课程准备】**

1. 提前布置思考作业

作业内容为：(1)思考适合自己的理财产品；(2)计划进行理财的资金分配；(3)预计收益率的目标值；(4)对理财风险的承受能力；(5)阅读关于理财知识的英语材料。

2. 课前回收作业

分析作业，准备讨论内容。

3. PPT 和板书

PPT 制作，板书设计

**【课程实施】**

1. 结合英语课程，扩展理财内容

在课堂里，教师结合英语的财经阅读材料向学生讲述关于美国华尔街金融的历史，包括投资银行和纽约证券交易所等，对学生规划理财和将来人生的定位大有益处。

2. 理论和实际相联系

结合国际国内的经济情况向学生讲述理财投资和经济发展的关系，让学生初步了解在经济高速发展的环境中，如何进行投资理财才能获得较高的投资回报。

3. 案例讨论分析

邀请同学分组用英语的课堂展示形式就自身的理财投资情况进行解释和分析。具体步骤如下：(1)分析自己当前的每月财务状况；(2)计划投资的余钱；(3)列举几个可选的理财规划方案;(4)选择某个理财方式的原因;(5)反馈每月的理财收益情况。

财经视角剖析:

学生进行存款和支付宝理财是初步的理财活动,将来踏上社会后,一定会进行更加高级的投资活动,比如股票、期货等。对于这些投资活动,学生需要掌握相当丰富的财经知识,教师需要在课堂中慢慢引导学生对理财的兴趣,帮助他们了解财经知识,这对学生的人生规划是很有帮助的。

**【课程总结】**

在当今世界,理财能力是一个人得以生存的不可缺少的一部分,也是素质教育不可缺少的一项重要内容。培养和锻炼这种能力对于中学生而言至关重要。学生应该主动学习投资理财知识,尽量多去尝试,敢于承担风险。

通过理财学习,联系生活实际,有针对性地对一些财经内容进行扩展,尽量让学生获得更多的财经知识,这是教师的责任所在。

对于学生来说,理财规划能力和英语能力同时获得提升,能够运用语言能力来清晰表达个人见解,激活已有的文化知识。将现实生活和理论知识相结合,从而领悟生活百态,在课堂中和同学合作学习,进一步提升学习能力:善于自主学习和合作学习,课后不断进行课后反思来活跃财经思维品质,学会用批判性思维看待财经事件。

财经视角剖析:

身处于中国经济中心的上海,上海中学生对财经知识的需求更加强烈,上海又是国际化大都市,因此将财经教育和英语学习相结合是非常适合上海中学生的学习模式,也是上财北郊高中在财经教育方面的特色。通过本课程,学生不仅可以掌握基本的理财知识、增强理财的理念,还可以提高英语阅读能力,通过英语阅读了解国际社会中的经济活动,为未来走向国际金融领域打下良好的基础。

# 第五章

# 财经核心课程的设计与实施

财经核心课程由上海财经大学和上海财经大学附属北郊高级中学共同开发，为有财经志向学生的自主选择与发展打通课程跑道，实现高中大学财经素养的贯通培养。财经核心课程的授课教师主要由上海财经大学教授与上财北郊高中教师组成，课程开发团队完成贯通培养课程的研究、开发和实施，对学生开展财经思想、财经视野、财经思维等方面的指导。

财经核心课程主要是面向树立财经志向的资优生，开发适合高中生的财经专业课程，形成培育财经创新人才的特色课程群，面向财经创新班学生，进一步拓展财经视野，培育良好的财经品质，提升财经素养。开发出市场分析、金融会计、经济法学等子模块先修内容。如上海财经大学经济学院《经济哲学》《经济社会学》《新闻里的中国经济》等精品课程，深化拓展创新班学生财经潜质，进一步打造财经核心能力。

经过四年的共同努力，如今已经初步形成“财经核心课程体系”，具体包括“财经核心课程”课程设计与实施教师队伍的筹备、课程目标的确立、核心课程的流程及安排、财经核心课程的教学策略、财经课程教学实录及学生案例分析等。

学生通过一年半财经核心课程的学习，有效地拓展了财经视野，培养了良好的财经品质，提升了财经素养。在此基础上，学生在团队老师的指导下完成高质量的财经类课题。

# 第一节 财经核心课程的融合与实施

## 一、财经核心课程的课程目标

“君子义以为上”“君子义以为质”——《论语》,即讲君子立身行事应以道义为本,道义价值重于物质利益。我校与上海财经大学共同开发的财经核心课程,通过财经专业知识的讲述,以增强学生社会责任、提升学生财经素养为主要目标,打通中学与大学的壁垒。本课程主要针对财经创新班中将来希望从事财经工作的学生,将财大现有的财经课程与高中生基本能力融合,将财经技术与社会责任融合,旨在培养具有社会责任并具有财经素养的优秀高中生。

财经核心课程是在财经奠基课程、财经广域课程的基础上,针对有财经志向的学生开设的课程。这一批同学对于基础的财经知识、基本的财经行为能力有了一定的了解,但对于财经广域课程案例中所涉及的财经原理、财经思维的理解还不是很透彻,财经核心课程就是针对这一批同学开设的。

上海财经大学教授通过经典财经案例的剖析、课堂讨论、学生商赛指导、学生研究型课题的指导,向学生传递财经知识,拓展了学生们的财经视野,提升了学生们的财经思维。

财经核心课程的授课教师主要是由上海财经大学人文学院、国际工商管理学院、法学院、会计学院等学院近20名知名教授组成教授团,他们主要从市场分析、经济预测、金融决断等方面,拓展学生知识面以及对财经技术的了解,培养学生分析问题和解决问题的营销能力、应用财经知识能力和创新思维,帮助学生养成独立思考问题和关注世界经济和实事动态的习惯。

学生在了解财经基础知识、拓展财经视野后,学生通过校园大亨、“上财北郊杯”商业挑战赛、财经类研究性课题等平台,增强实际操作能力,在比赛与研究型课题实施中锻造财经能力,培养良好的财经品质。

综上,财经核心课程的开设可以有效地打通大学—高中财经课程通道,帮助学生合理判断个人行为背后的经济动机，了解各种投资市场的运作原理及电子货币、虚拟货币、数字货币等概念。教会学生学会维护自身权益，提高学生风险规避的意识，养成一定的投资决策思维与创新创业思维，引导学生意识到利用经济手段创造社会价值和服务社会的重要性。

## 二、财经核心课程的流程安排

### (一)课程开发阶段

2016 年，虹口区人民政府与上海财经大学合作共建上海财经大学附属北郊高级中学，学校抓住机遇，以培育“国际都市公民财经素养的高素质人才”为目标，基于融合的理念构建实施财经核心课程体系。

在课程准备期，学校通过访谈、问卷等形式，分别从三个维度分析学生对于财经类知识的了解程度和理解能力，在学习到财经类知识或技能后的运用能力，以及未来自己对财经类的专业或职业的兴趣与志向。学校将评估报告与上海财经大学教授及时沟通，针对高一同学现有水平共同开发适合上财北郊高一学生的财经核心课程。

### (二)课程实施阶段

1. 财经理论知识系统学习

经过对学生现有财经素养整体评估后，上海财经大学人文学院、国际工商管理学院、法学院、会计学院等学院先后派出近 20 名知名教授组成教授团，利用每周五下午 2:50—4:30 这段时间，对我校学生开展财经通识教育培养，对学生开展财经思想、财经视野、财经思维等方面的指导。学生经历一年半的通识课程学习，财经素养有了很大程度的提高。

**表 5—1　2018 年学年第一学期财经核心课程安排表**

| 财大人文学院老师上课安排表(高一年级) | | | | |
|---|---|---|---|---|
| 周数 | 日期 | 备注 | 安排 | 授课教师 |
| 1 | 9 月 14 日 | | 《经济社会学》1 | 刘长喜副教授 |
| 2 | 9 月 21 日 | | 《经济社会学》2 | 刘长喜副教授 |

续表

| 财大人文学院老师上课安排表(高一年级) | | | | |
|---|---|---|---|---|
| 周数 | 日期 | 备注 | 安排 | 授课教师 |
| 3 | 9月28日 | | 《经济社会学》3 | 刘长喜副教授 |
| 4 | 10月5日 | 国庆节放假 | | |
| 5 | 10月12日 | | 《经济社会学》4 | 刘长喜副教授 |
| 6 | 10月19日 | | 《新闻里的中国经济》1 | 林晖教授 |
| 7 | 10月26日 | | 《新闻里的中国经济》2 | 林晖教授 |
| 8 | 11月2日 | | 《新闻里的中国经济》3 | 林晖教授 |
| 11 | 11月23日 | | 《新闻里的中国经济》4 | 林晖教授 |
| 12 | 11月30日 | | 《经济哲学》1 | 康翟博士 |
| 13 | 12月7日 | | 《经济哲学》2 | 康翟博士 |
| 14 | 12月14日 | | 《经济哲学》3 | 康翟博士 |
| 16 | 12月28日 | | 《经济哲学》4 | 康翟博士 |

上课地点:晏沪楼二楼202阶梯教室;上课时间:周五下午2:55—4:25。

图5—1 财经创新班学生正在上财经核心课程

2. 实际操作巩固理论知识

(1)依托商赛,提升学生实践能力

①“上财北郊杯”高中生商业大赛

“上财北郊杯”高中生商业大赛由上海财经大学附属北郊高中主办,由上海财经大学学工部、上海赢帆学生生涯规划中心协办。大赛得到了虹口区教育局的大力支持。这是一项针对我市高中学生的拟真式实践体验活动。十多所上海市实验性示范性高中组成 17 支代表队参赛,从组队报名、选手培训到决赛,历时 2 个月。

在模拟市场营销团队比赛中,选手们体验了市场调研、统计分析、市场定位以及市场机会挖掘,呈现出的报告有模有样,不乏一些商业的金点子。在“最牛卖手”对决中,参赛选手们展现出灵活的快速反应能力;在金融风暴知识竞赛的角逐中,选手们则以丰富的金融知识储备惊艳全场。

此次挑战赛主要包括学生的财经综合素质测评与市场研究。在比赛中,学生们不断加深理论知识与实践融合。我校学生胡天仪、吴芷芊、李思寒、凌越组成的清墨公司获“市场营销策划”一等奖。

**附:第一届“上财北郊杯”高中生商业大赛一等奖文案**

## 茶饮市场调研报告

一、调研报告提要

(一)调研范围及目的

本次调研针对当今国内茶饮市场进行调研,探究影响购买的因素、客户需求、客户人群、营销策略等。

(二)调研概况描述

本次调研由“清墨”队完成。“清墨”队是一支来自上海财经大学附属北郊高级中学的四人队伍,由队长胡天仪、队员李思寒、队员凌越、队员吴芷芊组成。在 2018 年 3 月 4 日至 21 日期间,我队先初步确定了茶饮的定位与主要特点,后开始设计并发放调查问卷。发放问卷期间,我队也向不同年龄段的人进行采访,了解他们对于茶饮的偏好及意见。我队通过问卷法来研究茶饮市场,从而了解到茶饮市场的现状,并据此确立了产品及营销方式的细节。

二、客户需求调研

(一)客户的需求与欲望分析

1. 价格

通过对调查问卷结果的统计,我队得出:约一半购买茶饮的客户平日购买茶饮的价格位于11元至20元的区间,三成客户平日购买茶饮的价格为10元以下。因此,将茶饮价格定在10元左右较为合适。

2. 特性

我队将茶分为"茶味饮料"与"茶叶、果茶、药茶"两类。通过调查我们得出,超过90%的偏爱购买茶味饮料的客户在购买茶味饮料时最看重的是味道,同时有62%的偏爱购买茶叶的客户饮茶是因为茶的味道。茶味饮料味微甜且有微弱的茶香,而茶叶冲泡而成的茶通常味苦且有浓郁的茶香,两者味道截然不同。

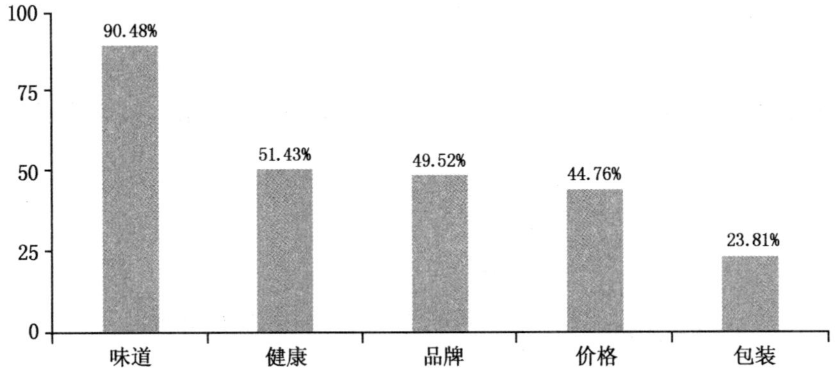


**图5—2　"茶味饮料"调查结果**

同时,我们发现"健康"是偏爱购买茶味饮料的客户购买的第二大原因,是偏爱购买茶叶的客户品茶的最大原因。哪怕是平日里不购买茶饮或茶叶的人,也会注重健康。茶中健康的根源是茶多酚,茶多酚有抗癌、抗衰老、防治心血管疾病等功效。然而,茶多酚在茶味饮料中含量极低,在茶叶中含量较高。

**第13题：您饮用茶的原因是：** [多选题]

| 选项 | 小计 | 比例 |
| --- | --- | --- |
| 喜欢茶的味道 | 114 | 62.3% |
| 茶有益于身体健康 | 119 | 65.03% |
| 喜欢品茶时的悠闲与平静 | 98 | 53.55% |
| 已经成为一种习惯 | 77 | 42.08% |
| **本题有效填写人次** | **183** | |

图 5—3 调查问卷节选

因此，我们建议将两者相结合，打造一种富含茶多酚的常温瓶装茶饮，并且推出多种甜度以适合不同人群。对于正在减肥的客户，因黑茶有助消化、降脂的功效，我们建议推出黑茶款。对于广大爱美的女性，因白茶有养颜、美容、健齿的功效，我们建议推出白茶款。

3. 可获得性

因产品为常温茶饮，顾客可在便利店、超市、购物网站等直接购买本系列产品，获得途径多且快捷。

4. 易用性

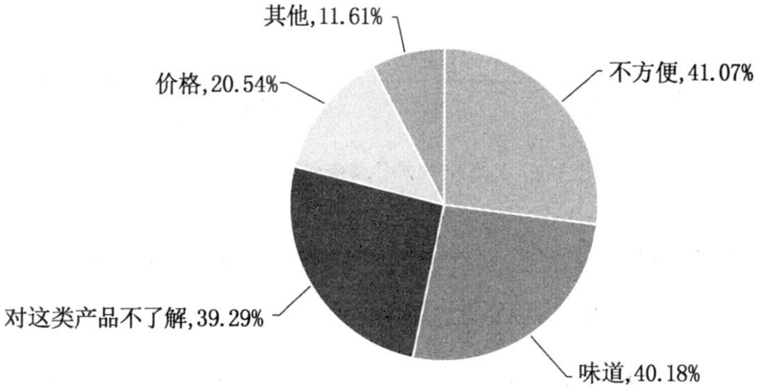


图 5—4 购买茶饮与购买茶叶的原因分析

通过对调查问卷结果的分析，购买茶饮而很少购买茶叶的人群这么做的最大原因是冲泡茶叶不方便，尤其是出门在外时。常温瓶装茶饮购买后可直接饮用，无糖款还保留了茶水原本的味道，大大提高了饮茶的便捷度。

5. 社会接受程度

当今的饮料多会导致发胖且不利于健康，而所建议产品的主打卖点为健康、抗衰老，大大优于市面上绝大多数的饮料，可以引起正面的舆论导向，社会接受程度高。

（二）客户购买行为分析

1. 客户购买的驱动力

从先前的调查问卷分析中我们知晓，影响客户购买茶饮的最大驱动力是味道，其次是健康。茶饮相较于其他饮料，味道更加清甜，对身体的损害更少。我们所建议的产品抓住了茶饮的这两大特点，并且在健康这一驱动力上更进一步，富含茶多酚，有抗癌、抗衰老等优点，是其他茶饮所不具备的。并且因社会环境下人们（尤其是年轻人）对自身身材、体重的要求较高，能够驱动客户购买有减脂效果的黑茶款。

2. 客户购买的障碍

存在不喜欢喝茶饮而偏好其他饮料的人群认为茶饮的味道过于清淡；存在不喝饮料的人群因饮料中含有添加剂而不购买饮料。

三、客户情报调研

通过对调查问卷的分析，我们发现偏爱茶味饮料的人数随年龄增加而减少。在偏爱茶味饮料的人中，瓶装茶饮最受18岁以下的未成年人偏爱，其次是18—25岁的人。

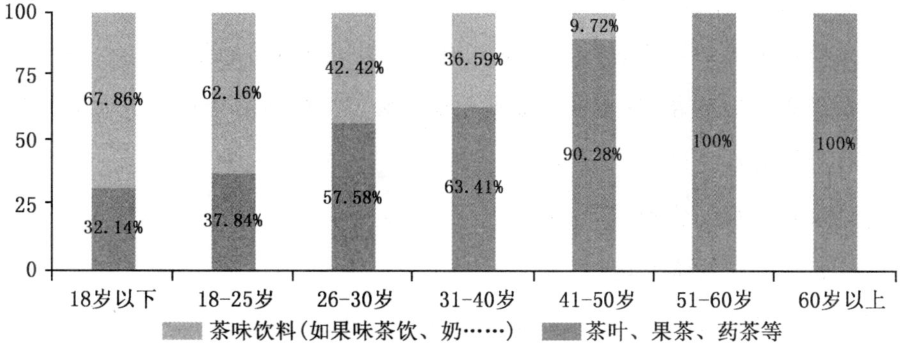


**图 5—5　不同年龄人群对茶味饮料的偏爱**

在我们问及“如果有一款常温且富含茶多酚的瓶装茶饮，价格较低，您是否愿意尝试”时，回答“愿意”及“很愿意”的人数比例较于先前选择“茶味饮料”的人数比例有明显增大，半数 26—50 岁的人表示愿意尝试此款茶饮。

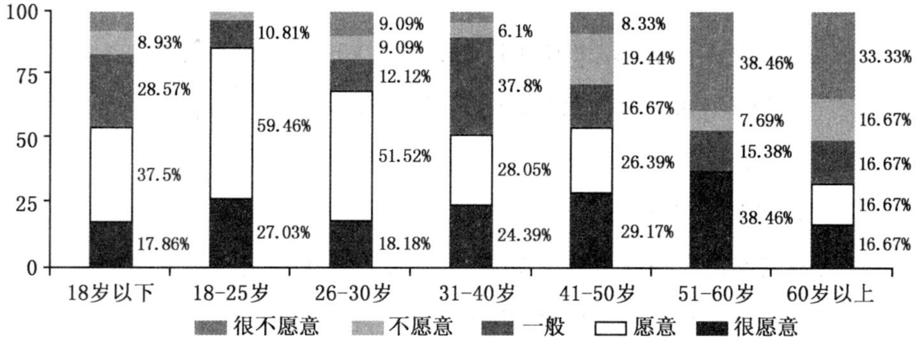


**图 5—6 调查结果**

因此，30 岁以下的人群是本茶饮主要的客户群体，其相对市场份额大，但增长率较低。31—50 岁的人群是成长客户，其相对市场份额较小，但增长率高。高于 50 岁的人群是边缘客户，相对市场份额小，增长率低。

四、总体分析及建议

（一）产品策略建议

建议销售一系列富含茶多酚的常温瓶装茶饮，主打减肥黑茶和养颜白茶，以及绿茶、红茶可供选择，每款茶各有无糖、低糖与正常甜款。

（二）渠道策略建议

建议使用多营销渠道策略。线下采用 3 级销售渠道，即生产者→代理商→批发商→零售商→消费者，并且使用密集分销策略。同时网络营销渠道也不可忽视。

（三）价格策略建议

建议每瓶茶饮零售价 10 元左右。

（四）营销宣传策略及建议

调查结果显示，近 60％的人选择了打折促销为让自己最有购买欲望的促销方式，30％多的人选择了诸如买一送一、买二送一等的促销方式。若需要快速减少库存,建议选择打折促销的方式。

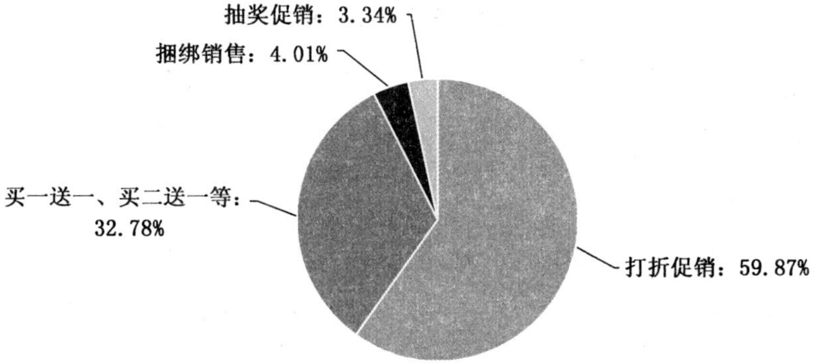


**图 5—7　营销宣传策略分析**

调查结果显示,通过网络页面和社交新媒体获得茶类商品信息的人群较多,建议在网络页面和社交新媒体上投放广告。因 30 岁以下的人群接触网络页面和社交新媒体较频繁,建议抓住此类人群爱美和最近大火的“养生”心理,重点宣传减肥黑茶和养颜白茶。

②校园创业大亨实践活动

“校园创业大亨”最初由英国企业家皮特·琼斯爵士设立,是一项给学生一个经营自己生意机会的活动。大赛给全球各地的孩子们提供经济支持,中学生可以获得高达 2000 英镑的贷款,使他们能够有机会将自己的创业想法付诸实践。通过这些贷款的使用,他们可以获得真实的生活经验,明白如何与他人共同工作、做交易。活动中所有盈利都会被再次投资给学生的商业活动、返还给学校,或者捐给慈善机构。

每一参赛队员都很珍惜参赛的机会。取得成绩:在校园大亨比赛中,我校同学在决赛展评中获得一、二、三等奖。

## 附:2018年校园大亨一等奖商业计划书

### 首席执行官兼媒体总监:胡天仪

**公司名称:**

BeiJiStY。

**公司口号:**

会而有议,议而有决,决而有行,行而有果。

Discussion is the essential part of a meeting that concludes decisions, which shall be followed by execution.

**公司简介:**

我们来自上海财经大学附属北郊高级中学财知社,是一支热心求学、朝气蓬勃、齐心协力、有创业精神的团队。在学校,我们每周有上海财经大学教授来讲授的财经课,我们也积极参与财经类活动。

CEO担任学校财经类社团财知社社长,参加过数次商赛,具有丰富经验。我们立志于解决师生在校的问题,给在校师生提供便利,为学校做贡献,此外我们也积极投入社区的服务。

**团队成员:**

| 姓名 | 年龄 | 职务 |
| --- | --- | --- |
| 胡天仪 | 15岁 | 首席执行官兼媒体总监 |
| 邓业辉 | 16岁 | 副首席执行官 |
| 胡　昱 | 16岁 | 公关总监 |
| 李　颖 | 16岁 | 产品总监 |
| 浦怡文 | 16岁 | 文稿总监 |
| 李思寒 | 16岁 | 销售总监 |
| 季沁毓 | 16岁 | 财务总监 |
| 吴芷芊 | 16岁 | 销售部部员 |

**团队标志：**

BEIJISTY

**创业背景：**

我校食堂虽提供早餐售卖，但味道差强人意，且学生早晨未必有时间前往食堂购买早餐再返回教室。同时，我校规定学生在校期间不得擅自外出，不得订购外卖。我们团队考虑到此规定可能会对学生其他方面有所影响，制作了调查问卷在校园里发放。调查发现，学生因无法出校、无法订外卖等原因，在参与填写调查问卷的438位学生中，竟有高达380人存在未到饭点感到饥饿却没有食物的问题，并且有359人表示如果学校提供点心售卖会去购买，318人表示如果学校提供热饮会去购买。就此，我们与校方沟通交流，在不更改规定的情况下，提出解决方案——设立食品销售点。

同时，我们发现学生有时羞于表露心迹，故决定提供代写服务，即匿名客户发送给我们一小段文字，可以是祝福、感谢，也可以是冷战求和好等，并标注收件人，由公司内部字迹好看的成员代写文字，并由公司成员递交给收件人。

并且，我校学生们对于中国的铁路不甚了解。我们认为，中国铁路世界领先，我们作为一个中国人，理应了解中国的发展，壮我民族魂。恰巧公司内有成员热衷于铁路以及制作模型，故我们推出铁路模型的售卖以及宣传铁路知识。此项作为我司的附加业务，意在让学生们了解铁路知识，而并不意在盈利。

**公司业务：**

一、产品

本公司提供一系列面包、点心、饮料产品，如下：抹茶脏脏包、流心芝士牛角可颂、北海道流心杯、闪电泡芙、布雪、凤梨酥、烤芙条、绿豆糕、熊掌饼、果汁、奶茶。此举能够解决绝大多数在校学生常感到饥饿却没有食物，以及来不及买早餐从而影响上午学习的问题。

同时售卖手写明信片以及提供代写卡片服务，可以帮助学生们把想说的话说出来，也增进了学生间的感情。

在寒假期间，我们公司会推出自制铁路模型来售卖，同时推广铁路知识，让学生们对我国发展很好的铁路有所了解。

二、货源渠道

通过寻访实体店以及网络咨询，我们找到了多家有权威性的厂商，分别为佳缘、好上谷、莫利食品以及甜都餐饮。这些都是国家相关部门批准注册的企业，在品质上有所保证，达到食品安全的标准，做到拥有合理价格、雄厚实力以及优良的服务。

铁路模型由副首席执行官主导、公司其余成员参与完成，并获得学校支持。

三、目标市场

在校期间，我们食品的消费对象为教师和学生，代写卡片服务通过网络宣传，面对我校师生以及全网知道我们公司的人。考虑到正逢寒假来临，我们团队决定在假期走向社区，为图书馆、幼儿园、少年宫等类似场所提供食品销售、铁路模型销售与铁路知识宣传。

四、市场分析

1. 优势S

(1) 销售点设立在校园内，省去了租店面的费用。

(2)因为校园内本身无小卖部，解决了学生常感饥饿却无处寻食，以及早晨来不及吃早饭的问题，本公司产品在预先询问中受学生的欢迎，并且得到了老师的支持。

(3)代写卡片服务相较于同行，我们具有买家匿名的功能，以及帮送到收件人处。

2. 劣势W

(1)食品销售影响力仍有限，顾客集中在学生，很难打开老师的市场。

(2)铁路模型制作周期长。

3. 威胁T

学校附近有食品价格低廉的面包店,有潜在竞争者。

**公司营销:**

一、销售时间与地点

早晨6点45分至7点20分在校园内靠近校门口的一处(是学校所有师生必经之处,同时学校从校门外看上去不会很嘈杂),上午学校大课间期间在高一和高二所在教学楼的休息室,中午12点15分至30分在食堂出口附近,下午第一节课课间在高一和高二所在教学楼的休息室。

二、营销策略

1. 宣传策略

(1)媒体部利用专业设备拍出食品的照片,加入文字介绍,做成宣传单,让师生能够直观地了解到具体商品,以此来吸引顾客。同时,我们将简略介绍公司与产品的海报张贴在教学楼楼下,让每一位同学都可以了解到我们的销售。

(2)我们在课间时间分配人手前往各个班级进行宣传,介绍我们的特色,并且发放宣传单。

(3)我们联系了学校广播台,在课间和午休时对产品进行介绍、宣传,让更多人有所了解。

2. 促销策略

(1)我们会将不同的食物组成套餐进行售卖,分别适用于早餐与日常点心,套餐会比单个买更优惠。

(2)由于从厂商那里订购的产品包装过于简单,我们团队在此基础上进一步购置商品袋、包装盒来美化商品,在外观上吸引顾客。

(3)我们给产品加以创意的名字,例如:幸运加成凤梨酥、逢考必过饼干等,相当于给产品附加了价值,吸引同学们。

(4)我们在产品包装内部加入小纸条,集齐全部种类的小纸条可以换得奖励。

(5)在营业第一周和第二周会不定期地推出新品,增加商品的选择,使顾客不断对产品怀有新鲜感,产生好奇心从而加大购买力,也能招揽更多的顾客。

(6)我们提供手写服务,若购买产品,加一点钱就可以得到专属定制的手写明信片。

(7)我们还会提供特色服务,若正逢节日或者是同学的生日,将会为顾客创造惊喜。

3. 管理决策

首先,我们一直与具有管理学知识的在校老师进行沟通,弥补我们高中生专业知识不够丰富的缺陷。

在营业时间内,我们安排市场部与财务部进行现场的售卖,每次两人,销售部一人负责介绍产品,财务部一人负责收付款以及记录。我们也会根据不同时间段的客流量来分配、调节人员和人数,来保证销售的正常且有序进行。

4. 盈利用途

我们作为旨在为学校做贡献的公司,因为在先前的调查问卷中收到很多对于学校设施的反馈,所以我们决定将盈利的一部分捐给学校来改善学校设施,这一用途也将在宣传中说明,加大学生的购买力;一部分盈利用来犒劳辛勤的成员们,否则成员们将渐渐失去动力;其余盈利用来维持公司运营,作继续现行服务的本金。

**成本与利润:**

**表 5—2 成本**

| 项目 | 进价 | 数量 | 合计 | 备注 |
|---|---|---|---|---|
| 烤芙条 | 1.25 元/个 | 280 个/箱×3 箱 | 1050 元 | |
| 凤梨酥 | 3 元/个 | 200 个/箱×1 箱 | 600 元 | |
| 果汁 1(罐装 250ml) | 100 元 27 罐(批发) | 3 箱 | 300 元 | |
| 果汁 2(瓶装 1L) | 100 元 12 瓶(批发) | 1 箱 | 100 元 | |
| 绿豆糕 | 1.5 元/个 | 250 个/箱×3 箱 | 1125 元 | |
| 熊掌饼 | 3 元/个 | 300 个/箱×1 箱 | 900 元 | |
| 纸袋 18×10×5 | 0.16 元/个 | 500 个 | 80 元 | |
| 纸袋 16×29 | 0.336 元/个 | 400 个 | 134.4 元 | |
| 纸袋 13×23 | 0.167 元/个 | 400 个 | 66.8 元 | |
| 纸袋 10×17 | 0.1376 元/个 | 400 个 | 55.04 元 | |
| 逢考必过特色胶带 | 11 元/个 | 1 个 | 11 元 | |
| 流心芝士牛角可颂 | 13 元/个 | | | |
| 布雪 | 12 元/个脏脏包 | 24 元/个 | | |

续表

| 项 目 | 进 价 | 数 量 | 合 计 | 备 注 |
|---|---|---|---|---|
| 流心杯 | 16 元/个闪电泡芙 | 10 元/个 | | |
| 香飘飘奶茶 | 60 元 20 杯 | 20 杯/箱×5 箱 | 300 元 | |
| 宣传单印刷 | 2 元/张 | 25 张 | 50 元 | |
| 海报印刷 | 40 元 | 1 张 | 40 元 | |
| 样品试吃 | 148 元 | 1 袋 | 148 元 | |
| 地理模型 | 1500 元 | 1 份 | 1500 元 | |
| 总贷款金额 | 7000 元 | | | |

**表 5—3 预估利润**

| 项 目 | 售 价 | 成 本 | 预期销售量 | 总利润 |
|---|---|---|---|---|
| 烤芙条 | 3 元/个 | 1.25 元/个 | 420 条 | 735 |
| 凤梨酥 | 5 元/个 | 3 元/个 | 100 个 | 200 |
| 果汁(罐) | 4.5 元/个 | 3.7 元/个 | 81 罐 | 64.8 |
| 果汁(瓶) | 10 元/个 | 8.3 元/个 | 12 瓶 | 20.4 |
| 烤芙条套装 | 9 元/4 个 | 1.25 元/个 | 420 条 | 420 |
| 凤梨酥套装 | 12 元/3 个 | 3 元/个 | 100 个 | 100 |
| 1 号套餐(凤梨酥+烤芙条+绿豆糕+熊掌饼+果汁) | 20 元/套 | 12.7 元/套 | | |
| 绿豆糕 | 2.5 元/个 | 1.5 元/个 | 750 个 | 750 |
| 熊掌饼 | 5 元/个 | 3 元/个 | 300 个 | 600 |
| 逢考必过套餐(凤梨酥+烤芙条×2) | 9.9 元/套 | 6 元/套 | | |
| 流心芝士牛角可颂 | 16 元/个 | 13 元/个 | | |
| 闪电泡芙 | 15 元/个 | 10 元/个 | | |
| 流心杯 | 20 元/个 | 16 元/个 | | |
| 脏脏包 | 30 元/个 | 24 元/个 | | |
| 布雪 | 16 元/个 | 12 元/个 | | |
| 香飘飘奶茶 | 6 元/杯 | 3 元/杯 | 100 杯 | 300 |
| 地理模型 | 3500 元 | 1500 | | 2000 元 |
| 总利润 | | | | |
| 除去贷款的总利润 | | | | |

**附：BeiJiStY 公司评估报告**

一、商业理念和概念

**公司名称：**

BeiJiStY

**具体业务：**

我们公司立志于解决师生在校的问题，给在校师生提供便利，为学校做贡献。通过向全校师生发放调查问卷，我们发现有高达87%的学生在校内存在未到饭点感到饥饿却没有食物的情况，于是我们决定在学校教学楼里一间无人使用的教室设立专为师生提供食物、饮料的区域，在课余的时间段由销售部的公司成员向大家进行售卖。一些食品需要现做，于是我们在前一天发放预订单并进行统计，第二天中午拿到现做食品后按照预订单进行发放。

我们还了解到有一些同学想要开展一个宣传铁路知识的项目却苦于资金匮乏。我们发现了其中包含的商业和公益价值，同时这一项目企划也收到不少受访者的欢迎，于是我们将主创同学吸收进公司，并决定从盈利中取出一部分对这个项目加以投资和支持。最终用于宣传的铁路模型制作完成，活动成功开展。我们还找到了模型的买家，投资成本从模型售卖中收回并取得了盈利。

在公司运营的过程中我们遇到过一些困难，并针对困难对公司进行了完善。例如我们在与校方交涉时，校方老师很注重食品安全问题，我们赶紧向食品供应商索要许可证，校方才允许我们售卖。我们一开始打算售卖的自己制作的奶茶就因此被驳回，于是我们改成售卖速溶的"香飘飘"奶茶。

在营销设计时，我们原打算推出"逢考必过"套餐，即凤梨酥与烤芙条的组合，但遗憾的是凤梨酥缺货，于是我们只能将两个烤芙条用逢考必过胶带捆起来。

在销售初期，我们的商品摆在收银台后，导致需要人手帮顾客拿商品，销售场面比较混乱。于是我们将商品移至一张大桌上，将收银台放在离商品有一定距离的地方，营造出一个像便利店一样的售卖点，顾客自行拿商品再来收银台结账，售卖场面很有秩序。

销售中期，我们发现套餐的销量不尽如人意，于是我们进行了抽奖促销，在原

16元的套餐中加入了有概率得到的可爱抱枕，并因成本增加将套餐售价提高到25元。由于菠萝汁套餐的存货最多，我们将菠萝汁套餐设为必得抱枕，并将售价提高到40元。值得高兴的是，抽奖促销十分成功，不仅平衡了套餐的库存数量，还为我们带来了较大的盈利。

我们的宗旨是为在校的老师与学生服务。在销售过程中，我们尽可能满足学生和老师的要求，也获得了他们的好评。学生们对我们的产品和服务都很满意。

**改变：**

我们针对遇到的困难作出了很多改变，在上文已经具体叙述过；此外，我们原目标受众是校内的学生，因为老师可以出校、订外卖而学生不可以。但可喜的是，在售卖阶段很多老师来购买我们的食品，老师个人的购买力甚至大于学生个人。

二、评估

**进展顺利之处：**

在进货方面，有公司成员的亲戚从事食品方面的工作，为我们推荐了良好的食品厂，所以每次进货都能够快速到货。

在宣传方面，我们在销售之前做了详细的调查问卷，同学们很配合地完成了问卷，我们也很快地统计出了他们的喜好，根据喜好去进货。宣传部制作了精美的海报并贴在了学校醒目的位置，销售部的成员还会去各个班级进行推广。

在销售方面，同学们一直很积极地来购买，总体来讲销售得很顺利。

三、如果有下次，哪些地方会采取不同做法

如果有下次的话，在商品方面，我们会调整进货的结构。一些原计划售卖的食物因缺货而无法售卖，下次我们会事先确定好是否有货。而且现在我们的食品种类还不够丰富，下次会尽量再扩充一些食品种类。经过这次售卖，我们已经发现了师生爱好的口味，下次进货会进更多热销口味的食品。

下次我们在记账方面会更加完善。因为我们没有每一天都清点存货和营业额，导致总统计比较麻烦。如果有下次的话，我们会在每天营业结束后数清楚当天售卖了多少商品并核对钱财。

在安全方面，因为我们销售点所用教室的钥匙由老师管理，所以无法做到每次休业时锁门，增加了安全隐患。虽然最后我们并没有遭受偷窃，但如果有下次的话，我们会尽量克服这个问题。

**收获：**

校园大亨给了我们建立一个公司并进行运营的平台。通过分部门，每个人都找到了自己的定位并充分发挥自己的长处，也锻炼了自己的才能。比如，公关部通过与校方的沟通，锻炼了与人交流的能力；销售部的每个人在贸易阶段都有负责收款，也是很好的体验，而且经过这次售卖，他们也更加勇敢外向，不会出现不敢开口的情况。我们明白了分工合理很重要，要利用好每个成员的优势，发挥他们的才干。同时，一个团队需要有主心骨的指挥，才可以安排得有秩序有条理。作为一个企业，团结是很重要的，这样才可以走得很远。

四、为什么我们能赢

**独特之处：**

我们在校园大亨中的经营正“戳中”学生的“痛点”——未到饭点感到饥饿却没有食物。此外，我们售卖的香飘飘奶茶让同学们在寒冷的冬日感到温暖，这也是奶茶大卖的原因。公司成立的目的是为了给校内师生服务，提升他们的在校体验，为学校做贡献。满足师生的需求就是我们的目标，能得到他们的认可和看好，对我们来说就是最大的成功。

我们的营销策略也是一大亮点。我们有每周上新，带给顾客新鲜感，相较于所有商品在开业时就全部上架营业额会更多。我们还进行了折价促销，比如开业第一天全面打折和捆绑销售，也就是套餐。我们还有抽奖促销，在不亏本的前提下在套餐内加入抱枕，分为必得和有概率抽取，以此来吸引顾客。

**利润及回报率：**

以下为部分财务报表：

贷款金额：7000 元

启动成本：5064 元

**表 5—4　财务报表**

| | 日期(一周开始) | 销售额 | 成　本 | 利　润 |
|---|---|---|---|---|
| 第一周 | 2018.1.2 | 2608.5 | 2254.74 | 353.76 |
| 第二周 | 2018.1.9 | 3488.0 | 2242.76 | 1245.24 |
| 第三周 | 2018.1.16 | 4083.5 | 2227.5 | 1856 |
| 第四周 | 2018.1.23 | 4000.0 | 3187 | 813 |
| 总计 | | 14180 | 10007 | 4173 |

备注：

1. 铁路模型暂收 4000 元，暂支 3187 元。

2. 各商品利润见下表：

**表 5—5　商品利润**

| 商　品 | 进货量 | 销量 | 余量 | 利润 |
|---|---|---|---|---|
| 绿豆糕 | 799 | 760 | 39 | 1290.5 |
| 奶茶 | 680 | 680 | 0 | 1530 |
| 烤芙条 | 430 | 430 | 0 | 380 |
| 熊掌饼 | 800 | 727 | 61 | 1058.5 |
| 大果汁 | 36 | 17 | 16 | 68 |
| 小果汁 | 270 | 243 | 27 | 243 |

3. 商品成本为 5740 元＋抽奖成本 48 元＋结余商品成本 286 元＝进货成本 6084 元。

4. 消耗品成本：

(1)纸袋、胶带及打工工资等，在第一周成本内。

(2)脏脏包、布雪等 359.76 元在第二周成本内。

(3)三人抽奖的本金 48 元在第三周成本内。

回报率为 4173÷(6048＋2700)×100%＝47.7%。

综上，利润为 4173 元，回报率为 47.7%。

**影响：**

在学校里，我们方便了师生购买食物，解决未到饭点感到饥饿却没有食物的情况。学生们在辛苦学习之后，能有我们点心充饥获得愉悦的心情，老师们也不用浪费课余时间出校。在学校里师生们就可以享用到健康卫生的点心，学校也很支持我们的做法。

我们打算将利润的一部分捐给学校，一部分作为公司的储蓄以用作未来的服务，一部分用来犒赏公司成员们的辛苦付出。

**附加信息：**

我们借助了学校官方的公众号进行宣传，网址是 https://mp.weixin.qq.com/s/tZl4P81GkayqC48DEXg_gg。

图 5—8　团队宣传照片

(2)社团活动有效补充理论知识——财知社

2018 年在第一届财知社社长胡天仪同学的带领下，我校财知社逐渐走上正轨，学生在社团活动中不断加强自己的财经基础知识，为参加商赛做知识储备，提升社员的财经素养与综合能力。

授课内容见表 5－6，实施时可能会有调整。

表 5—6　社团课授课安排

| 节　数 | 活动主题 | 细　则 |
|---|---|---|
| 1 | 社团介绍校园大亨初解 | 校园大亨介绍、时间节点、分工建议 |
| 2 | 市场营销 | 市场调研相关模型 |
| 3 | 产品设计 | 如何确定校园大亨的方向 |
| 4 | 商业计划书的书写 | 商赛中常用的模型、商业计划书注意事项 |
| 5 | 宏观经济学 | 基础知识、经典模型 |
| 6 | 公司组织与架构 | 公司类型、各架构权力、公司管理结构 |
| 7 | 财报分析 | 三种会计报表的初步介绍 |
| 8 | 投资——期货 | 期货由来、定义等基础知识 |
| 9 | 商业展示 | 演讲与 ppt 制作的注意事项 |

(3)财经研究性课题拓展财经知识

经过财经核心素养课程的学习，学生共计完成财经类课题 37 个，参与完成学生 101 人。学生申报财经类课题数目逐年增加，财经课题质量也不断提升。本章第四节会向大家展示学生部分研究性课题。

## 三、财经核心课程的教学策略

### (一)案例教学模式

在第一轮教学中，我们发现高校教师给高一年级学生上课，大多数同学都感到很多财经类术语和财经理论知识听不懂。经过两轮课程推进，我们不断与上海财经大学的教授沟通，研发出一套以案例教学为主的教学模式，在具体案例教学中穿插财经理论知识，调动学生的学习热情，培养学生分析问题和解决问题的能力与创新思维。

### (二)实践教学模式

在学生形成一定理论基础后,我校每年都为学生搭建实践平台,如"校园大亨"、"上财北郊杯"商业挑战赛、财经类研究性课题专业指导等,让学生在实践中不断提高自身的财经素养。

### (三)探究教学模式

财经核心课程以课堂讲授为主,以课堂讨论为辅,帮助学生拓展知识面,培养学生独立思考问题的习惯。在授课过程中财大教授以启发探究式教学为主,充分调动学生的学习主动性,培养学生关注世界经济和时事动态的习惯。经过一年半的系统学习,有效地拓展学生的财经视野,提升学生的财经思维。

## 第二节 财经核心课程的内容

### 一、市场分析核心课程

上海财经大学商学院叶巍岭教授给学生讲授了营销类的特色课程。《营销课》是一门综合性、应用性、创新性的学科,课程内容涉及了营销管理的基础知识和实战案例。《营销课》围绕企业营销项目,主要介绍了企业如何以消费者的需求为中心,合理组织其生产、经营活动,达到开拓市场、满足市场需求、赢得竞争、实现企业经济效益和社会效益的目标,让学生真切地感受到在激烈的市场竞争中谋生存、求发展所必须具备的知识和能力。《营销课》内容分成以下四个专题:(1)发现需求,即营销的世界、谁是你的客户;(2)满足需求,即产品、价格、渠道、广告和服务;(3)需求战略,即国内案例、全球战略;(4)需求行动,即新营销、沟通人脉。该课程突出以学生为主体,以参与式、交互式、启发式的课堂授课模式为主,调动学生的学习热情,培养学生分析问题和解决问题的营销能力、应用能力和创新思维。

上海财经大学人文学院刘长喜教授给学生讲授了《经济社会学》特色课程。在《经济社会学》的课堂上,学生可以系统地掌握经济社会学的基本概念、理论和方法，并通过对经济社会学理论内容和研究方法的学习，学生能够系统地掌握分析经济与社会关系的基本知识及方法论手段。课程内容可分为以下五个专题：(1)“经济社会学简介”，即让学生系统地了解经济社会学的基本概念、历史、方法论原则及其与其他学科的关系；(2)“市场”，即让学生掌握经济学和社会学对市场的不同理解，以及市场转型理论；(3)“社会资本”，即让学生掌握社会资本的起源、概念以及社会资本的范式和测量；(4)“制度分析”，即让学生了解社会学和经济学对制度的不同理解，并掌握制度分析的方法；(5)“企业理论”，即让学生了解和掌握企业理论以及企业的市场性和社会性特点。该课程以课堂讲授为主，以课堂讨论为辅，帮助学生拓展知识面，培养学生独立思考问题的习惯。

## 二、经济法学核心课程

上海财经大学商学院李眺教授讲授了经济学的特色课程。《经济学原理》是一门研究经济学的基本思想、概念与分析方法的课程，旨在培养学生对现实经济行为和经济现象的观察与分析能力，发展学生的经济思维与意识。该课程内容可分为两个部分：(1)“微观经济学”，即让学生掌握微观经济学的基本原理和分析方法，掌握价格机制和市场运作的原理，理解资源配置有效性的含义及其条件，了解有关企业行为的基本理论；(2)“宏观经济学”，即让学生掌握宏观经济学的基本原理和分析方法，了解与一国经济增长有关的税收政策、就业政策、财政政策、货币政策等，寻求经济的长期稳定增长、公平与效率之间的均衡，使学生基本明白国家各种政策出台的经济背景。

上海财经大学林晖教授给学生讲授了贸易类的特色课程。《经济贸易》课程是研究贸易的产生、发展和贸易利益，揭示各经济体之间进行商品和服务交换的规律和特点的学科。通过该课程的学习，学生可以了解物流与贸易的关系，可以初步认识国际贸易的基本理论、方法和政策，从而拓展了学生的知识面，为未来大学专业奠定知识基础。课程内容可分为以下五个专题：(1)“国际分工”，即让学生了解国际贸易在世界经济中的地位和作用、国际分工的形成和影响国际分工的因素；(2)“国际贸易政策”，即让学生了解自由贸易理论和政策的依据、影响、保护贸易理论和政策及其理论基础;(3)“关税措施”,即让学生了解关税定义、特点、性质;(4)“经济一体化”,即让学生了解区域经济一体化的概念和影响;(5)“世界贸易组织”,即让学生了解国际贸易中经常使用的一些主要条约和协定,以及中国加入世界贸易组织的机遇、挑战和应采取的对策。该课程突出以学生为主体,以教授讲授与小组讨论相结合的形式授课,调动学生的学习主动性,培养学生关注世界经济和时事动态的习惯。

## 三、金融会计核心课程

上海财经大学商学院董静教授给学生讲授了投资类的特色课程。《创业与风险投资》课程是一门综合性很强的学科,涉及管理的各个方面,通过学习,学生可以了解创业的基本理论和实务知识,学会撰写商业计划书,了解风险投资的运作机制。课程内容可以分为以下四个专题:(1)“创业”,即创业过程、创业机会、创业者特征;(2)“商业模式”,即商业模式的定义与构成、商业计划书撰写;(3)“新创企业融资”,即融资方式、新创企业战略;(4)“风险投资”,即风险投资的运作。该课程突出以学生为主体,以参与式、交互式、启发式的课堂授课模式为主,调动学生的学习热情,培养学生分析问题和解决问题的能力、应用能力和创新思维。

上海财经大学人文学院康翟博士讲授了经济思想类的特色课程。《经济哲学》是一门经济理论与哲学思想相结合的课程,旨在培养学生阅读经济著作的习惯、会用经济的眼光分析解决问题的能力,发展学生的经济思维与意识。课程内容主要分为以下两个部分:(1)财富与德性——亚当·斯密经济哲学思想探究,主要介绍亚当·斯密的个人轶事和他的两部重要著作(即《国富论》和《道德情操论》)的主要内容、重要意义;(2)马克思的生息资本理论与当代资本主义金融化——基于虚拟资本积累视角的考察,主要介绍虚拟资本积累与产业资本积累的关系,避免金融创新带来的结构性矛盾,最终降低金融体系发生风险的概率。该课程以课堂讲授为主,以课堂讨论为辅,帮助学生拓展知识面,培养学生独立思考问题的习惯。

# 第三节　财经核心课程的教学实录

自2016年以来，学校与上海财经大学共同开发财经核心课程，积极探索高中与大学财经拔尖人才培养模式。

截至2019年6月，财大教授到我校上课次数达232节，内容涵盖市场分析、经济预测、金融决断等方面，拓展了学生知识面，有效地帮助学生了解财经技术，培养学生分析问题和解决问题的营销能力、应用财经知识能力和创新思维。帮助学生养成独立思考问题的习惯以及关注世界经济和时事动态的习惯。

下文主要节选《新闻中的财经》《经济社会学》《财经法学》中部分教学案例与大家分享。

## 一、教学案例：新闻中的财经——“一带一路”

### （一）课程背景与目标

“一带一路”，指中国与亚太以至东北非及欧洲广大国家和地区互联互通、互利合作的广泛概念。“一带”即“丝绸之路经济带”，指中国与经过中亚直至欧洲的古代“丝绸之路”所及区域经济合作；“一路”即“21世纪海上丝绸之路”，涵盖中国与东南亚、到印度洋以至地中海区域合作。“一带一路”辐射范围涵盖东盟、南亚、西亚、中亚、北非和欧洲，总人口约44亿，经济总量21万亿美元，分别占全球的63%和29%。

通过本课程的学习，要求学生了解“一带一路”的简介及其历史由来，了解为什么当前需要进行“一带一路”建设，以及该如何进行“一带一路”建设。

### （二）课程领域

经济学、社会学、政治学、地理、历史。

### （三）课程任务

任务1：查阅资料了解“一带一路”的简介及其历史。

任务2：小组讨论，为什么当前要进行“一带一路”建设。

任务 3:课后完成一篇小论文,谈谈自己对"一带一路"的理解。

**(四)教学时间**

6 小时。

**(五)教学流程图**

1."一带一路"简介

(1)什么是"一带一路";

(2)"一带一路"的历史由来国;

(3)核心理念;

(4)"一带一路"顶层框架。

2. 为什么要搞"一带一路"

(1)原有出口导向模式的六大困局

①人民币升值双重受压,出口优势减弱;

②劳动力比较优势的逐渐丧失;

③欧美市场的波动与萎缩;

④美国战略转变带来的挑战;

⑤国际关系恶化,威胁海运通道;

⑥国内困局。

(2)中国战略转型:海权与陆权的双轮驱动

①中国未来 10 年大战略的前提条件;

②陆权战略的实质是建立对冲;

③"一带一路"就是陆权战略的具体体现。

3. 如何搞"一带一路":亚投行和高铁

(1)亚投行

①亚投行的简介;

②欧洲大国申请加入亚投行;

③亚投行的经济意义;

④亚投行带动的出口与投资收益;

⑤外交意义。

(2)高铁

①当前对高铁的态度；

②以中国主导的铁路将改变21世纪国际国内政治经济基本格局；

③中国高铁海内外布局；

④国外的高铁战略方面。

**(六)教学实录(节选)**

## "一带一路"倡议与我国经济社会发展战略转型

上海财经大学人文学院　刘长喜

一、"一带一路"简介

1. 什么是"一带一路"

"一带一路"指中国与亚太以至东北非及欧洲广大国家和地区互联互通、互利合作的广泛概念。"一带"即"丝绸之路经济带",指中国与经过中亚直至欧洲的古代"丝绸之路"所及区域经济合作。"一路"即"21世纪海上丝绸之路",涵盖中国与东南亚、到印度洋以至地中海区域合作。"一带一路"辐射范围涵盖东盟、南亚、西亚、中亚、北非和欧洲,总人口约44亿,经济总量21万亿美元,分别占全球的63%和29%。

2."一带一路"的历史由来

1877年,德国地质地理学家李希霍芬在其著作《中国》一书中,把"从公元前114年至公元127年间,中国与中亚、中国与印度间以丝绸贸易为媒介的这条西域交通道路"命名为"丝绸之路",这一名词很快被学术界和大众所接受,并正式运用。

2015年9月23日,据国家发改委消息,国家发改委会同外交部、商务部等部门对"一带一路"英文译法进行了规范。

(1)在对外公文中,统一将"丝绸之路经济带和21世纪海上丝绸之路"的英文全称译为"the Silk Road Economic Belt and the 21st-Century Maritime Silk Road","一带一路"简称译为"the Belt and Road",英文缩写用"B&R"。

(2)"倡议"一词译为"initiative",且使用单数。不使用"strategy""project"

“program”“agenda”等措辞。

2013年9月7日，国家主席习近平在哈萨克斯坦纳扎尔巴耶夫大学作题为“弘扬人民友谊 共创美好未来”的演讲，提出共同建设“丝绸之路经济带”。2013年10月3日，习近平主席在印度尼西亚国会发表题为“携手建设中国—东盟命运共同体”的演讲，提出共同建设“21世纪海上丝绸之路”。“丝绸之路经济带”和“21世纪海上丝绸之路”简称“一带一路”倡议。

3. 核心理念

古丝绸之路绵亘万里，延续千年，积淀了以和平合作、开放包容、互学互鉴、互利共赢为核心的丝路精神。这是人类文明的宝贵遗产。

——习近平在“一带一路”国际合作高峰论坛开幕式上的演讲

《携手推进“一带一路”建设》，2017年5月14日

4.“一带一路”顶层框架

(1)五大方向

一是从中国西北、东北经中亚、俄罗斯至欧洲、波罗的海；

二是从中国西北经中亚、西亚至波斯湾、地中海；

三是从中国西南经中南半岛至印度洋；

四是从中国沿海港口过南海，经马六甲海峡到印度洋，延伸至欧洲；

五是从中国沿海港口过南海，向南太平洋延伸。

(2)“六廊”

六大国际经济合作走廊：新亚欧大陆桥、中蒙俄、中国—中亚—西亚、中国—中南半岛、中巴、孟中印缅经济走廊。

(3)“六路”

公路、铁路、航运、航空、管道、空间综合信息网络，是基础设施互联互通的主要内容。

(4)“多国”

一批先期合作国家，争取示范效应，体现合作成果。

(5)“多港”

共建一批重要港口和节点城市，繁荣海上合作。

二、为什么要搞“一带一路”

（一）原有出口导向模式的六大困局

1. 人民币升值双重受压，出口优势减弱

发达国家对华贸易逆差使人民币升值受压于发达国家；发展中国家与华争夺出口市场，使人民币升值受压于发展中国家；人民币兑美元每升值 10%，其他发展中国家出口到美国的某项产品就会平均增长 1.5%—2%。有些情况下，人民币兑美元每升值 10%，其他发展中国家对美国的出口最高会增长 6%。

2. 劳动力比较优势的逐渐丧失

案例：墨西哥制作取代中国制造？

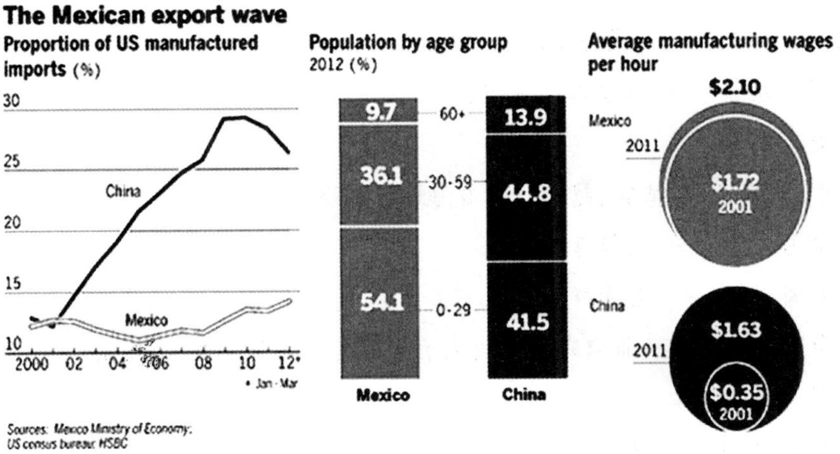


**图 5—9 上课课件节选**

2009 年，墨西哥超过韩国和中国，成为世界第一大平板电视生产国。物品体积越大，在墨西哥生产就越划算。Global Trade Atlas 表示，墨西哥还是双开门冰箱的第一大生产国。学者预测，2018 年墨西哥将取代中国成为美国第一大进口国。

3. 欧美市场的波动与萎缩

4. 美国战略转变带来的挑战

(1)反恐战略的新变化;

(2)美国制造业的回归;

(3)美国重返亚太;

(4)美国主导国际游戏规则的重大转变;

(5)美国优先战略与中美贸易战。

美国重返亚太,形成中国包围圈。美国总统奥巴马2011年出访亚太地区时发表声明指出,未来美国将在亚太地区扩充军备驻扎,此次扩充是继越南战争后美国在亚太地区最大规模的军事部署。美国这次重返亚太的战略制定,旨在亚太地区寻求同盟成员国,尤其是那些在南海问题上与中国有摩擦的东南亚国家。

5. 国际关系恶化,威胁海运通道

(1)美国重返亚太,与中国贸易军事双抗衡。

(2)领海主权争议,威胁石油海运通道。

①领海主权争议,威胁海运通道。

一是南海争端。

● 中国、泰国、菲律宾、越南——沿海地区争端

● 中国、越南——北部湾争端

● 中国、越南——西沙群岛争端

● 中国、马来西亚、菲律宾、越南、文莱——南沙群岛争端

二是钓鱼岛争端。

● 中国、日本——岛屿主权

②领海主权争议,威胁石油海运通道。

中国80%以上的石油进口来源于海运,未来中国每天近千万桶的石油进口需求需要数以千计的船只往来于霍尔木兹海峡、马六甲海峡和南海海域。

6. 国内困局

(1)东部发展的瓶颈:土地;劳动力成本;原有出口导向困局;环境污染。

(2)西部发展的滞后。

(3)新疆问题的突出。

## (七)教学评价

1. 财经素养评价

依托本学科本专题财经素养可视化表格。

表 5—7 《新闻中的财经——“一带一路”》财经素养可视化表格

| 学段知识模块 | | 个体与社会 | 货币与金融 | 收入与消费 | 投资与风险 | 价值与提升 |
|---|---|---|---|---|---|---|
| 高中 | 知识 | 古丝绸之路绵亘万里，延续千年，积淀了以和平合作、开放包容、互学互鉴、互利共赢为核心的丝路精神 | “一带一路”辐射范围涵盖东盟、南亚、西亚、中亚、北非和欧洲，总人口约 44 亿，经济总量 21 万亿美元，分别占全球的 63% 和 29% | 未来 10 年亚太地区每年有大约 8000 亿美元的基础设施投资需求，亚投行拥有巨大的发挥空间 | 亚投行总部设在北京。法定资本 1000 亿美元，中国出资 500 亿美元 | 从社会新闻中挖掘背后的财经知识，培养从财经视角分析研究问题的能力 |
| | 能力 | 1. 关注时事，了解“一带一路”的简介及其历史由来，了解为什么当前需要进行“一带一路”建设，以及该如何进行“一带一路”建设；<br>2. 通过查阅资料、互动讨论，提高分析问题的能力，并能从不同维度深化对问题的理解与认识；<br>3. 从社会新闻中发现问题并研究问题。拓展财经视野，培育良好的财经品质，提升财经素养。 | | | | |
| | 思维 | 关注时政，培养理性看待社会问题的能力，培养辩证看待事物的能力。 | | | | |
| | 价值观 | 将课本内所学的各科知识应用于实际问题的分析之中，拓展财经视野、培养财经品质、提升财经素养。 | | | | |

2. 财经素养与社会责任融合评价

“一带一路”战略目标是要建立一个政治互信、经济融合、文化包容的利益共同体、命运共同体和责任共同体，是包括欧亚大陆在内的世界各国构建一个互惠互利的利益、命运和责任共同体。“一带一路”是中国与丝路沿途国家分享优质产能，共商项目投资、共建基础设施、共享合作成果，内容包括“五通”，即道路联通、贸易畅通、货币流通、政策沟通、人心相通，肩负着三大使命，即探寻经济增长之道、实现全球化再平衡、开创地区新型合作。学生通过课程的学习，了解“一带一路”的简介及其历史由来，了解为什么当前需要进行“一带一路”建设，以及该如何进行“一带一路”建设。关注时政，拓展财经视野，培养财经品质，提升财经素养。

## (八)学生感悟

从成为北郊学子的那一刻起，我就期待着进入财经创新班，聆听财经课。由上海财经大学的教授来讲授财经知识，想必是专业又有趣的。果不其然，上财经课至今，每位教授各具风格，带我领略了财经相关的不同专业之美。

在几位教授中，最令我印象深刻的是刘长喜教授和叶巍岭教授。主讲经济社会学的刘教授风趣幽默，让同学们沉浸在课堂中。他将专业学问与时事相结合，联系C919大飞机、"一带一路"倡议，使我增长经济社会学知识的同时，也让我明白国家大事的背后其实有很多门道可以分析、探究，平时在听到新闻时也应多加思考。前些日子中美贸易战爆发时，我与父母谈论、阅览专家分析，将贸易战了解得更加透彻，这也是受益于刘教授，是他的课堂带给我主动思考的习惯。

感谢财经课，使我不仅学之还实践之，在增长我的知识、拓宽视野的同时助益于我的日常生活。课上所学的知识或许终有一天会忘记，但得益于课堂而印入骨髓的习惯与思想将使我受益终生。

——胡天仪

每周周五下午最后一节课，总有着一些特殊的意义，它象征着一周辛苦的学习接近尾声，忙碌了整整五天的莘莘学子终于等到了可以稍微放松一下的时间。而对于北郊高中财经创新班的我们来说，每周五的最后一节课，是大家拓展课外知识面的绝佳机会，同一年级的两个财经班齐聚一堂，聆听来自上海财经大学的教授们所教授的财经知识。每一位教授的上课方式都别具风格，也都让我有很大的收获。

我非常感谢学校给我这样一个难得的机会去学习像财经课这样的课程，它锻炼了我的思维，拓宽了我的知识面，同时也提升了我的学习能力，相信这门课程会让我受益终身。

——管海青

## 二、教学案例：经济社会学——人口老龄化

### （一）课程背景与目标

所谓人口老龄化，是指老年人口占总人口的比重不断增长的一个过程。联合国教科文组织规定，一个国家（地区）的65岁以上的人口占人口总数的7%以上，或60岁以上的人口占人口总数的10%以上，这个国家（地区）就进入了老龄化社会。

65 岁及以上占总人口 14%(或 60 岁及以上占总人口 20%),就是老龄社会(或高龄化、深度老龄化);65 岁及以上占 21%(或 60 岁及以上占总人口 30%),就是高龄社会(或超老龄化)。

通过课程教学,让学生了解人口老龄化的含义,正确看待中国的人口老龄化状况,进一步让学生了解上海的人口老龄化状况以及相应特征。人类人口迅速发展,人口老龄化趋势已经来临,指导学生辩证看待人口老龄化问题。

人口老龄化是世界现象,是人类社会发展的必然趋势。21 世纪也被认为是人口老龄化的时代。人口老龄化是人类社会难以抗拒的发展阶段,但又是一种可预测的社会现象。

**(二)课程领域**

经济学、社会学、人口统计学。

**(三)课程任务**

任务一:小组讨论"人口多是负担吗";

任务二:查阅人口老龄化的相关资料;

任务三:辩论如何看待"中国停止限制生育甚至鼓励生育"。

**(四)教学时间**

6 小时。

**(五)教学流程图**

1. 讨论:人口多是负担吗。

2. 人口红利期面临结束。

3. 人口老龄化的挑战:

(1)人口老龄化;

(2)中国的人口老龄化状况;

(3)上海的人口老龄化状况;

(4)上海人口老龄化的特征;

(5)老龄化带来哪些挑战。

4. 辩论:中国为什么停止限制生育甚至鼓励生育。

### (六)教学实录(节选)

## 人口老龄化带来的经济社会挑战

上海财经大学人文学院　刘长喜

1. 讨论:人口多是负担吗

2. 人口红利期面临结束

过去三十多年我国这个世界人口第一大国正处于人口红利期,劳动力资源丰富且低廉成为世界工厂和世界经济增长的引擎。所谓“人口红利”,是指一个国家的劳动年龄人口占总人口比重较大,抚养率比较低,为经济发展创造了有利的人口条件,整个国家的经济呈高储蓄、高投资和高增长的局面。学术界一般使用总抚养比小于50%(14岁及以下少儿人口与65岁及以上老年人口之和除以15—64岁劳动年龄人口)为人口红利时期。

3. 人口老龄化的挑战

(1)人口老龄化

所谓人口老龄化,是指老年人口占总人口的比重不断增长的一个过程。联合国教科文组织规定,一个国家(地区)的65岁以上的人口占人口总数的7%以上,或60岁以上的人口占人口总数的10%以上,这个国家(地区)就进入了老龄化社会。65岁及以上占总人口14%(或60岁及以上占总人口20%),就是老龄社会(或高龄化、深度老龄化);65岁及以上占21%(或60岁及以上占总人口30%),就是高龄社会(或超老龄化)。人口老龄化是世界现象,是人类社会发展的必然趋势。21世纪也被认为是人口老龄化的时代。人口老龄化是人类社会难以抗拒的发展阶段,但又是一种可预测的社会现象。

(2)中国的人口老龄化状况

2000年中国步入老龄化社会,60岁及以上人口达1.3亿人,占总人口10.2%;2017年年末中国大陆总人口(包括31个省、自治区、直辖市和中国人民解放军现役军人,不包括香港、澳门特别行政区和台湾省以及海外华侨人数)139008万人,比上年末增加737万人。从年龄构成看,16—59周岁的劳动年龄人口为90199万人,占总人口的比重为64.9%;60周岁及以上人口24090万人,占总人口的17.3%,其中65周岁及以上人口15831万人,占总人口的11.4%。

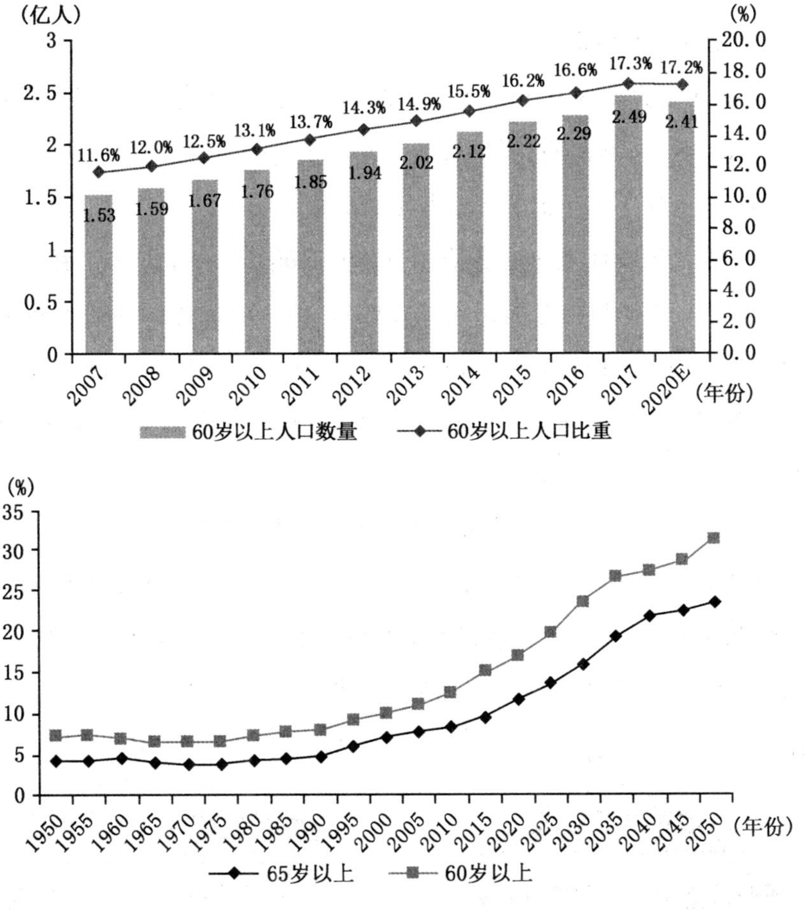


**图 5—10　中国人口老龄化状况分析**

(3)上海的人口老龄化状况

上海于 1979 年率先全国进入人口老龄化社会，一直是全国老龄化程度最高的地区，目前正面临人口快速老龄化和老年人口高龄化的巨大挑战。

截至 2017 年 12 月 31 日，上海全市户籍人口 1456.35 万人，其中：

60 岁及以上老年人口 483.60 万人，占总人口的 33.2%；

65 岁及以上老年人口 317.67 万人，占总人口的 21.8%；

70 岁及以上老年人口 197.71 万人，占总人口的 13.6%；

80 岁及以上高龄老年人口 80.58 万人，占 60 岁及以上老年人口的 16.7%，占总人口的5.5%。

(4)老龄化带来哪些挑战

经济层面:劳动力成本上升;消费不足;经济降速甚至负增长;养老金压力凸显。

社会层面:老人日常照料;医疗服务压力;养老服务压力;家庭不堪重负。

4. 辩论:中国为什么停止限制生育甚至鼓励生育

(1)回顾各个阶段:①鼓励生育阶段(1949—1953年);②节制生育与反复阶段(1954—1959年);③计划生育思想复苏阶段(1960—1969年);④计划生育政策起步和趋紧阶段(1970—1984年春);⑤全面的独生子女政策;⑥2011年11月,中国各地全面开放双独二孩政策;⑦2013年12月,中国开放单独二孩政策;⑧2015年10月,十八届五中全会全面放开二胎。

(2)1980年9月25日,以中共中央发表的《中共中央关于控制我国人口增长问题致全体共产党员、共青团员的公开信》为标志开始进一步收紧生育政策,将20世纪70年代"最多两个"转变为严格控制生育第二个孩子和独生子女政策。

(3)2005年中国、日本、美国、印度年龄结构。

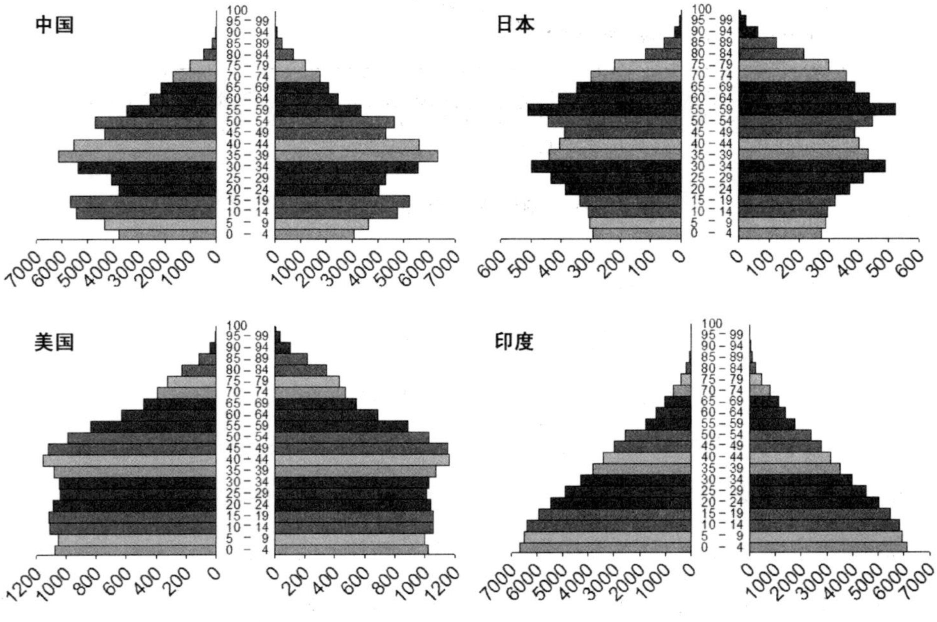


**表5—11 2005年中国、日本、美国、印度年龄结构**

(4)性别失衡。

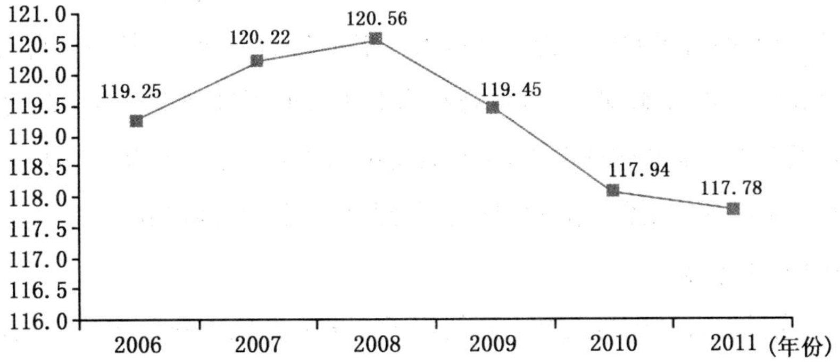


**表 5—12　男女性别比例分析**

## (七)教学评价

1. 财经素养评价

依托本学科本专题财经素养可视化表格。

**表 5—8　《经济社会学——人口老龄化》财经素养可视化表格**

| 学段知识模块 | | 个体与社会 | 货币与金融 | 收入与消费 | 投资与风险 | 价值与提升 |
|---|---|---|---|---|---|---|
| 高中 | 知识 | 人口老龄化是世界现象，是人类社会发展的必然趋势。21 世纪也被认为是人口老龄化的时代 | 人口老龄化使国家负老前行，在经济层面和社会层面都面临巨大的挑战 | 人类人口迅速发展，人口老龄化趋势已经来临，会辩证看待人口老龄化问题，理性消费 | 人口老龄化是人类社会难以抗拒的发展阶段，在此大环境下，分析投资风险 | 利于城市完善社会保障体制建设，应对老龄化对城市发展的冲击，培养从财经视角研究问题的能力 |
| | 能力 | 1. 正确认识人口老龄化现象，了解我国人口老龄化的现状；<br>2. 通过辩论阐述自己的看法，并能从不同维度深化对问题的理解与认识；<br>3. 从社会现象中发现问题，拓展财经视野，培育良好的财经品质，提升财经素养。 | | | | |
| | 思维 | 培养理性看待社会问题的能力，培养辩证看待事物的能力。 | | | | |
| | 价值观 | 有意识地将课本内所学的各科知识应用于实际生活，拓展财经视野，培养学生的社会责任和财经品质，并进一步提升财经素养。 | | | | |

2. 财经素养与社会责任融合评价

人口老龄化是社会经济发展、人民生活水平提高和医疗卫生条件改善、科学技术进步、生育水平下降和期望寿命延长的结果，是一种不可避免的趋势。人口老龄化虽然在一定程度上体现了社会的进步，但是会相应地带来一系列严重的社会问题。人口老龄化所带来的问题，不仅是成年人自身的问题，也会牵涉到政治、经济、文化和社会发展诸多方面。为了适应人口老龄化的发展，许多国家或地区都在积极探索和制定相应的政策，全世界都在为老年事业积极努力。学生通过课程的学习，正确理解人口老龄化的含义，正确看待中国的人口老龄化状况。从社会现象中发现问题，拓展财经视野，培育良好的财经品质，提升财经素养。

**（八）学生感悟**

自从我得知自己成为上财北郊的学子并进入财经创新班的那一刻，我便开始期待着财大教授们的财经课。想来便可知，由上海财经大学的教授所上的财经课一定是专业中带着风趣的。果不其然，上财经课的一年以来，每一位教授的授课都风格迥异，让我通过他们的课程领略到了财经在不同方面上的美。

在几位教授之中，令我印象最为深刻的便是刘长喜教授了。作为第一位被我们所接触到的财经教授，他所讲的财经社会学风趣幽默，使得我对接下来的课程更为期待。他的课程并非是枯燥难懂的大道理，反而是将专业与时事结合在了一起，将专业的知识与 C919 大飞机相结合，也使得我们对财经的兴趣如同中国的大飞机一般升空。在增长财经社会学的知识的同时，也开始关注时事，明白了国家大事背后所蕴含着的诸多门道，给我带来了关心时事并且主动思考的好习惯。

感谢财经课，使我在学习财经知识拓宽自身视野的同时也助益于我的日常生活。我不求观滴水可知沧海，只求能略窥一斑，仅仅是这一点，也得以使我受益终身。

——何馨宁

至今我都认为，具有上海财经大学附属北郊高级中学财经特色的财经拓展课是对我们影响颇深的。

首先，能够在每周五参加这样一堂课程，我是感到十分荣幸的。每位来上课的老师所做的自我介绍总能让我眼前一亮，不仅因为他们的资历之深，更是每个老师所独有的特色。每位老师所教授的内容也是不同的，却都是饱含文章的。

每个老师都有自己的风格和特点，我就不一一列举了，但值得庆幸的是，每堂课都是那么的幽默风趣，让我们在知识的海洋中遨游。在授课的同时，他们又作为我们的长辈，像我们的指路明灯，也给出我们关于学习和做人方面的建议，说是财经课，却又深化了我们自己的内涵，造就了我们的灵魂。财经课对我们的意义并非一言两语可以表达的，我希望在往后的财经课堂中可以学到更多。

——张宇航

## 三、教学案例：财经法学——经济刑法：网络犯罪

### （一）课程背景与目标

网络犯罪是指行为人运用计算机技术，借助于网络对其系统或信息进行攻击，破坏或利用网络进行其他犯罪的总称。既包括行为人运用其编程、加密、解码技术或工具在网络上实施的犯罪，也包括行为人利用软件指令。网络系统或产品加密等技术及法律规定上的漏洞在网络内外交互实施的犯罪，还包括行为人借助于其居于网络服务提供者特定地位或其他方法在网络系统实施的犯罪。简言之，网络犯罪是针对和利用网络进行的犯罪，网络犯罪的本质特征是危害网络及其信息的安全与秩序。2019 年 10 月，最高人民法院、最高人民检察院联合对外发布《最高人民法院、最高人民检察院关于办理非法利用信息网络、帮助信息网络犯罪活动等刑事案件适用法律若干问题的解释》，并公布了 4 起非法利用信息网络罪、帮助信息网络犯罪活动罪典型案例。

通过本课程的学习，要求学生了解网络犯罪的发展阶段、网络犯罪的特征，以及我国网络犯罪的法律规范、网络犯罪司法解释与规范性文件，并借助具体案例进行释法。

### （二）课程领域

经济学、法学。

### （三）课程任务

任务 1：查阅资料，了解计算机犯罪与网络犯罪。

任务 2：任选一个案例，小组讨论，谈谈自己的看法。

### （四）教学时间

6 小时。

**(五)教学流程图**

1. 网络犯罪的发展阶段。

2. 计算机犯罪还是网络犯罪？工具犯还是对象犯？

(1)前网络时代的计算机犯罪与刑法应对：计算机软件的出现与保护；

(2)网络犯罪的两个前期发展阶段：网络作为“犯罪对象”和作为“犯罪工具”；

(3)网络犯罪；

(4)网络犯罪的类型。

3. 网络平台思维与犯罪空间的生成：当前刑法面临的挑战。

(1)网络平台思维的兴起和影响；

(2)网络平台思维在刑法上的映射：犯罪空间的生成和变异。

4. 云技术思维与网络犯罪的代际跃升：初见端倪的挑战。

(1)挑战之一：云端成为犯罪对象；

(2)挑战之二：云端成为犯罪工具。

5. 网络思维的变革与刑法的调整方向。

6. 网络犯罪的特征。

7. 我国网络犯罪的法律规范。

8. 网络犯罪司法解释与规范性文件。

9. 刑法关于网络犯罪的专门规定。

10. 我国网络犯罪的主要形态。

11. 案例释法。

**(六)教学实录(节选)**

**虚拟世界的疯狂——网络犯罪的刑法治理**

上海财经大学法学院　李　睿

一、网络犯罪的发展阶段

1994年4月20日，中国通过一条64K国际专线接入世界，网络不再仅仅只是信息交流和传播的媒介、基本生活和工作的平台，它很大程度上已经摆脱工具理性的束缚，转而开始制约乃至塑造人类社会的基本关系网络和组织形态。

技术成为新的社会范式，严重冲击着传统的制度体系。

二、计算机犯罪还是网络犯罪，工具犯还是对象犯

（一）前网络时代的计算机犯罪与刑法应对：计算机软件的出现与保护

侵犯著作权罪，打击未经著作权人许可复制发行计算机软件的行为。

（二）网络犯罪的两个前期发展阶段：网络作为“犯罪对象”和作为“犯罪工具”

1. 互联网 1.0 时期：“系统”作为“犯罪对象”——计算机犯罪：非法侵入计算机信息系统罪、破坏计算机信息系统罪；

2. 互联网 2.0 时期：“网络的工具化”+“传统犯罪的网络异化”——网络犯罪：利用网络实施的财产犯罪。

（三）网络犯罪

1. 互联网 1.0 时期

(1)此时和此种类型的计算机犯罪，实际上是指只能针对计算机信息系统所实施的犯罪，例如，非法侵入计算机信息系统罪、破坏计算机信息系统罪等；

(2)“计算机犯罪”和“网络犯罪”的概念并存，但是仍有区分和差异；

(3)无论是立法还是司法上，更为关注和予以严厉制裁的是“计算机犯罪”而不是“网络犯罪”；

(4)从刑事立法中第 285、286、287 条的法条地位来看，第 285、286 条的法条地位远远重于第 287 条，前两个条文成为立法、司法的检视中心，而第 287 条则处于似乎可有可无的地位。

2. 互联网 2.0 时期

(1)《刑法》第 287 条的地位日益突出。《刑法》第 287 条规定：“利用计算机实施金融诈骗、盗窃、贪污、挪用公款、窃取国家秘密或者其他犯罪的，依照本法有关规定定罪处罚。”

(2)专门解决定性问题的单行刑法的出台。《关于维护互联网安全的决定》，以“立法解释”型单行刑法的形式，对于网络作为“犯罪工具”的定性问题进行了整体解释。

(3)定量规则的逐步搭建。

(四)网络犯罪的类型

1. 对象型网络犯罪(纯正网络犯罪)

《刑法》第285条、第286条规定:非法侵入计算机信息系统罪;破坏计算机信息系统罪;非法获取计算机系统数据罪;非法控制计算机信息系统罪;为非法侵入、控制计算机信息系统提供程序、工具罪……

2. 工具型网络犯罪(不纯正网络犯罪)

《刑法》第287条规定:以网络作为犯罪工具和手段,实施的破坏社会主义市场经济秩序和妨害社会管理秩序的犯罪;侵犯公民人身、民主权利、财产安全等合法权利的犯罪……

三、网络平台思维与犯罪空间的生成:当前刑法面临的挑战

(一)网络平台思维的兴起和影响

(二)网络平台思维在刑法上的映射:犯罪空间的生成和变异

1. 网络成为犯罪空间:司法解释中的摸索性应对

2. 网络成为犯罪空间:刑法理论的现实挑战

(1)提供"犯罪空间"的行为将会大量出现;

(2)提供"犯罪空间"的行为在评价上将会是个难点。

四、云技术思维与网络犯罪的代际跃升:初见端倪的挑战

(一)挑战之一:云端成为犯罪对象

1. 问题的第一个侧面:《刑法》第285条第2款和第286条第2款意在保护"数据"安全,构成了目前关于"计算机信息系统数据"的保护体系。

2. 问题的第二个侧面:数据存在于云端,是否属于"数据"。

(二)挑战之二:云端成为犯罪工具

五、网络思维的变革与刑法的调整方向

1. 网络犯罪的传统刑法反应:"双轨三点四线"模式。

2. 刑法反应的指导理念:应当快速从"软件、系统"思维跃升为"网络思维"。

3. 刑法反应的根本:以网络犯罪的三种基本类型为逻辑起点。

六、网络犯罪的特征

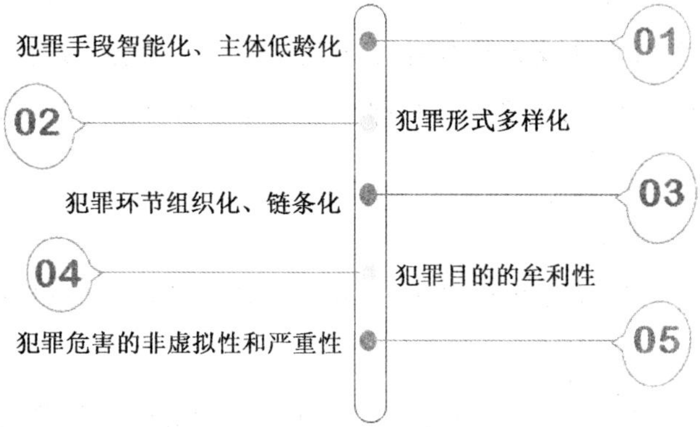


**图 5—13　上课课件节选**

七、案例释法

(一)李某某破坏计算机信息系统案

1. 关键词

破坏计算机信息系统;劫持域名。

2. 基本案情

被告人李某为牟取非法利益,预谋以修改大型互联网网站域名解析指向的方法,劫持互联网流量访问相关赌博网站,获取境外赌博网站广告推广流量提成。

2014 年 10 月 20 日,李丙龙冒充某知名网站工作人员,采取伪造该网站公司营业执照等方式,骗取该网站注册服务提供商信任,获取网站域名解析服务管理权限。

10 月 21 日,李丙龙通过其在域名解析服务网站平台注册的账号,利用该平台相关功能自动生成了该知名网站二级子域名部分 DNS(域名系统)解析列表,修改该网站子域名的 IP 指向,使其连接至自己租用境外虚拟服务器建立的赌博网站广告发布页面。

当日 19 时许,李丙龙对该网站域名解析服务器指向的修改生效,致使该网站不能正常运行。23 时许,该知名网站经技术排查恢复了网站正常运行。11 月 25 日,李丙龙被公安机关抓获。至案发时,李丙龙未及获利。

司法鉴定:该知名网站共有 559 万有效用户,其中邮箱系统有 36 万有效用户。

按日均电脑客户端访问量计算，10 月 7 日至 10 月 20 日邮箱系统日均访问量达 12.3 万。李丙龙的行为造成该知名网站 10 月 21 日 19 时至 23 时长达四小时左右无法正常发挥其服务功能，案发当日仅邮件系统电脑客户端访问量就从 12.3 万减少至 4.43 万。

3. 诉讼过程和结果

2015 年 11 月 4 日：徐汇区法院作出判决，认定李某的行为构成破坏计算机信息系统罪。

根据《最高人民法院、最高人民检察院关于办理危害计算机信息系统安全刑事案件应用法律若干问题的解释》第四条规定，李某的行为符合“造成为五万以上用户提供服务的计算机信息系统不能正常运行累计一小时以上”“后果特别严重”的情形。结合量刑情节，判处李丙龙有期徒刑五年。一审宣判后，被告人提出上诉，上海市一中院终审裁定，维持原判。

4. 要旨

以修改域名解析服务器指向的方式劫持域名，造成计算机信息系统不能正常运行，是破坏计算机信息系统的行为。

5. 指导意义

修改域名解析服务器指向，强制用户偏离目标网站或网页进入指定网站或网页，是典型的域名劫持行为。行为人使用恶意代码修改目标网站域名解析服务器，目标网站域名被恶意解析到其他 IP 地址，无法正常发挥网站服务功能，这种行为的实质是对计算机信息系统功能的修改、干扰，符合《刑法》第 286 条第 1 款规定。

6. 相关法律规定

●《中华人民共和国刑法》

第二百八十六条 违反国家规定，对计算机信息系统功能进行删除、修改、增加、干扰，造成计算机信息系统不能正常运行，后果严重的，处五年以下有期徒刑或者拘役；后果特别严重的，处五年以上有期徒刑。

●《最高人民法院、最高人民检察院关于办理危害计算机信息系统安全刑事案件应用法律若干问题的解释》

第四条 破坏计算机信息系统功能、数据或者应用程序，具有下列情形之一的，应当认定为刑法第二百八十六条第一款和第二款规定的“后果严重”：如第四条造成为一百台以上计算机信息系统提供域名解析、身份认证、计费等基础服务或者为一万以上用户提供服务的计算机信息系统不能正常运行累计一小时以上的。实施前款规定行为，具有下列情形之一的，应当认定为破坏计算机信息系统“后果特别严重”：如第二条造成为五百台以上计算机信息系统提供域名解析、身份认证、计费等基础服务或者为五万以上用户提供服务的计算机信息系统不能正常运行累计一小时以上的。

（二）董某等四人诈骗案

1. 关键词

诈骗；自我交易；打车软件；骗取补贴。

2. 基本案情

被告人：董某，男，1981 年 9 月生；谈某，男，1984 年 7 月生；高某，男，1974 年 12 月生；宋某，女，1977 年 4 月生。

2015 年，某网约车平台注册登记司机董某、谈某、高某、宋某，分别用购买、租赁未实名登记的手机号注册网约车乘客端，并在乘客端账户内预充打车费一二十元。随后，他们各自虚构用车订单，并用本人或其实际控制的其他司机端账户接单，发起较短距离用车需求，后又故意变更目的地延长乘车距离，致使应付车费大幅提高。

由于乘客端账户预存打车费较少，无法支付全额车费。网约车公司为提升市场占有率，按照内部规定，在这种情况下由公司垫付车费，同样给予司机承接订单的补贴。

四被告人采用这一手段，分别非法获取网约车公司垫付车费及公司给予司机承接订单的补贴。董某获取 40664.94 元，谈某获取 14211.99 元，高某获取 38943.01 元，宋某获取 6627.43 元。

3. 诉讼过程和结果

2016 年 4 月 18 日，上海市普陀区人民法院判决认定：

被告人董某、谈某、高某、宋某的行为构成诈骗罪，综合考虑四被告人到案后能如实供述自己的罪行，依法可从轻处罚，四被告人家属均已代为全额退赔赃款，可酌情从轻处罚，分别判处被告人董亮有期徒刑一年，并处罚金人民币一千元；被告人谈申贤有期徒刑十个月，并处罚金人民币一千元；被告人高炯有期徒刑一年，并处罚金人民币一千元；被告人宋瑞华有期徒刑八个月，并处罚金人民币一千元；四被告人所得赃款依法发还被害单位。

一审宣判后，四被告人未上诉，判决已生效。

4. 要旨

以非法占有为目的，采用自我交易方式，虚构提供服务事实，骗取互联网公司垫付费用及订单补贴，数额较大的行为，应认定为诈骗罪。

5. 指导意义

当前，网络约车、网络订餐等互联网经济新形态发展迅速。一些互联网公司为抢占市场，以提供订单补贴的形式吸引客户参与。某些不法分子采取违法手段，骗取互联网公司给予的补贴，数额较大的，可以构成诈骗罪。

在网络约车中，行为人以非法占有为目的，通过网约车平台与网约车公司进行交流，发出虚构的用车需求，使网约车公司误认为是符合公司补贴规则的订单，基于错误认识，给予行为人垫付车费及订单补贴的行为，符合诈骗罪的本质特征，是一种新型诈骗罪的表现形式。

6. 相关法律规定

●《中华人民共和国刑法》

第二百六十六条 诈骗公私财物，数额较大的，处三年以下有期徒刑、拘役或者管制，并处或者单处罚金；数额巨大或者有其他严重情节的，处三年以上十年以下有期徒刑，并处罚金；数额特别巨大或者有其他特别严重情节的，处十年以上有期徒刑或者无期徒刑，并处罚金或者没收财产。本法另有规定的，依照规定。

### （七）教学评价

1. 财经素养评价

依托本学科本专题财经素养可视化表格。

表 5—9 《财经法学——经济刑法:网络犯罪》财经素养可视化表格

| 学段知识模块 | | 个体与社会 | 货币与金融 | 收入与消费 | 投资与风险 | 价值与提升 |
|---|---|---|---|---|---|---|
| 高中 | 知识 | 网络技术成为新的社会范式,严重冲击着传统的制度体系,出现了网络脱序行为、网络违法行为、网络犯罪行为 | 利用计算机实施金融诈骗、盗窃、贪污、挪用公款、窃取国家秘密或者其他犯罪的,依照规定定罪处罚 | “网络的工具化”+“传统犯罪的网络异化”,网络犯罪即为利用网络实施的财产犯罪 | 通过对网络犯罪概念的界定,当前的网络犯罪行为主要概括为:侵犯网络经营秩序的行为,侵犯计算机信息系统的行为,侵犯计算机资产的行为,滥用网络的行为 | 以经济刑法介绍法律法规,培养从经济学角度分析研究相关网络犯罪法律问题的能力 |
| | 能力 | 1. 了解网络犯罪的发展阶段、特征,我国网络犯罪的法律规范,并借助具体案例进行释法。<br>2. 通过查阅资料、互动讨论,提高分析问题的能力,并能从不同维度深化对问题的认识。<br>3. 对于实际案例能够借助经济刑法开展研究,拓展财经视野,培育良好的财经品质,提升财经素养。 | | | | |
| | 思维 | 关注社会,培养理性看待社会问题的能力,培养辩证看待事物的能力。 | | | | |
| | 价值观 | 将课堂所学知识应用于实际问题的分析之中,拓展财经视野,提升财经素养。 | | | | |

2. 财经素养与社会责任融合评价

网络犯罪是利用计算机技术和网络技术实施的高科技犯罪,因此,防范网络犯罪应以技术治网、依法治网、以德治网。加强法制教育,在健全法制的同时,要大力宣传有关互联网方面的法律法规,使广大网民依法依规上网。网上交往的虚拟性,往往会淡化人们的道德观念,削弱人们的道德意识,导致人格虚伪。加强网络伦理道德教育,提倡网络文明,培养人们明辨是非的能力,使其形成正确的道德观,是预防网络犯罪的重要手段之一。如果进行法律知识普及的同时,更注重对人们的法律精神、法律观念的培养,则不仅在现实世界而且在网络世界中也会成为真正自觉守法的高素质群体。学生通过课程的学习,了解网络犯罪的发展阶段、网络犯罪的特征,以及我国网络犯罪的法律规范、网络犯罪司法解释与规范性文件,关注生活,拓展财经视野,培养财经品质,提升财经素养。

### (八)学生感悟

通过一年多的学习,我懂得了许多在课堂中无法获得的知识。原本以为财经法学课会是有些无聊的、仅谈法律的课，但教授的课却是十分生动有趣。从历史中的法律到现代的法律，从古代到现代，从国内到国外，教授列举了许许多多生动有趣的例子，把原本十分枯燥的法律讲解得活灵活现、生动形象。法律在我以前的印象中总是一副冷冰冰的样子，似乎法律是无情的、冷漠的。我只说对了一半，从教授的口中得知，法律是不可逾越的，但却可以融情于法、情法交融，把法律人性化、合理化，这样才可以谓之一部优秀的法律。从教授的口中我知道了太多的知识。

虽然这节课叫财经课，但从财经课我们学会的不仅仅是那些财经的知识，更有的是人生的哲理，从法律中看到人性的黑暗，更看到人性的光辉，知道世间的冷漠，却依旧知道我们如何乐观地面对生活。这可能远比知识本身重要得多了吧！

——邓业辉

在上财北郊学习和生活的一年多里，我有幸聆听了多位来自上海财经大学教授的财经拓展课程。沉浸在老师们精心构建的财经氛围中，我受益匪浅，不断提升自己的财经素养。

在这一年多的时间里，财经特色拓展课从不间断。从主讲《经济社会学》的刘长喜教授，到来自经济新闻系的林晖教授等等，他们中的每一位都有自己独特的教学风格和对一些财经热点的独到见解。上课时，我们与教授积极互动，讨论声此起彼伏；课间与课后，教授总会与我们亲切地交谈，询问我们对课程内容是否感兴趣、对课程还有何建议等。这一切都让我深切感受到学校与财大共同探索“高中大学贯通式财经人才培养模式”的益处。

正是学校这样致力于财经类课程的建设，培养了我们高中生对于财经方面的热点关注度。同时，利用情景式的学习模式，提升了我们的财经思维能力，利用创新思维，提升了我们的财经素养。

而财经拓展课程，只是学校为我们提供的平台之一。财经素养的培育并非一朝一夕，它融于我们的日常学习与生活中。上学期，我参加了学校举办的“上财北郊杯高中生商业大赛”。从中，我又收获了不少，在培育财经素养的同时，团队协作等各方面的能力得到了提升。正如校领导所言，培育财经素养，创造幸福人生，将是我们上财北郊人的共同追求。

感谢学校为我们提供了诸如财经拓展课等培育财经素养的良好机会，我们将继续以“厚德博学”致“经济匡时”，以“百廿载汲人文以修身，千秋业稳财经而济世”为准则，不断前行！

——吴芷芊

## 第四节 财经核心课程实施的学生案例

经过财经核心素养课程的学习，学生共计完成财经类课题 37 个，参与完成学生 101 人。学生申报财经类课题数目逐年增加，财经课题质量也不断提升。接下来我们将从社会经济类、法学经济类、贸易实操类等方面节选我校优秀案例呈现给大家。

### 一、学生 MOOR 研究课题：社会经济类

#### (一)案例一

**标题：上海地区高中生奶茶消费研究**

学生：唐瑜扬 戴盈盈 成屹鸽

一、活动缘起及内容

(一)活动缘起

随着人们生活水平的提高，奶茶成为很多消费者逛街闲暇时的饮品选择。这就带来了巨大的市场消费需求。奶茶的消费场所广泛，无论是购物、餐饮、娱乐、外卖、办公，只需销售条件允许，便可销卖各种品类、不同价位的奶茶。奶茶消费的增长与商业、经济的增加密不可分。当一个国家和地区人均 GDP 超过 1.2 万美元后，就将会实现一次新型的消费升级。消费者未来对于非必需消费品(如奶茶)的需求，将会逐渐加大。同时，奶茶也是资本市场追逐的目标和热衷的宠儿，融资过亿的奶茶品牌就有如下几类：喜茶、奈雪的茶、因味茶、一点点等。奶茶市场的竞争愈演愈烈，很多品牌相继出现，在未来仍是一个充满巨大发展潜力的消费市场。

(二)活动意图

通过调研，了解上海地区高中生奶茶消费最多的人群及销量最高的口味被青睐的原因。知晓高中生对于奶茶口味选择和具体消费行为的看法。了解高中生在奶茶消费中关于健康和社交的考量。初步调研奶茶行业在未来市场中的创新发展。

(三)活动方案

(1)调研前期：检索高中生奶茶消费的相关文献，完成问卷与访谈提纲的设计。

(2)调研中期：利用“问卷星”完成网络问卷调研，在高中生群体中展开偶遇式访谈。

(3)调研后期：整理问卷数据与访谈内容，撰写调查报告。

(四)活动设备

“问卷星”软件、excel、录音笔及相关文具。

二、活动中获得的财经素养

通过本次调研活动，我们小组对提升奶茶店铺的经济收益有如下认识：

倾听消费者意见，把握市场消费热点。有压力才会有动力，市场竞争压力迫使商家们必须想方设法提升自己的店面，做得更好来吸引消费者。如果不知从哪里下手，消费者的意见是一个很好的出发点。顾客的意见很重要，商家可以收集他们的意见看看是否自己确实有做得不够好的地方，然后进行适当的改善。消费者总喜欢对比不同的奶茶店，最后择优选自己最满意的那家奶茶店进去消费。根据对奶茶市场和顾客满意度的调查数据，更快速精准地掌握顾客需求。

合理利用市场竞争机制，关注产品细节。在消费者对比的同时，商家也要对比自己和其他店面有什么差距，甚至要比消费者更早发现自身的不足，然后再加以改进。有时候差距并不是口味上的硬性差距，而是一些细节方面，例如奶茶店店面的卫生状况、店内人员的服务态度等。这些都是立刻可以改善的地方，细节处理会起到潜移默化的效果。有时候细节做得好会让消费者忽视奶茶的口味，而更看重奶茶店的店内环境。

三、活动过程及感悟

(一)活动过程

(1)消费群体分析；

(2)消费对象层次分析；

(3)奶茶价格分析；

(4)消费环境和消费习惯分析；

(5)奶茶产业创新发展分析。

(二)活动感悟

从消费者的角度看,选择的产品要有独特性、色香味相互中和,然后才是价格。饮品文化在快节奏都市人群中渐渐滋生,高校市场也成为饮品行业不可忽视的生力军。

调研中,我们设置问卷进行了调查,争取尽可能全面系统地分析上海地区高中生奶茶的消费行为以及市场状况。不足的地方在于,调查对象的样本范围还是不够面面俱到,调查的样本数略小,地区代表性有待提高。但是从一开始的问卷与访谈提纲设计到能够系统地收集、统计数据,再到较为全面地进行分析,对于我们来说都是成长。

### (二)案例二

## 标题:居民实施阶梯电价的情况及改进意见

学生:康慧瑶小组

一、活动缘起及内容

(一)活动缘起

“阶梯式”这三个字已逐渐成为一个热点名词。阶梯式水费、阶梯式电价、阶梯式退休……这些例子数不胜数,并且均与居民的日常生活有关。对于阶梯式用电量,国家发改委有关负责人说,我国资源产品价格严重偏低,是造成加工业经营粗放、浪费严重的重要原因之一。因此,资源产品价格充分地反映资源的稀缺程度、供求关系和环境成本,是转变发展方式、实现经济健康可持续发展的必然途径。资源价格改革的方向是要逐步建立由市场供求决定的价格机制。这些年来,电价市场化改革步伐大大加快,科学合理和公开透明的政府定价制度初步建立。发改委还将积极稳妥推进电价市场化进程，拟继续优化销售电价分类结构，减少交叉补贴，建立有利于节能减排、引导用户合理用电的电价体系。

（二）活动意图

了解居民阶梯式用电量的使用情况，使我们更能亲近生活。大多数情况下，付电费都是由父母完成，而这个课题可以使我们对电费、用电量有更深的了解。我们还希望针对调查的结果提出针对性意见，如根据居民生活要求改变电量梯度等。

（三）活动方案

全体组员收集电费单并进行汇总。康慧瑶、陈伊琪进行数据整理及分析。康慧瑶、曹蕾、蒋成钰、何逸琳进行问卷的制定及下发收集。康慧瑶、金钰、戴嵩婷进行采访及记录。全体成员进行最后的论文撰写等内容。

（四）活动设备

“问卷星”软件、excel 等办公软件。

二、活动中获得的财经素养

我们发现，在用电量方面，夏季与冬季的确为用电量高峰期，平时谷时用电比例差距较大，家庭人数对用电量影响较大。在对阶梯式电价了解程度方面，了解程度较低，绝大部分只了解大概，但整体对实施阶梯式电价的评价较为满意。因而，我们小组做出如下建议：(1)调整平谷时段及价格；(2)全年用电高峰出现的季节，加大供电量，全年用电低谷出现的季节，减小供电量；(3)以个人（常住人口）作为阶梯式用电量计量单位，而不是以户作为计量单位；(4)在社区及学校进行普及、推广，提高居民了解程度。

三、活动过程及感悟

（一）活动过程

我们的研究过程大致分为三个阶段：

(1)数据采集并分析；

(2)问卷调查；

(3)面对面采访。

我作为组长，参与了每一项活动，并进行了统筹安排。

(二)活动感悟

这是我们第一次研究一个课题,虽然在许多方面还很稚嫩,但是我们也完美地完成了这个挑战。从一开始的一知半解,到后来讨论中不断出现的金点子,我们也在不断成长。也许在收集并整理电费单的过程中,在整理时我们也会叫苦连天,但看到最后的成功与数据,这些苦也很值得;也许在制作问卷的过程中,我们也起过争执,也面对过迷茫,但在共同的努力下,还是完成了在从前看似不可能的挑战;也许在采访过程中,我们也害羞过,不知如何开口,但在同学、老师、家长的鼓励与帮助下,我们依然坚持了下去。困难,不就是等着我们去克服的吗?从中我们更了解到团队协作的重要性,有些事仅靠一个人是完成不了的。此外,完成这个课题即让我们对电、电价有了更深刻的了解,电与电费也不再只是父母的事;更是让我们深切地感受到地球正面临严重的能源危机,做这个课题其实不仅仅是为了了解如何省钱,更是为了提高我们一种节能环保的意识,保护地球。

## 二、学生 MOOR 研究课题:法学经济类

### (一)案例一

### 标题:从法治层面分析共享单车使用方面的问题及规范建议

学生:徐蓁华小组

一、活动缘起及内容

(一)活动缘起

基于移动互联网创新的共享单车是一种新型环保共享经济,自 2016 年以来获得了爆发式增长。交通部负责人表示截至 2018 年 2 月份,共享单车已经投放 2300 万辆,注册用户达 4 亿,累计服务数量超过了 170 亿人次。在享受共享单车带来的便利的同时,我们也要看到其背后存在一定的法律问题和风险,制约着人们更便利地享受智能生活。

(二)活动意图

本调研将依据相关文献(如《合同法》《担保法》《侵权责任法》等),结合最新共享单车政策文件《关于鼓励和规范互联网租赁自行车发展的指导意见》,对此进行

分析并提出监管建议，使共享单车更合法、更安全地服务于生活。

（三）活动方案

（1）文献法：查阅相关文献与最新政策文件，明确共享单车在租赁、押金、侵权等领域的法律规定。

（2）问卷调研与访谈法：通过问卷与访谈（对象为某共享单车公司调度员及广大消费者），明确共享单车在实际使用过程中暴露的问题，如共享单车管理方的苦恼及消费者担忧的使用问题（如共享单车的安全性、押金的及时退还等）。

（四）活动设备

相关文献、法律文书、网络问卷调查软件、相关办公软件。

二、活动中获得的财经素养

通过调研，本小组发现，共享单车极大地便利了人们的出行，也带来新的法律问题和风险，鉴于共享单车是一个全新的业态，应当用适当和审慎的法律监管促使其合法安全发展。对备受关注的押金监管，第一种是免押金，用信用；第二种是即租即压，即退即还；第三种，若使用押金模式，要建立专用的账户和监管，政府相关部门也要通过监管保证资金安全。交通运输部 2018 年 2 月表示具体政策规范不久将发布和落实。对共享单车平台的运营监管，比如侵占公共空间问题，可以规范设置停车点，实现正负面停放区域清单。过度投放问题，运营服务不力，应该通报批评、限制投放。用户主体监管也同样重要，共享单车实行实名制注册，禁止向未满 12 周岁的儿童提供服务。用户自身也应该合法使用单车，骑行时注意交通安全。

三、活动过程及感悟

（一）活动过程

本次调研大致分为三个实施步骤：

（1）文献与相关政策文件的阅读与整理；

（2）通过问卷与访谈调查，收集共享单车使用中的实际案例；

（3）综合查阅的相关文献与收集的相关案例，撰写调研报告。

（二）活动感悟

共享单车是传统行业与互联网结合的典范之一，这种共享经济的新形态，给传统的法制管理模式带来不少冲击。其背后的法律问题与风险，包括租赁合同、巨额押金、用户不当使用行为可能涉及的民事侵权和刑事问题、安全事故问题。确实，如我们所见，市场经济中的新兴经济行为离不开相关法律的规范。我国的社会主义市场经济本就需要法律进行规范与维持秩序。本次调研中令我们感到困惑的自然是深奥枯燥的法律术语，好在有老师的帮助，减少了我们对相关术语的理解难度。此外，我们在调研中也体会到了从具体案例中抽丝剥茧的快感，首次体会到了“系统化”和“理论化”的奇妙之处。这次调研活动令我们受益匪浅！

**(二)案例二**

**标题：刍议“外商投资法”的通过对居民日常生活的影响**

学生：张正豪小组

一、活动缘起及内容

(一)活动缘起

“外商投资法”是我国历史上第一部全面系统的外资立法，标志着我国迈进了制度型对外开放的新阶段，对扩大对外开放和促进外商投资具有里程碑式的意义。“外商投资法”确立了外商投资促进制度、外商投资保护制度和外商投资管理制度，明确了外商投资实行准入前国民待遇和负面清单管理制度，加强了对外商投资企业的产权保护。

(二)活动意图

通过对“外商投资法”主要条目的整理与解读，力图系统化探讨“外商投资法”的通过对我国居民日常生活产生的影响。

(三)活动方案

通过参阅“外商投资法”的原文及相关政策解读文章，明确该法案的出台背景、立法过程及可能产生的积极影响。通过对周围居民的调查访谈，了解他们对“外商投资法”的基本认知与心中期待。

(四)活动设备

相关文献、法律文书及相关办公软件。

二、活动中获得的财经素养

通过本次调研活动，本小组再一次深刻体会到“外商投资法”对推动我国更高水平的开放型经济新体制所起到的积极效用。经济全球化的趋势不可逆转。近年来，中国的营商环境也不断优化。“外商投资法”确立了与国际接轨的基本制度，更好地保障内外资企业规制统一、竞争公平。以法治化为引领，在提升便利化的同时，必将进一步提升营商环境的市场化、法治化、国际化水平，从而吸引更多的外国资本来华，进一步提升我国对外贸易的质量和效益。在此大背景下，普通的中国消费者可以享受到更多优质的外国商品与服务，参加更多国际间的技术与文化交流。同时，良好、健康的国际经贸环境也有利于人民币与外币间汇率的稳定，更有利于中国居民走出国门进行投资、留学及旅游。

三、活动过程及感悟

(一)活动过程

本次调研大致分为三个实施步骤：

(1)文献和相关政策文件的阅读与整理；

(2)通过问卷与访谈调查，收集普通民众对“外商投资法”的认知；

(3)综合查阅的相关文献与收集的相关案例，撰写调研报告。

(二)活动感悟

通过本次调研活动，小组成员都切身感受到“外商投资法”与自己的日常生活息息相关，体会到法律不再是遥远的抽象之物。通过对相关文献的梳理，小组成员再次加深了对“对外开放”国策的认识，加深了对构建开放型经济新体制的理解：尽管近几年来，国际金融市场动荡，各国贸易保护主义盛行，经济全球化速度暂缓，但我国仍旧尽一切所能，秉持新义利观，构建互利共赢、多元平衡、安全高效的新型国际经贸关系。而作为每一位普通公民，我们也需秉持一颗包容之心，理性地看待当下我国对外经贸交往中遇到的困难与摩擦，兼容并蓄，绝不故步自封。

## 三、学生 MOOR 研究课题：贸易实操类

### (一)案例一

### 标题：从模拟操盘手软件的运用看青少年理财能力的提升

学生：黄晓昕小组

一、活动缘起及内容

(一)活动缘起

新时代背景下，中学生理财能力的培养不仅仅是帮助他们进行金钱的管理，也是培养他们具有一种“节俭、自立自强、负责任”的意识。培养中学生理财能力，对学生自身、学生家庭以及未来社会的发展都具有重要的意义。作为重要的理财证券，股票一直是人们常用的投资工具。随着各种模拟股票操盘手软件的开发上市，中学生有了更多身临其境的“实战”机会，可以更深刻地认识股票和体会股票投资，从而提升自身的理财能力。

(二)活动意图

通过在财经实验中使用模拟操盘手软件(模拟股票交易平台同花顺)，知晓并体验股票交易的基础知识与相关技巧。在此基础上，总结、归纳青少年理财应具备的基础知识储备、有效信息的检索与筛查、投资心理素质等重要理财能力，也为更多青少年模拟理财软件的研发作市场准备。

(三)活动方案

(1)在教师的指导下，利用模拟操盘手软件进行股票交易；

(2)组员总结各账户交易营利的情况，归纳影响营利情况的因素；

(3)总结模拟操盘手软件对青少年理财能力提升的影响，撰写调研报告。

(四)活动设备

我校财经实验室内的相关设备。

二、活动中获得的财经素养

火眼金睛、辨别真伪。模拟平台上提供的均是实时上交所的股票信息，我们可以打开各类股票数据曲线，判断它们的历史涨跌情况，对于近日飘绿的股票我们会

敬而远之，而会对于每一只赤红的股票抛出我们的橄榄枝。

深思熟虑、谨慎投资。模拟器给每位组员发放了100万的虚拟货币，但对于如此数额的钱财，有的人便会不假思索地盲目购买，而去忽视一些股票的涨跌趋势甚至是其价格，这样的直接后果便是买完的股票营利仅呈现负值，只亏不盈。

货比三家、理性交易。不少组员先对比了各个股票的数据，挑选出上升趋势最佳的股票，再上网查询相关公司的信息，甚至是其相关的行业行情，谨慎再三之后，才输入了股票代码，斟酌购买数量，使自己的营利效益最大。

三、活动过程及感悟

（一）活动过程

本次调研大致分为三个步骤：

(1)在教师的指导下学习股票交易的相关基础知识；

(2)通过组员各账户的营利情况，总结青少年理财时应掌握的主要技能；

(3)综合考量模拟股票交易对提升青少年理财能力起到的积极作用，撰写调研报告。

（二）活动感悟

在不少组员购买好人生中第一只股票后，便会紧盯着电子屏，期待着自己所买股票给自己带来的盈利，但也有组员会在看到亏损之后，发出后悔之语。每次活动都会在组员们交流自己盈亏情况的话语声中渐渐结束。模拟股票不仅教会大家股票购买的过程，也让大家体验了一下股民的心理过程，更锻炼了大家谨慎的分析能力与洞察能力，相信每位组员在活动之余都会有自己不同的感悟。

### （二）案例二

**标题：小记青少年模拟商业大赛**

学生：赵桉亿小组

一、活动缘起及内容

（一）活动缘起

随着当下高中生视野越来越广阔、知识广度日益增加，对社会的参与度也越来越高,传统的课余活动难以满足他们的实际需求,因而近两年来,商业模拟比赛开始从高等教育向高中校园渗透,国内现有的商赛形式主要有案例分析、实地销售、以及简单的产销模拟这三种。这些形式的商赛使更多的高中生在传统应试教育的刻板思维之外,得以一窥商业世界中瞬息万变的精彩。

(二)活动意图

通过记录组员参加模拟商业大赛的完整历程及点滴感受,小议模拟商业大赛对提升组员财经能力起到的推动作用。

(三)活动方案

(1)在教师的指导下,学习、熟悉模拟商业大赛的主要内容与基本规则;

(2)记录赛事全程,明确组员在比赛中的闪光点及待改进之处;

(3)总结模拟商业大赛对青少年理财能力提升的影响,撰写调研报告。

(四)活动设备

模拟商业大赛的相关场地及设备。

二、活动中获得的财经素养

在本次模拟商赛活动中,小组成员感触最深的便是初步掌握了制定营销计划:

设置抽奖机制。凡单次购买我公司商品数值达20元即可获得一张抽奖券,也可直接花费3元购买抽奖券进行抽奖。在抽奖物品上,我们会根据男女生不同的爱好特点来设置大奖,以此调动顾客购买积极性。

提供上班服务。每周我们都会选择一个时间段在各个年级中兜售我们的产品,这样就省去了顾客前往指定地点购买的时间,但同时我们要加收一定数额的跑腿费。我们同时也接受跨班送货,根据货物的数量(以一个购物袋3元为标准)加收费用,跑腿费另算。

定期推出新的商品,并准备试吃品,给顾客试吃,并伴有为期一周的购买优惠。给顾客制造新鲜感。

我们另外设置了一个临期食品专区。在这里我们售卖距离保质期还有1至2个月的食品,价格比同种商品要便宜。产品部门会确保临期食品的质量。

三、活动过程及感悟

（一）活动过程

（1）制定比赛商业提纲，确定组员职责分工；

（2）确定市场运营目标，制定市场调研计划；

（3）积极开展市场营销；

（4）动态监控财务变动，适时展开财务预测；

（5）开展财务概览，不忘应急备案。

（二）活动感悟

本次模拟商业大赛赛期较长，组员感悟也颇多，大家都成长不少。创新意识与创新能力是让所有组员印象最深的。关于创意。这个社会相似的人太多，好像注定了我们就是一个平凡的人，如何去做到跟其他人不一样，如何更加有效率地去解决问题。创意是一个企业发展的引擎，也是我们正在能够在社会上长远发展的核心竞争力。我们无数次被周围的人告知我们不可以，我们的梦想都是笑话，我们不断地被周围的人同化，最后我们所有人都成为平凡的人。创意有的时候很简单，就是坚持自己最初的想法，不管别人的眼光，不要先自我推翻，更不要被周围的人限制了创意的可能性。

# 第六章

# 财经融合课程的管理与保障

21 世纪，全球综合国力的竞争越发体现在对各国人才的培养与选拔上，教育尤其是基础教育在经济发展中发挥着至关重要的作用。中国社会经济进入崭新时代，财经素养已成为学生今后必备的素质之一，与之相应的财经教育也越来越受到关注。

在财经融合课程体系中，依据上海市教委对课程的指导意见，依托高校资源，借力学校财经教研组，共同编制、实施和评价课程，把财经融合课程细分为财经奠基课程、财经广域课程和财经核心课程三大类。此外，打破学科边界，实现跨学科融合，学校尝试逐步从学生适应课程转变为课程适应学生，学生和教师共同设计学习经历，真正从注重升学转变为着眼于学生终身发展。

叶澜说过："为个体一生的发展打基础，为社会所需人才的培养打基础是基础教育的特质。"[①]我校高中阶段财经融合课程依托上海财经大学高端的课程基础与师资，实施选课走班制，保障了丰富多样的课程，充分支持学生广泛的学习选择，保证了学生的个性化发展，也更有利于财经教育特色的形成。

## 第一节　财经融合课程的管理机制

2016 年，虹口区人民政府与上海财经大学合作共建上海财经大学附属北郊高

① 叶澜. 基础教育改革的三大要点[J]. 人民周刊，2016(11)：25－28.

级中学，为学校新的发展提供历史性的机遇和挑战，也为学校全体师生的个人发展提供了新的机遇和挑战。上财北郊高中积聚财经大学专业优势与北郊百年名校优势，为培养财经素养人才提供专业保障，围绕“办成以财经教育为鲜明特色的全国知名、上海一流的大学附中”这一办学目标，在课程开发、教师专业发展、学校管理机制、学校硬件发展、学生与教师评价等维度进行一系列的改革与探索，立足高中财经融合课程建设，以学科渗透为基础，以财经创新实验室为依托，增加学生财经活动体验，与上海财经大学深度合作探索财经素养培育模式，使得财经素养教育不断趋向于细分，让学生拥有个性化的教育。

## 一、学校层面：形成办学特色 提升教育品质

### （一）行政中心协作，提升管理职能

随着近几年来财经融合课程在我校的推进，学校原来的组织架构设置存在一定的局限性和制约性，学校把原来的教导处、学生处等五处改为六中心，即学校发展中心、课程发展中心、学生发展中心、教师发展中心、教务服务中心、信息服务中心，具体工作职能见表6－1。细化教学管理分工，各部门既分工明确，又通力合作。这些机构的成立，并不是简单的名称的变更，而是在新的管理制度下，不断拓展各部门的职能、理顺关系，学校的管理工作也将随之调整到最佳模式，助力学校办成以财经教育为鲜明特色的全国知名、上海一流的大学附中。

**表6－1 上财北郊六中心主要工作职能**

| 学校行政部门 | 对应财经融合工作中的职能 |
| --- | --- |
| 学校发展中心 | 统筹协调财经融合课程，安排专人负责后勤保障 |
| 课程发展中心 | 财经融合课程执行与开发，并进行质量监控与反馈 |
| 学生发展中心 | 负责财知社等学生社团管理、学生生涯指导、财经综合实践活动 |
| 教师发展中心 | 财经教研组财经培训、校外学习与科研、与财大贯通式培养研究 |
| 教务服务中心 | 财经融合课程课务、人员安排、评价管理、财经实验室管理 |
| 信息服务中心 | 财经创新实验室中信息技术管理与服务、图书馆管理与服务 |

## (二)学科课程融合,培育财经素养

我校财经融合课程架构了"三大类型九个模块",完成课程目标、课程计划、课程组织、课程实施、课程评价等课程开发环节,形成一个多元化、特色化和个性化的多学科统整协同的财经课程体系,满足学生学习的适应性、选择性和发展性。在课程中创设情境,使上财北郊学生养成财经素养的必备品格,部分资优生具备财经素养的关键能力。

赋予学校开发财经课程的权力,是《基础教育课程改革纲要(试行)》的一大亮点。通过财经融合课程的充分开发、互补,让每一个上财北郊学生在高中三年基础教育中逐步培养财经素养,发展个性特长,以满足学生的个性化学习需求。从学生适应课程转变为课程适应学生,从注重升学奠基转变为着眼于学生终身发展,从而有效提升我校教学的质量,这也是我校财经融合课程的设计理念。

利用学校现有资源,积极开设校财经特色课程,学校财经教研组中骨干教师在自身财经研修的基础上,目前已经开设《财经视角》《闲财每周理》《财商发掘之翔解》《中学生职业规划》《金融英语》《经济地理学》《历史中的市场经济》《数学与金融》等课程。这些课程都深受学生喜爱,学生评价《闲财每周理》生活趣味多、《财商发掘之翔解》实际案例多。表6－2为财经融合课程的纲要样例。

**表6－2　上财北郊财经融合课程的纲要样例**

| | | | | | |
|---|---|---|---|---|---|
| 课程名称 | | | 设计者 | | |
| 适用年级 | | 总课时 | | 课程类型 | |
| 学生/资源背景分析 | | | | | |
| 课程目标 | | | | | |
| 学习主题/活动安排(教学进度：日期、周次、内容、实施要求) | | | | | |
| 评价活动 | | | | | |
| 备注 | | | | | |

面向"财经人文""财经应用"创新班学生的财经课程授课教师主要由上海财经大学教授以及上财北郊教师组成,课程开发团队完成高中大学贯通培养课程的研

究、开发和实施，课程列入学生课表，由一系列课程以及专家讲座等多种形式组成。

**（三）多元综合评价，提升教学质量**

全面实施素质教育的重中之重是培养学生兴趣、特长、爱好，发展学生全人品格。兴趣、特长、爱好的发现、引导和培养，是学校教育的关键。多维度财经融合课程的评价成为支持和鼓励学生自我规划与自主发展的重要手段，而不仅是人才选拔的参考因素。

1. 财经问卷反馈，提供专业评价

除了以分数或者等级定量评价外，我校这几年也加大了财经融合课程的教学评价，其中的财经量表评价更具有财经导向性，帮助学生认识自我，明确自我财经素养的优劣势，在学习和生活中有针对性地扬长避短；通过测评结果所反馈的素养能力水平，为学生结合自身兴趣找到匹配的专业、准确锚定加三学科提供一定的参考价值；为学校开设财经类课程、组织财经类活动提供参考指导意见。

我校高中三个年级每个学生完成财经素养量表，图 6—1 是上财北郊 2020 届高一年级 177 名学生的测评结果，显示财经量表测评类型结果所对应的人数比例。

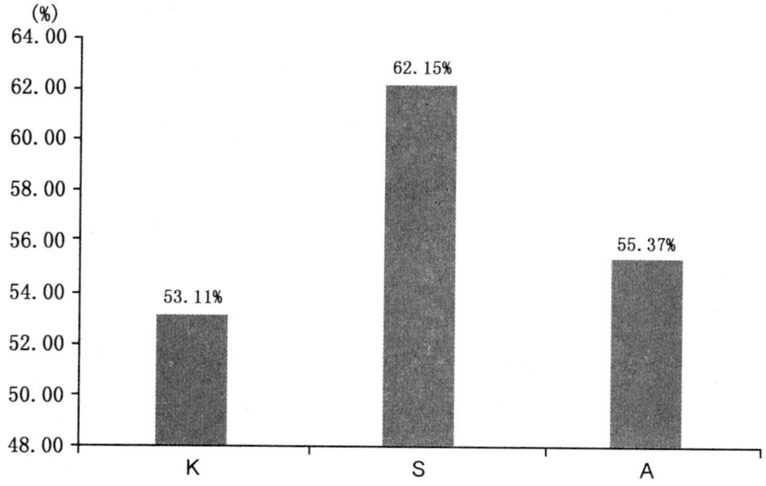


**图 6—1　财经素养 KSA 比例（以 A 量表为例）**

各维度的显性比例为 53.11∶62.15∶55.37，可见在财经素养各维度上，上财北郊 2020 届高一学生略倾向于技能与运用。其中 K、S、A 代表财经素养的三个维度：K 代表知识理解力，指学生对于财经类知识的掌握情况及理解能力；S 代表技能与运用，指学生在掌握了一定的财经知识和技能后，将财经知识应用在学习、工作、生活中的能力；A 代表专业志趣，指对于财经类专业所表现出来的浓厚的兴趣和远大的专业志向与职业志趣。

2. 学校整体评价，优化教师教学

除了财经素养量表评价外，我们也有财经融合课程相应的评价（见表 6－3），评价不是只关注过程，也不只是关注结果，更不是单纯地观察学生与教师的表现。我们更关注的是教学过程中学生智能发展的过程性数据，如解决现实问题的能力，及时地对教师的教学质量水平做出判断、肯定成绩、找出问题，达到最优化教学。

**表 6—3 上财北郊财经融合课程评价表**

| 评价内容 | 评价指标 | | 好 | 较好 | 一般 | 差 | 总评 |
| --- | --- | --- | --- | --- | --- | --- | --- |
| 财经课程生活化 | 背景选择的生活化、社会化 | | | | | | |
| 财经课程情境化 | 知识目标的科学性、合理性 | | | | | | |
| | 内容选择 | 人文与体验过程目标适宜 | | | | | |
| | | 科学、创新思维培养目标明确 | | | | | |
| | 财经核心素养的价值观 | | | | | | |
| 财经活动任务化 | 呈现方式以及完整性 | | | | | | |
| | 体验与探究参与性 | | | | | | |
| 财经情境问题化 | 体现教学特点的情况 | | | | | | |
| | 学生学习主动性 | | | | | | |
| | 现代化教育技术应用状况 | | | | | | |
| 财经教学效果化 | 教师教学水平及其提高状况 | | | | | | |
| | 学生学习成果评价 | | | | | | |

## 二、教师层面：改变教学理念 转变职业角色

自 2016 年起，我校组织教师进行财经课程科目设计指导培训。教师主动转变

自身学科角色，学习财经融合课程，进行课堂教学培训。参与研究开发财经融合课程，教师面临新的教学观念和策略的挑战、思考，这些新事物有利于教师专业上的进步。通过参与课程的编制、整合和评价，教师提高了对财经教育本质的理解、丰富了学科知识，并能够超越课堂的局限去思考问题与教学，提高教师的工作满足感和责任感。

### （一）课程改革推动教师思维方式变革

新高考强调课程是一种实践，在课程上重建师生之间的对话与课程体验，保障每一个学生合理分配课程资源，为每一位学生的差异化发展提供丰富的课程资源。

在全球化和知识经济发展的当下，作为肩负着人才培养重任的教师，就必须尽快优化教学方式，教师要意识到转变教学思维方式的重要性，以适应不断变化发展的社会改革的需要。

### （二）课程改革保障教师主动参与研究

课程改革的内容标准，需要考虑不同年龄层次的学生、不同认知水平的学生所需要达到的不同要求与技能标准。[①] 财经融合课程改革倡导为学生提供多元发展的空间，学校是新型的“学习共同体”，是通往终身学习与思考的通道，教师需要主动参与课程研究，我校财经奠基课程包含全校各个学科中的骨干教师（表6—4）。

**表6—4 上财北郊财经奠基课程人员安排表**

| 学科 | 财经教育在各学科中财经化实施的学科主题任务例举 | 子项目工作任务人员安排 |
|---|---|---|
| 语文 | 当代文化及财经活动 | 金罗兰、柴小倩 |
| 数学 | 学科数理统计 | 方　丽、朱晓磊 |
| 外语 | 商务英语 | 马　佳、胡秋伟 |
| 地理 | 经济区位分析 | 徐晓敏、李　梅 |
| 历史 | 世界经济危机与资本主义发展 | 安世皓、沈　昊 |
| 物理 | 能源可持续发展 | 张宝森、姜　峰 |
| 化学 | 化工生产与设备流程 | 宋余荣、刘学腾 |

① 金荷华. 对国外新世纪“语文课程标准”的透视与反思[J]. 全球教育展望，2011(12)：5—8.

续表

| 学科 | 财经教育在各学科中财经化实施的学科主题任务例举 | 子项目工作任务人员安排 |
| --- | --- | --- |
| 生物 | 海洋与可持续发展 | 郝天娇、谢　晶 |
| 思想政治 | 个人理财与家庭理财 | 王　娅、胡亦然 |
| 信息 | 家庭电脑配置 | 范　伟、陆菊琳 |

### (三)课程改革借力教研组集体智慧

由于财经融合课程发展需要,学校从各个学科组室抽取一批中青年教师,在不断实践和历练过程中,形成了有活力且积极向上的"博—硕—本"三代团队合作模式,形成了财经融合学材、学案、作业设计等研究成果,并且已汇编成册,同时定期举行学校论坛与总结会,还经常与兄弟学校联谊学习,从财经教研组辐射到所有教研组,分享课程开发的心得与困难,形成较为成熟的"专家引领—经验迁移"的良性教研模式。

在教师发展方面,学校通过引进和自培教师,建立财经教研组,设计财经培训课程,提高教师专业能力。围绕财经类科目,设计指导培训财经融合课程及课堂教学培训、典型财经案例分享等教师培训课程。学校选送了 10 多位教师参与上海市名师培训基地、德育实训基地以及香港硕士班学习。2018 年暑期选送 20 位教师参加慕课学习;选派教师前往具有财经特色的高中参观学习、开展调研等;教师之间集体教研,相互合作、相互支持,促使教师财经专业素养的提升。

## 三、学生层面:增加知识宽度 拓展财经广度

### (一)完成财经课程,习得财经"必备品格"

通过"立体课程""多元途径""实践体验",使上财北郊学生比同学段普通学生更具有财经素养的"必备品格"(如诚信、友善、契约精神),部分学生具备财经素养的"关键能力"(如市场分析能力、金融决断能力),具体课程形式、课程结构和课程模式如表 6—5 所示。

表 6—5 财经奠基课程课程形式、课程结构、课程模式

| | |
|---|---|
| 课程形式 | 班级授课、小组合作、项目学习、大学体验、社会实践等形式 |
| 课程结构 | 各类课程有较为合理的课时比例及课内外结合的合理时间比 |
| 课程模式 | 理论教学、实践教育、技能训练、教育科研等模式有机结合 |

### (二)打通高端资源,培养财经“关键能力”

在学生培养方面,学校与上海财经大学共建财经创新班(表 6—6),探索高中与大学财经拔尖人才的贯通式培养,共同制定财经人才培养方案。财经大学面向创新班学生开放暑期和课程资源,提前修读本科生课程。近几年已有 300 多位学生选读财大课程。

表 6—6 创建“财经人文”“财经应用”两个财经创新班

| 序号 | 课程名称 | 学时 | 适合年级 | 授课教师 |
|---|---|---|---|---|
| 1 | 金融概述 | 8 | 高一、高二 | 财大教师 |
| 2 | 数理统计 | 48 | 高一至高三 | 北郊+财大教师 |
| 3 | 微观经济学 | 16 | 高一至高三 | 财大教师 |
| 4 | 中学生职业规划 | 8 | 高一至高三 | 外聘+财大教师 |

上海财经大学根据上财北郊高中学生的需求,还为创新班学生开设主题夏令营、开放高端论坛和校友讲座等大学校园资源,丰富我校学生体验,提升我校学生的科研能力和创新素养。

## 第二节 财经融合课程的组织保障

国务院颁布的《关于新时代推进普通高中育人方式改革的指导意见》(2019 年)是 2000 年以来国务院办公厅出台的首个关于推进普通高中教育改革的重要纲领性文件。

《指导意见》引导教师关注学生的知识与精神相融合,切实进行目标与问题双导向教学,结合我国教育教学实际,深化课程改革和推进高考综合改革,对推进普

通高中育人方式改革进行了整体顶层设计。①

我校财经融合课程一定程度上满足我校学生多元发展需求，为保障教师因材施教、学生追求个性发展，学校已从课程研发、教师建设、相配套的课程评价、学校资源配置等进行课程管理与保障，更好激发学生潜能，培养全面而有个性的人才。

## 一、建立组织机构

### （一）成立财经课程管理组织

近几年来，上海财经大学附属北郊高级中学围绕“办成以财经教育为鲜明特色的全国知名、上海一流的大学附中”这一办学目标，学校成立以校长为组长的财经课程开发领导小组，根据办学现状，具体决策、规划学校财经课程建设的总体定位，确定每学期课程教学工作重点，为分配资源提供保障；课程发展中心负责财经课程开发的组织与管理工作，检查督导财经课程实施的执行情况；财经教研组组长清晰掌握教研组现状，组织组员进行财经特色课程开发和实施，落实财经特色课程管理制度和教学常规工作，组织开展财经特色课程的评价，确定每学期本组教研专题，认真组织各次教研活动和财经研修活动；财经教研组教师积极参与财经课程的开发，提高财经特色课程的实施能力，积极参与各项教研活动，不断反思与改进，开展财经行动研究，分享实践智慧，撰写教育教学案例。在科学的课程组织模式下，财经融合课程群架构进一步完善，凸显财经特色的各类课程都得到了较好的实施。

### （二）创建学校财经教研组

我校于 2019 年 3 月 12 日成立上海财经大学附属北郊高级中学财经教研组，组建具有财经教育潜质与素养的师资队伍，教师来自本校不同学科的教研组，不仅保障财经融合课程开发、教学、管理与评价一体化统筹建设，而且有利于“由下而上”团队性自主实践。

1. 开发财经课程

我校多位教师开设财经类拓展课程，如戴世懿教师的《财商视角》、高翔教师的

① 国务院办公厅关于新时代推进普通高中育人方式改革的指导意见[EB/OL]. http://www.gov.cn/zhengce/content/2019—06/19/content_5401568.htm.

《财商发掘之翔解》、周贤玫教师的《闲财每周理》等精品财经拓展课。

2. 组织参与财经类活动

我校注重培养具有国际都市公民素养的高素质人才，不仅在管理机制、学生培养、课程设置、教师发展、校园环境五个方面进行一系列的改革与探索，而且鼓励学生参加各类财经大赛，既能增加向校外财经专家学习的机会，又能与外校学生互动交流，开拓了学生眼界，提升了学生的财经素养。如 2019 年 7 月 21 日至 7 月 23 日我校派出财经教研组高翔老师指导带队，参加“汇丰杯”财经素养大赛，6 名学生最终斩获一、二、三等奖。

3. 进行财经学习研究

财经教研组教师参与学校各方面财经学习研究，如参观兄弟学校曹杨二中、东昌中学等，参与商赛筹备和财经创新实验室建设等。

4. 探索北郊教育集团财经教育一体化建设

北郊教育集团财经融合课程开发立足于不同学段不同模块单元专题下的学习过程。注重学生在课堂活动中的专注度、参与度、活跃度。小学阶段侧重于对课堂活动的了解参与，初中阶段侧重于对课堂内容的理解讨论，高中阶段侧重于对课堂任务的设计实践(见表 6—7)。

**表 6—7 北郊教育集团小初高一体化财经融合课程的开发**

| 课程学段 | 小学 | 初中 | 高中 |
|---|---|---|---|
| 参与形式 | 了解参与 | 理解讨论 | 设计实践 |
| 学段特点 | 意识启蒙的成效 | 知识测试的成绩 | 交流展示的成果 |

### (三)全校参与财经活动

2018 年我校举办了“上财北郊杯商业大赛”，2019 年升级改版为“上财北郊杯”商业精英体验营等活动，部分教师与学生积极参加财经类社会实践活动、商业夏令营、校园创业大亨实践活动、“汇丰杯”青少年财经素养大赛等。

如第一届“上财北郊杯商业大赛”，十多所上海市实验性示范性高中组成 17 支代表队参赛，从组队报名、选手培训到决赛，历时 2 个月。我校各部门齐心协力、各司其职，表 6—8 为“上财北郊杯”商业精英体验营相关单位部门职责。

表 6—8　“上财北郊杯”商业精英体验营相关单位部门职责

| 机构名称 | 相关单位部门 | 职责、任务 |
|---|---|---|
| 领导小组 | 校长室 | 统筹指导。 |
| 工作小组 | 学生发展中心<br>信息服务中心 | 1. 在全市同类学校中发出邀请，自主报名和定点邀请相结合，所有参赛队伍需填写报名表进行报名参赛。<br>2. 后勤保障：<br>活动流程的设计、指导、组织、管理与评价；<br>报名与参赛学校及联络人过程性资料的收集、审核与组织；<br>搭建展示平台，跟进展示交流。 |
| | 财经骨干教师<br>信息服务中心 | 金融风暴（金融知识竞赛）的题库遴选、整理与发布。 |
| | 课程发展中心<br>学生发展中心<br>教师发展中心 | 1. 开发与优化商赛的比赛项目，包括模拟市场营销与创意项目最牛卖手细则、时间、人员组织安排保障等。<br>2. 学生主持人与志愿者学生和教师的任务安排、到岗时间、离岗时间等整个流程。 |
| | 学校发展中心 | 联系专家与兄弟学校领导以及媒体朋友。 |
| | 学校发展中心 | 商赛当天物资、设备、教室等安排保障；<br>参赛选手与教师志愿者午休与午餐安排。 |

商业大赛是针对上海高中生的拟真式社会实践体验活动。从图 6—2 中所展现的商赛时间表，我们可以看到最激动人心的要数《最牛卖手》，每个队伍的 4 名同学分别担任公司的 CEO、市场部、产品部和投资部经理，他们各司其职，绞尽脑汁设计出新颖别致的产品，用缜密的计算和及时的沟通为自己的公司获得更多盈利。

图 6—2　“上财北郊杯”商业精英体验营主要流程

商赛等财经活动帮助学生以低风险的形式探索创业的奥秘，利用情境式的学习模式提升学生财经思维并运用创新思维提升财经素养，强化了高中生的综合素质。活动后我校部分骨干教师从商赛的由来、现行商赛的各种模式、商赛的筹备、活动反思四个方面向全校教师做了全方位的分享。

本次商业精英体验营不只是一个平台，培育财经素养、创造幸福人生已是上财北郊人的共同追求。

## 二、制定保障制度

我校依托上海财经大学资源，根据培养目标和财经融合课程特点，创建财经教研组，组建财经教育的师资队伍，从课程建设角度思考财经课程体系的建设，逐渐梳理出财经教育的实践内容，学校基于学生学习的实际情况，整合课程资源，制定保障与优化课程的制度。

### （一）课程申报制度

学校在充分调研基础上，结合每一门财经融合课程现实状况与学生课程需求，不断进行自我优化，以达到趋于符合课程标准与学生认知水平的要求，这样的动态课程申报过程是财经融合课程的制度保障。

1. 需要与评估

学校通过问卷、访谈、观察等多种形式，调查和分析学生的发展需要、现代社会需求、学校发展需求；在财经融合课程开发实施的过程中，进行阶段性的调查和评估，不断改进和调整课程设置。

2. 价值论证

学校成立财经融合课程领导小组，根据本校的办学思想和特色，对财经融合课程开发的类型、资源进行论证。

3. 目标确定

在分析与研究需要评估的基础上，通过财经融合课程领导小组的审议，确定财经融合课程开发的总体目标，制订财经融合课程方案。

4. 申报流程

（1）课程发展中心依据已确定的财经融合课程总目标与课程图谱，在财经教研组长会议上进行课程开发动员。

(2)课程发展中心在校园网上发布课程开发相关信息(包括课程申报时间、申报要求及注意事项等),鼓励教师申报课程,发布申报操作流程,并对新教师进行申报操作培训指导。

(3)教师自主申报课程,上交《课程纲要》,由课程发展中心审议通过后,汇总成《课程简介》并向全校学生公布。

(4)学生根据自己的志愿进行选课,选课人数达到规定数额后方许开课。

**(二)课程实施制度**

从课程结构、课堂教学、财经素养培育等方面着手,探索财经教育的融合和实施,财经课程以"多元化""特色化"和"个性化"为设计原则,既满足学生学习的"适应性""选择性"和"发展性",在夯实学生基础课程的同时,又培育了学生丰富的财经素养,学校从校长室到课程发展中心、财经教研组、任课教师,明确每一级的职责,层层落实并实施。学校通过校内督导的形式关注课堂、指导课堂,主要从学校统筹规划——教师自主实施——学校监督检查——教师总结反馈四个环节来组织实施。

(1)教师在课程实施之前,编写自己所承担课程的《课程纲要》,《课程纲要》包括一般项目和具体方案两个基本部分。一般项目简要地说明开课教师、课程性质或类型、教学材料、学习时限、适合对象等;具体方案包括课程目标、课程内容与活动安排、课程实施说明、考核评价说明等。

(2)学校在开学前制定出全校总课程表、教师任课安排表、班级课程表,各教学班及教师严格按照课程表上课,保证课程开齐、开全、开好,教师按照课程发展中心统一的教学进度进行教学,遵循按规定时间、课程要求及授课教师基本要求实施教学。

(3)教师根据课时计划,认真备好每一节课,按步实施,课程发展中心及课程开发小组成员随机听课。

(4)学期末,教师根据课程发展中心的教学安排,对学生参与学习进行综合评价,并对自己的教学反馈总结,以利于今后的课程教学。

(5)财经教研组每学期召开课程研讨会，分享优秀教师的成功经验，展示学生的学习成果，解决存在的问题，及时总结财经课程的实施情况。

### (三)课程评价制度

我校财经融合课程分为财经奠基课程、财经广域课程和财经核心课程三大类，根据《上海市普通中小学课程方案》，评价总体上遵循激励原则、自主评价原则、多元评价原则、注重过程原则，同时三大类型课程评价各有不同。

1. 财经奠基课程评价

财经奠基课程是我校财经教育的创新之举，目前已经完成财经教育在各学科课程中的统整表(见附录三)，将财经教育内容与学科教学适当融合，结合学科内容进行适度开发，加强了学科课程的财经实施与评价，保持了学科课程中财经素养教育的一致性和连贯性。

在教学评价部分，结合学科内容和学科互动，将教学评价分为学科素养评价与财经素养评价。学科素养评价是外显的，财经素养评价则是植根于学生的学科活动表现之中。对于不同的奠基课程，我们设计了不同的小组交流评价表(见表6—9)，财经奠基课程中的学习活动是从课堂学习与生活实际融合的角度出发，带着财经问题的情境式活动，学生在教师的引导下自主探究学科内容中的财经问题，以学科活动或社会实践活动等形式开展，并形成活动小结，以“问题导向”的思维来思考和评价教育教学，学校也会利用教工大会，请奠基课程的骨干教师进行交流分析、分享经验。

**表6—9 财经奠基课程小组交流评价表(样表)**

| 评价项目 | 评价等级 | | | 评价等级 | 简单说明 |
|---|---|---|---|---|---|
| | 优秀 | 良好 | 一般 | | |
| | 优秀 | 良好 | 一般 | | |
| | 优秀 | 良好 | 一般 | | |
| | 优秀 | 良好 | 一般 | | |

2. 财经广域课程评价

财经广域课程评价注重强化学生积极的情感，使学生在拓展学习过程中不断获得成功的体验，发现自己的个性和特长。评价方法多元化，采取自评、互评、第三方评价相结合的多元方式，关注过程评价，让学生真正参与到评价中来，把评价过程变成教育和指导的过程，不断促进学校、教师和学生的和谐发展。

财经广域课程评价注重教学反馈与调节，通过对学生学习过程的观察、交流及学习过程中的情况记录、各种类型问卷、多种形式作业，重视教学内容与形式的新意及思维过程，培养学生的财经意识。

3. 财经核心课程评价

财经核心课程评价分为财大课程评价与学生课题评价。

财大核心课程评价依托财经素养可视化表格进行财经素养与社会责任融合评价（表 6—10）。

**表 6—10 财经核心课程财经素养可视化表格**

| 学段知识模块 | | 个体与社会 | 货币与金融 | 收入与消费 | 投资与风险 | 价值与提升 |
|---|---|---|---|---|---|---|
| 高中 | 知识 | | | | | |
| | 能力 | | | | | |
| | 思维 | | | | | |
| | 价值观 | | | | | |

我校目前 267 个学生课题中有财经类课题 37 个，充分利用研究型课程自适应学习平台辅助研究型课程开展的智能化学习平台，基于 MOOR 研究性学习的规范化流程进行设计，它的核心功能是组织和引导学生进行自主探究学习过程性评价。通过使用该平台，学生将研究性学习的每一个过程记录下来，形成自己的研究性学习成长档案；平台根据学生兴趣测试、研究性学习行为轨迹等进行综合分析评价。同时在线下制定财经化多元内容评价表（见表 6—11），与线上评价相结合。

**表 6—11 财经核心课程学生课题研究过程评价表**

| | | | | | | | |
|---|---|---|---|---|---|---|---|
| 课题名称 | | | | | | | |
| 课题组长 | | 班级 | | | | | |
| 课题组成员 | | | | | | | |
| 项目 | 评价内容 | 好 | 较好 | 一般 | 较差 | 差 | 合计 |
| 研究过程评价 | 实事求是、探索精神、质疑精神、合作意识 | 10 | 8 | 6 | 4 | 2 | |
| | 课题的兴趣程度、研究动机、研究过程中的行为表现 | 10 | 8 | 6 | 4 | 2 | |
| | 研究资料的积累和整理是否翔实、全面 | 10 | 8 | 6 | 4 | 2 | |
| | 研究方法选择是否正确 | 10 | 8 | 6 | 4 | 2 | |

## 三、学校硬件保障

### (一)创建财经创新实验室

2018 年年底,上海财经大学附属北郊高级中学“财经创新实验室”项目通过评估,开始进行软硬件构建,财经创新实验室分为数据实验区、实践体验区、讨论交流区、模拟交易区(见图 6—3)。

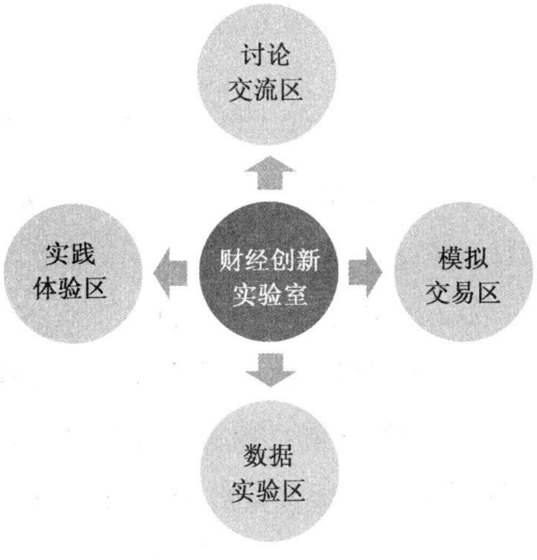


**图 6—3 上财北郊财经创新实验室分区模式**

数据实验区通过使用大数据挖掘技术来研究金融投资、产业发展、企业管理、经济理论等，从各领域的现象中探寻数据科学的理论与智能知识管理的原理，在诸多交叉领域开展系统性的理论和应用研究。建立以多媒体和网络应用为代表的现代信息技术为核心的教学环境，旨在提高学生获取、判断、运用复杂信息的能力，培养适应信息化社会需求的财经人才。

目前我校财经教研组教师周贤玫、高翔与信息技术老师等已在财经创新实验室进行财经广域课的教学工作。实验室软件包括高校金融实验室、iFinD金融数据终端、金融数据信息电子屏等，满足我校师生如下需求：

(1)教师可实时在线创建课程班级，并进行班级学生管理，支持以行政班级、单个学生为单位统一管理，支持课程班级学生在线时长等信息查看及统一导出，可根据课程教学进度及需要进行班级信息修改及解散等管理。

(2)学生可进行课程内各交易品种的模拟交易，查看所参加模拟课程的排名情况、可视化资金分布图、收益情况、持仓情况、交易记录等。

(3)金融数据信息电子屏与沪深股市完全同步，交易品种齐全，支持沪深A股、股指期货、商品期货、外汇，可以进行实时的模拟交易，方便选手进行全真模拟。

(4)课程作业有互问互答界面，学生提出问题，老师或者专家可以解答，教师可实时在线发布作业，支持教师在线批改作业，学生随时可以在实验室内外登录系统参加模拟课程，查看课件、案例等资料，支持学生接收作业、完成作业、提交作业。

**(二)学校后勤保障**

学校在硬件上不断加大投入，定期保管和维修，确保财经融合课程顺利实施，如对于学校图书馆、财经实验室等资产和校产，配备专员进行定期检查、清查、登记、造册，使用率高，保管周到。

我校成立了信息服务中心，利用信息技术在后台帮助学生对财经课程中的各个环节进行实时数据监控与收集，更能实时保护学生安全，系统化地管理好财经课程学习的具体情况，体现出后勤网络化管理的便捷性与高效性。

我校图书馆增设财经专业书籍与刊物专架，让教师和学生可以随时阅读财经书籍，提高财经素养。学校师生定期开展图书馆财经学习讲座，财知社定期举办线下财经阅读等活动。

## 第三节 财经融合课程的师资保障

学校对财经融合课程在各个方面给予大力支持，将科研经费用于实践研究和提高教师的积极性，取得了优异的效果。学校全年绩效奖励中，设定专项奖项，鼓励更多教师积极参与财经融合课程的研究与开发。2015 年学校创办《北郊学报》(季刊)，专设“财经论坛”版块，为教师和学生发表财经见解搭建平台。2018 年年底，上海财经大学附属北郊高级中学“财经创新实验室”项目通过评估，如今已投入使用，为学生开展财经活动和教师进行财经教学提供了最佳场所。

财经融合课程师资保障有两大途径：第一个途径是高校中的财经教育师资，第二个途径是加强我校在职教师财经知识和能力的培训。考虑到本校财经融合课程结构的安排，高校教师资源方面邀请了上海财经大学的教授开设财经核心课程；同时，学校通过引进和培训教师，建立财经教研组，加强我校教师的财经素养培训，增强教师开设财经奠基课程、财经广域课程的能力。

### 一、依托高校资源

2016 年起，我校与上海财经大学进行初步对接，上海财经大学 20 多位教授走入上财北郊校园，大学课程直接走进高中课堂。财大教授开始来我校给部分学生开设讲座及微课程，经济类教师主要负责开展经济类课程，例如《经济社会学》《经济哲学》《经济学原理》等；金融类教师主要负责开展金融类课程，例如《战略与竞争》等；人文类教师主要负责开展财经人文类课程，例如《新闻里的中国经济》《历史中的法律》《国际公法》等。其中涉及财大人文学院、国际工商管理学院、法学院等多个学院，具体见表 6－12、表 6－13、表 6－14，让我校高中学生从不同角度实践体验优质高端大学本科课程。个别资优生暑假还有幸进入财经大学课堂，旁听大学暑期长课程。

**表 6－12 财大人文学院课程**

| 上财北郊财经核心课程上课安排 | | | |
|---|---|---|---|
| 周数 | 日期 | 安排 | 授课教师 |
| 1 | 9 月 15 日 | 《经济社会学》1 | 刘长喜副教授 |
| 2 | 9 月 22 日 | 《经济社会学》2 | 刘长喜副教授 |
| 3 | 9 月 29 日 | 《经济社会学》3 | 刘长喜副教授 |
| 4 | 10 月 13 日 | 《经济社会学》4 | 刘长喜副教授 |
| 5 | 10 月 20 日 | 《新闻里的中国经济》1 | 林晖教授 |
| 6 | 10 月 27 日 | 《新闻里的中国经济》2 | 林晖教授 |
| 7 | 11 月 10 日 | 《新闻里的中国经济》3 | 林晖教授 |
| 8 | 11 月 17 日 | 《新闻里的中国经济》4 | 林晖教授 |
| 9 | 12 月 8 日 | 《经济哲学》1 | 康翟博士 |
| 10 | 12 月 15 日 | 《经济哲学》2 | 康翟博士 |
| 11 | 12 月 29 日 | 《经济哲学》3 | 康翟博士 |
| 12 | 1 月 5 日 | 《经济哲学》4 | 康翟博士 |

**表 6－13 国际工商管理学院课程**

| 上财北郊财经核心课程上课安排 | | | |
|---|---|---|---|
| 周数 | 日期 | 课程安排 | 授课教师 |
| 1 | 3 月 9 日 | 法理学 | 曾坚副教授 |
| 2 | 3 月 16 日 | 法理学 | 曾坚副教授 |
| 3 | 3 月 23 日 | 与法同行——为成长护航 | 曹静陶副教授 |
| 4 | 3 月 30 日 | 与法同行——为成长护航 | 曹静陶副教授 |
| 5 | 4 月 13 日 | 国际公法 | 冯静茹博士 |
| 6 | 4 月 20 日 | 国际公法 | 冯静茹博士 |
| 7 | 5 月 11 日 | 国际公法 | 冯静茹博士 |
| 8 | 5 月 18 日 | 历史中的法律 | 姚少杰老师 |
| 9 | 5 月 25 日 | 历史中的法律 | 姚少杰老师 |
| 10 | 6 月 1 日 | 历史中的法律 | 姚少杰老师 |

**表 6—14 财大法学院老师上课安排(高一年级)**

| 上财北郊财经核心课程上课安排 | | | | |
|---|---|---|---|---|
| 周 数 | 日 期 | 备 注 | 安 排 | 授课教师 |
| 1 | 9月15日 | | 《经济学原理》1 | 李眺博士 |
| 2 | 9月22日 | | 《经济学原理》2 | 李眺博士 |
| 3 | 9月29日 | | 《经济学原理》3 | 李眺博士 |
| 4 | 10月13日 | | 《经济学原理》4 | 李眺博士 |
| 5 | 10月20日 | | 《战略与竞争》1 | 董静教授 |
| 6 | 10月27日 | | 《战略与竞争》2 | 董静教授 |
| 7 | 11月10日 | | 《战略与竞争》3 | 董静教授 |
| 8 | 11月24日 | | 《战略与竞争》4 | 董静教授 |
| 9 | 12月8日 | | 《品牌与消费者洞察》1 | 江晓东副主任 |
| 10 | 12月15日 | | 《品牌与消费者洞察》2 | 江晓东副主任 |
| 11 | 12月29日 | | 《品牌与消费者洞察》3 | 江晓东副主任 |
| 12 | 1月5日 | | 《品牌与消费者洞察》4 | 江晓东副主任 |

2019年开始我校与上海财经大学在更多方面融合升级，财大教授参与高中自主招生工作，集团化办学模式下培养初中有财经志趣的学生；与财大数学学院深入合作，大学先修课从固定的财经创新班到逐步打破原有创新班模式；针对学生财经志向与兴趣，对全体学生财经素养进行动态跟踪评价，筛选对财经有兴趣的学生进行深入学习，财大教授与博士对我校学生财经类课题进行一对一指导；指导应届高三学生职业选向，财大教师对资优学生加强辅导。

## 二、培育高中财经师资

高中财经融合课程中的财经奠基课程与财经广域课程建设需要依托本校的在职教师资源，而开设财经课程的在职教师资源主要来源于现有的教师团队，所以对在职教师开设财经课程的能力与财经素养的培养格外重要。

### (一)引进专业教师

学校通过引进教师，设计财经培训课程，提高财经背景的教师专业能力，我们围绕财经金融类科目设计指导培训，形成财经课程及课堂教学培训、典型财经案例分享等教师培训课程；加强在职教师的财经素养培训，增强开设财经奠基课程、财经广域课程的能力。

对于教师自身而言，参与研究开发财经融合课程，在应对新事物新要求的过程中，专业教师不仅提高了自己对本学科课程标准和学科素养的认识，更深化了对财经教育的理解。教师群体在财经融合课程这个平台上实现了跨学科、跨专业的共同促进与提高，为成为具备财经素养的复合型教师做好了准备。

教师的职业成长与发展离不开具体的教学环境，我校高效、科学的管理架构激励教师的工作积极性与内在潜能，促使教师自主、持续地学习，使教师的群体智慧得到彰显。

我们选取了戴世懿老师和高翔老师的实践感想，摘录如下：

## 重回财经课堂

戴世懿

2016 年秋，来上财北郊面试时，我说，我本科毕业于上海财经大学经济学，之后在英国爱丁堡大学获得了经济学硕士，虽然我应聘的是数学老师，但我还能上财经类拓展课。记得当初与唐校长第一次见面时，她说我们学校正在努力办成一所具有财经特色的优质校，所以我们很看重你的财大背景。就这样，我荣幸地成为上财北郊的老师。

2017 年秋，我尝试开设了《财经视角》这门课，开课之初，我心想高一学生初等数学基础都没有，更别说微积分了，大学里学的微观、宏观经济学完全不可能照搬照抄，那就只能翻看财经报刊，找一些学生可能感兴趣的财经话题与他们分享，在讨论案例的过程中，渗透一些简单的财经知识，拓展他们的知识面。例如在谈共享经济时，我们讨论小黄车和网约车，从而探究共享经济的本质、利弊和对社会的影响。

2018 年秋，再次开设《财经视角》时，总结上一年的经验和教训，为了避免热点讨论的无系统性，我决定介绍一些浅显易懂的财经理论，之后请学生以小组合作的形式对经典案例进行分析、展示，这样既可以帮助学生较系统地了解财经领域的学科，又可以提高其应用意识和语言表达能力，更为大学专业的选择做一个提前规划。

2019 年冬天，在唐校长的带领下，我们有幸参观了曹杨二中的格莱珉银行项目，这个项目既有财经特色又有人文情怀，更有学生实践，我深受启发。2020 年 9 月初，我回财大拜访了我的导师范翠红教授，她提到，财大学生的优势在于经历过 4 年财经思维的训练，这对未来的就业和一生都有帮助，瞬间，犹如黑暗中的一道光芒，让我找到了《财经视角》未来的路。

就这样，2020 年秋，重回财经课堂，面对学生，我信心满满，因为我清楚地知道财经教育不仅要满足学生的好奇心和求知欲，更应该提升学生做人做事的思维模式。“蚂蚁”暂停上市的消息一出，那周五我就与学生来了个“马已经服”的讨论，我们分析蚂蚁金服的高杠杆借贷模式，揭露普惠金融的虚假外衣，纠正消费主义的丧失理智，进而引导学生独立思考美国次贷危机。《人民日报》批评“马保国”的闹剧后，我们分析了马保国及相关平台的赚钱之道，理解了什么叫流量就是现金，从而感叹了浪费光阴的幼稚。Z 世代的学生喜欢手办和盲盒，当白板上打出“泡泡玛特融资史”标题时，学生们就激动了，我们谈王宁创业的这十年来不同阶段的融资需求与股权分配，聊创业者需要具备的品格和素质，我们感叹创业者的艰辛与努力，反思当下的学习，思考未来的梦。我想，只有当学生看懂了事件背后的资本运作，才能淡定地度过“双十一”，形成理性的消费观；才能停止看低俗的手机视频，养成阅读的生活习惯；才能抵制商品的诱惑，创造性地将兴趣变成事业，规划自己的人生轨迹。财经教研组的谢晶老师多次走进我的课堂，对于我的课程设计，她赞同之余还为我出谋划策。

在上财北郊的 4 年里，我从一名财经院校的毕业生成长为一名能站稳三尺讲台的复合型教师，我非常高兴。但更让我骄傲的是，学生们在我们的培养教育下，财经素养有了显著提高，越来越多的学生考入财经类院校，脚踏实地实现着他们的财经梦想。

# 与财经结缘

高　翔

2016 年，是北郊高级中学与财经大学合作共建的第一年，也恰好是我来到上财北郊的一年，更巧的是，我就毕业于上海财经大学，学习过各类财经知识。

满怀着对财经的热爱，我来到了这里。想要把更多的财经知识传递给高中的学生，培养他们的财经素养。也正是因为怀揣着这样的梦想，我加入了学校的财经教研组，为学校财经教育的发展贡献自己的力量。

经过一段时间收集整理各类资料，我开发出一系列的财商发掘课程，作为学校的财经广域课程的组成部分。课程受到了学生的喜爱，这让我信心倍增。那些听过我课的学生，财经知识得到了长足的增长，他们对财经的兴趣也显著增长，有的学生开始积极参加一些财经相关活动。

2018 年开始，我受到了学生的邀请，担任学校学生社团——财知社的指导老师。财知社立志于让社员在实践与理论的结合中锻炼财商头脑与合作能力，我带领学生去参加了各类商赛和商业体验活动并从中获得了诸多奖项。

2019 年起，财经教研组为学校搭建财经创新实验室出谋划策，与同花顺合作，打造了金融实验室平台，通过这个平台的各项强大功能，能让学校学生畅快体验学习如何来当好一个投资经理人。

2019 年 6 月，北郊杯商业大赛制订题库，商业大赛的成功举办，提升了学生的财经类专业知识及技能。

2019 年 7 月，我作为指导老师带队前往浦东参加商业体验营，参赛学生在商业体验过程中锻炼了分析和解决真实问题的能力，形成了正确的财经态度和价值观，学生分别获得团队一、二、三等奖，本人获得了指导奖。

2019 年 10 月至 2020 年 2 月，带领财知社参加校园创业大亨活动，财知社成员组成的队伍获得了三等奖。

今后，我还会与财经教研组的同仁们一起，通过开展形式多样的活动，以更大力度来推广学校财经素养教育，帮助学生实现未来的财经梦想。

## (二)自培课程师资

财经教研组共同研究，设计财经学案与财经作业，并且组织学校论坛与总结会，对财经融合课程实施的经验进行分析与总结。同时，财经教研组与高校教师、兄弟学校进行联谊学习，分享课程开发的心得与困难，教师之间集体教研，相互合作、相互支持，确保财经融合课程实施，促使高中教师专业素养提升。

1. 系统研修财经知识

学校教师发展中心长期系统地对教师开展培训，形成系统的培育方案。学校在财经培育方面以“财经教研组”为榜样，以点到面，围绕学生、围绕教学，在专家引领下进行主题财经研修，使教师的研修有内涵与深度，对教师财经能力发展起到了较大帮助。

传统的课程观是静态的，是预设好的课本教材中的知识内容，注重知识与间接经验的获取，是既成的、固定的。而今上财北郊的财经融合课程的教育改革所倡导的是启发式教学、探究式教学、个性化教学、创新型教学等各种形式，课程更注重教学中的经验习得和体验式发展。

2. 深化研发财经课程

抱着对财经特色的强烈学习愿望，教师加入财经教研组，其中不乏有着专业财经硕士求学经历的教师，学校已设立“财经导师制”，对学生进行点对点的主动关心与服务，通过教师的全面专业的财经辅导、学生的主动探究与分享，自培财经教师带领越来越多的教师加入进来，开展集体教研活动，以各种方式加深了教师对财经素养教育的新认识。

教师讨论设计财经融合课程内容，从课程建设角度思考课程体系建设，完成典型案例，我校的财经融合课程从无到有、从有到多、从多到精。正是这样良好的成长环境和氛围，我校青年教师成绩喜人，多位教师在相关评比中获得市级乃至全国一等奖。

我们选取了周贤玫老师的实践感想，摘录如下：

## “闲财”的成长之路

周贤玫

在学校的财经特色的背景下，学校在《学报》上开辟了专栏“财经论坛”，专供学校财经类老师发表相关文章和成果。一开始，我想试着投稿，写一些关于教授财经类广域课程《闲财每周理》的感想，并做一些交流。后来随着课程的逐步推进和自我的不断研修，身边的财经类教学资料积累得越来越多，想着自己也可以借着学校《学报》的平台对自己的拓展课进行一个系统的梳理，就这样我先后在学校《学报》上发表了6篇财经类文章。

| 序号 | 名　称 | 期　刊 |
|---|---|---|
| 1 | 探索创新课程 培养财经意识——拓展选修课《闲财每周理》课程的跨学科尝试 | 《上海财经大学附属北郊高级中学学报》2016年第3期 |
| 2 | 以学促思 融入生活——以《收入与支出》一课为例 | 《上海财经大学附属北郊高级中学学报》2018年第1期 |
| 3 | 选不选物理 这是个问题——以《风险逆向》一课为例 | 《上海财经大学附属北郊高级中学学报》2018年第4期 |
| 4 | 学理财 惠生活 | 《上海财经大学附属北郊高级中学学报》2019年第4期 |
| 5 | 理财规划从选手机资费套餐开始 | 《上海财经大学附属北郊高级中学学报》2020年第2期 |
| 6 | “闲财”的成长之路 | 《上海财经大学附属北郊高级中学学报》2020年第4期 |

除了《学报》，学校一直积极为教师们提供多种形式的优秀资源。学校创建了财经教研组，联合各个学科不同专业的优秀教师定期交流学习，群策群力探索财经融合课程。在学校图书馆设立财经专架，提供上千本财经类书籍优先供财经类老师学习。联系同花顺、超星学习通、中博财经、农业银行等校外专业机构，给财经老师们加餐补营养。还重金打造了财经创新实验室，为财经类拓展课提供专业化、智能化的专用教室。

去年，学校推荐我去参加“虹口区2020年中小幼教师教学单项技能评比”。我以《理财规划从选手机资费套餐开始》为主题对财经拓展课进行了单元活动设计，获得了虹口区高中拓展型学科的一等奖。我想，获得这个成绩离不开学校长期以来对财经教育的大力支持和对财经人才的积极培养。

我经常去学校图书馆借阅最新的财经类书籍，遇到问题我会去咨询与学校共建的专业机构，我在学校财经教研组和老师们一起集体备课讨论课程方案，在学校的财经创新实验室进行课堂教学实践……正是因为有了学校这样的大力支持，促使着我去不断地梳理自己的课程，凸显特色、形成体系。非常感谢学校为我们老师提供这样丰富的资源和平台，让我们可以成就更好的自己。

教师财经教育理念在财经融合课程的实施过程中悄然转变。教师自行设计本学科财经融合课程内容，完成课程教学与典型案例，思考学科知识中如何融入财经情境，解决财经问题。教师在课程实施中潜移默化提升了财经课程理念，认同财经教育对现代学生的必要性。

# 第七章

# 财经融合课程的成效与展望

2016年，学校正式更名为上海财经大学附属北郊高级中学，学校的教育目标从德智体美劳全面发展延伸到了具有财经素养的国际公民，学校的课程发展从二期课改的基础课程拓展到了专业性极强的财经广域课。教师的课堂教学从着重培养学科核心素养延伸到了兼顾财经素养的提升，教师的人才建设从重视单一学科业务水平发展扩展到了学习型、复合型的新时代教师要求。学生的学习任务从完成应试要求扩充到了符合上海金融大都市的个人素质提升，学生的课余生活从穿梭于各类补习机构扩充到了辗转各大财经体验活动，学生的兴趣志向从给自己立一个当下的目标扩充到了有明确的财经职业规划，学生的生活智慧从诚实守信拓展到了用财经思维分析和解决问题。

在短短的四年间，财经融合课程的教育实践正在影响着我校每一位师生的成长和发展，财经融合课程的教育模式成效显著，与此同时，实践过程中的尝试探索也给我们指明了未来的奋斗方向，我们正在大步向着预想的目标而努力前行。

## 第一节　财经融合课程的成效

21世纪，在经济全球化背景下的商业经营、资本运作随处可见，因此，具有财经素养的人才更加符合时代的需要，是社会需要的“复合型”公民。这四年来，学校始终围绕“立德树人”这一根本问题，积极思考如何培养全面发展的财经人才，紧跟时代发展和理论创新步伐，在课程建设上采取了一系列有效措施，取得了显著成绩。

本章节将从以下三个方面详细阐述财经融合课程的成效，分别是：学生财经素养的提升、教师教学专业素养的提升、学校经世济学办学特色的彰显。本节第一部分，通过对学生财经素养量表的数据分析，我们量化了学生财经素养提升的成效性。同时，为了展现学生的主观感受，我们节选了部分学生参与融合财经课程的心得体会。本节第二部分，我们邀请分别参与财经奠基课程、财经广域课程和财经核心课程教学的老师代表展示财经融合课程实践的自我突破与成长收获。本节第三部分，我们从多角度展现融合财经教学对学校发展的深远影响。

## 一、学生财经素养的提升

通过对学生财经素养量表的数据分析，我们量化了学生财经素养提升的成效性。同时，为了展现学生的主观感受，我们还节选了部分学生参与融合财经课程的心得体会。

### （一）学生财经素养量表分析

学校在积极构建各类财经融合课程的同时，也在积极开发研制测试学生财经素养的量表，通过财经素养的测试检验学校课程实施的成效，引导学校财经类课程的开发与实施。

2020 年初，学校研发了具有学校特色的财经素养量表（简称：财经量表），并对全校学生进行问卷调查，尔后进行数据分析，具有良好的有效性。该量表由三个维度构成，分别是知识理解力、技能与运用、专业志趣，这三个维度分别从学生对于财经类知识的了解程度和理解能力、在学习到财经类知识或技能后的运用能力以及未来自己对财经类的专业或职业的兴趣与志向上对学生的财经素养做出整体评估。

本次测评对象是上海财经大学附属北郊高级中学全体学生，共 588 人，其中有效测评问卷为 588 份。本报告研究对象为 588 份有效问卷所对应的学生。

全校平均分为 46.66，知识理解力、技能与运用、专业志趣分别得分为 20.80、

16.45和9.40，说明我校学生较好地理解并掌握了一些财经类知识，也能进行简单的理财操作，少部分学生已对财经类专业产生了极大兴趣。进一步分析，三个年级在知识理解力板块都取得了很高的分数，说明面向全校开设的财经奠基课程成效显著，通过此通识课程的培养，学生对财经类知识有了一定了解。

纵向比较三个年级，高一年级的平均分最高，达到46.95分，其主要原因是高一学生在技能与运用板块获得很高分数。随着去年年底我校财经实验室正式投入使用，高一学生有机会上机进行投资与理财操作，这一实战操作帮助学生对财经问题有了直观认识、对评估预期收益与风险有了经验积累、对解决问题时的策略选择有了足够把握。不难发现，每周一次的实战操作，看似只有40分钟，但潜移默化地培养学生分析和解决问题的能力，渐渐地，学生将这一能力应用于日后的学习、生活中了。与过去两年相比，我校开设的财经拓展课内容逐年丰富，高一学生是最大的受益者，这也显示出我校财经广域课程对学生财经素养发展起到了很重要的作用。

进一步分析，虽然高三年级的平均分是最低的，但是其专业志向板块得分最高，其主要原因是高三学生参加各项财经活动人数是最多的、参加活动的次数也是最多的。高三年级总共有70名学生参加了上海财经大学的先修课程，连续2年参加了一系列商业大赛，比如“校园大亨”商业大赛等，同时进行财经类问题的研究并撰写了相关论文。此外，近30名学生创建并组织了财经类社团，研读财经书籍，探讨投资问题。通过这些财经活动，学生对财经专业有了进一步认识，从中发现了财经类学习的乐趣和兴趣，三年的历练让学生选择财经专业作为未来从事的职业方向。与此同时，我们将这70名同学的数据与高三其余学生的数据进行比较，发现他们的平均成绩比一般学生的成绩高出10分之多，这再一次说明我校的财经核心课程对于学生的生涯规划起着举足轻重的作用。

通过测试结果的分析，为学校财经素养教育的成效分析提供了有力的数据依据。我校的财经融合课程对学生的财经素养发展起着重要的积极作用，财经奠基课程助力全校学生的知识理解能力，财经广域课程助力高一学生的技能应用能力，财经核心课程助力高三学生的专业志向热情。同时，通过此次测试结果的分析，也为学校开设财经类课程、组织财经类活动提供了参考指导意见。

### (二)学生收获的财经素养教育

除了全校性的问卷调查,我们还收集、分析了学生的成长记录表,从他们的主观感受中,他们对学校财经类课程持赞赏的态度。在学生的心得体会一栏中,他们不约而同地都提到了"财经课程提升我的财经视野与思维"和"商赛课程点燃我的财经生涯梦想"。我们选取了两位学生在上财北郊学习的心得总结,摘抄如下:

#### 学之且足践之

胡天仪

学校每周五的财经课使我受益匪浅。高中大学贯通式的财经人才培养模式让我能近距离接触许多位上海财经大学的教授。通过聆听来自各专业教授的课程,我领略了不同的财经相关专业之美。

主讲经济社会学的刘教授风趣幽默,让同学们沉浸在课堂中。他将专业学问与时事相结合,联系 C919 大飞机、"一带一路"倡议,使我增长经济社会学知识的同时,也让我明白国家大事的背后其实有很多门道可以分析、深究,平时在听到新闻时也应多加思考。当中美贸易战爆发时,我与父母谈论、阅览专家分析,将贸易战了解得更加透彻,这也是受益于刘教授,是他的课堂带给我主动思考的习惯。

主讲市场营销的叶教授也使我佩服不已。与其他教授不同,叶教授带给我们的是探究课,而非传统的学生听讲做笔记。她让我们对一家店的酸奶进行市场调研,记录种类、价格,并将酸奶这个对象贯穿于整个课堂。通过她的讲解,我对市场营销的概念变得十分清晰,也是第一次知道原来消费者的心理可以被洞察得如此透彻。听过叶教授的课后,我在日常消费时更加"精明",了解过商家的思维,作为消费者时就不容易被忽悠了:包装大并不代表内里多;看到促销时要三思,不能贪便宜而购买……

在财经课上,我的财经视野、财经思维在教授的指导下得到飞升,财商的提高也使我在日常生活中十分受益,可以说是"学之且足践之"。

在我与财经有关的校园生活中,除每周的财经课外还有缤纷的社团活动。在校长的鼓励下，我在高一时创建了财知社，并在高二连任社长。学校十分支持财知社的发展：社团的指导老师专业知识丰富；参加商赛时学校为我们请来相关专业的老师作为指导等等。

为给社员打好知识基础，由我备课并在每周的社团课上向他们讲解知识，社团的指导老师也常常帮助我改进所教授的内容。

正是上财北郊对于财经素养的重视滋养了我，让我得以茁壮生长。学校的财经类课程和活动，带给我的不仅是丰富的财经知识，更重要的是对我能力的锻炼以及习惯与思想的提升，使我受益终生。

## 商赛，点燃我的财经梦

季沁毓

在高中三年中，我参与了不少财经拓展活动。这些活动不仅拓展了我的见识，还培养了我的能力，让我由一个毫无经验的小白，逐渐积累起了财经知识，培养了我对财经类专业的兴趣，最终影响了我的专业选择方向。

高一时的“校园大亨”商赛，是我高中商赛经历的起点。一开始，我们只售卖绿豆糕、熊掌饼等小零食和常温饮料。接着在同学们的建议下，我们拓展出了热饮料——奶茶。为了提高营业额，我们想出了套餐、打折等种种促销方案；又在学校的帮助下，结合每周财经讲座上学到的专业知识来拓展新的售卖方式：线上、预订……渐渐地，我们的目标由保本变成了盈利，甚至隐隐期待起了一定的盈利率。其间，我们各展所长：善于宣传的同学吆喝生意，我和另一位同学负责记账，队长忙着撰写总结书……我开始渐渐体会到了商业的妙处，乐于其中，甘之若饴。

因为高一时的经历，高二时我又参与了一届“校园大亨”，在面对商业方案、对接上下游等方面更加成熟；面对评委时，演讲也更有自信。比起高一时的手忙脚乱，我多了一份镇定；比起当时的事事新奇，我也多了一份沉稳，甚至可以帮助学弟学妹们做方案。这无疑是商赛经历、财经知识的增加以及见识的扩展所带给我的自信。

“校园大亨”之外，我与同学又参与了好几场商赛。其中有通过实打实的营业额数据来确定方案的可行性、落地性、长久性的类型；也有着重股票市场，偏重虚拟货币交易的类型；也有纯理论积累的比拼……在形形色色的比赛中，我与同学们并肩作战。鉴于商赛大都以团队形式比拼，我在一次次的比赛中锻炼了团队协作能力，探索出如何与队友快速沟通，也锻炼了自己的文书能力，使自己能快速跟上团队步伐，成为团队运行链条中的一部分。同时，基于学校平台，我有幸在商赛备赛过程中接受来自上海财经大学的教授们、研究生学姐们的指导，了解了不少专业的调查方式，规范了自己的商业计划。在长辈们的关怀、引导下，我在课余时间也会去阅读诸如《市场营销案例》等专业的书籍，有意识地搜索一些经管类专业的科普、提问等，逐渐敲定了自己未来大致的职业发展方向，并在高中的剩余时间里向着目标努力。

回首高中三年，老师的同学们温暖的陪伴，校方对学生活动的大力支持与对学生财商的着重培养，使我能够有更多的机会拓展自我边界，发现自己对财经潜在的兴趣。

从学生的自评中，可以强烈地感受到学生喜欢学校的财经类课程和活动，并从中提升了自己的财经素养，对学校满怀感恩之情。

## 二、教师专业素养的提升

随着学校对学生的期待从立德树人扩充到了经世济学，学校财经核心课程的发展也逐渐走向成熟，同时学生财经素养的提升和发展，更离不开教师自身财经业务水平的提高。为对接学习型、复合型的新时代教师要求，教师唯有实现自我突破，方能将财经和教育紧密地结合在一起。

### (一)财经奠基课程老师专业素养提升

随着财经奠基课程的开设与发展，教师的教学视野被打开，较之以往只专注自己的学科知识教学，现在教师们会将财经教育融入平时的教学中，使得课堂教学的内容更为饱满。与此同时，在研究财经融合教学的过程中，教师自身的财经类知识储量大幅提升。在教师的教育小结中，很多教师都提到了“财经融合课程拓宽了自己的知识边界”，我们选取了一篇历史老师的小结，摘录如下：

## 财经与历史融合

沈　昊

历史学科的日常教学中经常涉及人类经济活动，虽然学科本身知识涵盖面极其广泛，但是在以唯物史观为圭臬的教学过程中解释人类社会演进过程，就特别突出经济活动在其中的作用，认为一个社会的“经济基础”决定了这个社会的意识形态、社会制度、组织形式等，一个社会文学艺术的主流形式，也受所处历史时段的社会状态、生产力水平制约，是时代的反应。因此，在历史教学中，切换视角，从经济领域观察社会本也是题中之意。

在日常与学生的沟通中发现，我校学生虽时刻处于经济生活中，甚至自身参与金融活动，如炒股等，但缺乏经济学理论的学习，也缺乏宏观观察人类活动的意识。学校更名后，开始突出“财经”特色，“财经”二字包括财政、金融、经济等方面，通过对上海财经大学招生专业目录的了解，可以看到主要包括了财务实操为主的统计、税务、会计等专业，管理类的财务管理、房地产经营管理、工商管理、公共管理、信用管理，货币银行相关的金融投资、保险，贸易流通相关的国际商务、国际经济与贸易等多个方面。可以看到，重实操、贴近社会生活是上财的特点，我校向财经方向的融合，也为促进历史教学在涉及经济领域时更关注具体的经济活动提供了机会。譬如在涉及战争时，我们往往将很多的关注点放在武器装备技术水平高低或者泛泛的正义非正义立场去看战争的胜负上，或者形成一些惯性思维，我们似乎往往有一个固定的认识，当提到近代以来中国各方面都落后于世界，但是，如果深入了解，我们会发现例如拥有连发枪、格林快炮、克虏伯钢炮的清军在甲午战争中输给仅装备单发枪、青铜炮的日军，决定胜负的内在原因有哪些呢？以往我们更多关注在政治层面，但是熟悉军事的都知道，所谓“外行看装备，内行看后勤”，战术层面的胜负，往往是战略层面后勤支持有力与否的结果，当把视线继续延伸，就会发现，由于缺乏有效的后勤管理、缺乏现代的会计制度，使得清军在前线无法得到有力的后勤支持，加速了原本就不太坚定的战斗意志的迅速溃散。而在讲到例如“国共矛盾”这个历史现象的时候，毛泽东思想中“陷敌人于人民战争的汪洋大海之中”的结论，在回归到历史的实然之后，就会关注到“黄桥烧饼”为代表的人民大众对我党我军的后勤支持，就可以理解陈毅元帅说的"淮海战役是手推车推出来"这句话的分量，对于经济问题的关注，帮助学生贴近远去的历史，去理解社会、理解人类。

学校鼓励教师在财经奠基课程以及财经广域课程等方面进行探索研究，因此在广域课上我开设《历史中的市场经济》关注历史中的经济活动事件与时代发展的结合，通过具体的案例分析来帮助学生关注经济理论和经济活动，作为课程补充，丰富学生对经济发展的认识。通过诸如"一支铅笔的诞生"等贴合生活的案例，帮助学生了解经济生活、了解经济运作。

经过一年的实践探索后，我在奠基课程中对经济相关知识作了重新梳理，完善了知识结构，将课程转变为覆盖更大更广。历史学科涉及诸多知识点，如果突破惯常的学科视角，改从经济视角观察，不难发现在人类社会进程中，经济活动可以说贯穿于整个高中阶段所涉及的各个历史时段，在课程教学中关注经济领域的变化，也符合马克思主义对"经济基础"重要性的论述。当然，事物间的相互影响使得经济活动不是独立地对社会发展产生作用，如何在兼顾各方面因素的同时，突出关注经济活动是优化过程中需要完成的。

### （二）财经广域课程老师专业素养提升

最初学校提出开设财经广域课程时，教师们疑惑怎么上这类课程，渐渐地，在摸着石头过河的过程中，他们找到了打开财经广域课程教学的钥匙，同时又开始琢磨怎么上好这类课。在此探索过程中，教师的课程开发能力得到充分的发展与提升，同时也提升了教师的学习能力，符合新时代"复合型"教师的要求。我们选取了一篇广域课老师的心路历程，摘录如下：

#### 我的拓展课进化史

周贤玫

一、把课上起来

2016 年 2 月，学校正式更名为上海财经大学附属北郊高级中学，学校新的起点急需开发一批新的与财经相关的课程。由于自己身处教育管理岗位，又是青年党员，虽然没有教学经验，也不是财经相关专业出身，但还是硬着头皮开始了我校的第一门财经广域课《闲财每周理》。

为了上这节财经课，我开始了自我研习之路。我第一套学习的教材是《理财规划师》。600多页的上下两本书来来回回翻了许多遍。由于这是一本理财规划师资格考试的应试教材，其框架完整、知识点多，同时内容也相对枯燥，不太适合直接拿来给高中生上课，因此我又开始了教材的重整。仅笔记就整理出了5本。上课的基本内容有了，再通过网络找一些补充资源，诸如日常新闻、专题纪录片、网红热搜等来充实制作课件的素材。一堂课里有识记知识点、有案例分析、有拓展资源补充，感觉也能像模像样地上起来了。内容够丰富，感觉也对得起学生每周花40分钟来听我的课了。

为了能让同学们每一节课都有新的收获，我坚持不断地学习各类财经相关书籍，不断整理和更新自己的笔记和课件。3年来每一次课的内容都是精心准备，拒绝雷同。有的同学连续选了我好几学期的课，最多的有连着选了4个学期。

二、让课活起来

我一直在想，我到底希望同学们在我的课上学到点什么呢？是背默金融知识点还是分析股市、楼市、债市呢？我也经常在课上问同学们，你们为什么要选这门课程？希望在这门课上学到些什么？有的同学目的很明确，直接就说："老师，我想学怎么买房、怎么炒股票、怎么挣大钱。"

一开始，我在课上也会将一些身边比较热门的金融工具向同学们进行专题的介绍。可是在这个过程中，我逐渐发现这些内容并不是我想要开设这门课的初衷，我想要在课上和同学们分享和学习的其实是一种思维方式、一种生活方式，而不是交易步骤。我希望同学们通过课堂的学习，能够更加深入地思考"为什么买、为什么卖""为什么买这个、不买那个"，而不是"怎么做买卖"。毕竟随着时代的发展和社会的进步，买房、炒股的途径会越来越多，操作也会越来越便捷，加上相关政策也会经常调整，在课堂上的讲授不太可能做到面面俱到。更何况今后这些步骤在实际的操作过程中都是由专业的经理人代为指导和操作的，对同学们来讲不需要在了解这些步骤上花大量的时间。

所以比起学习如何买房、如何炒股，更重要的是要让同学们在学习的过程中理解经济学的思维方式，学习如何成为一名理性的人。并在这一过程中学会如何取舍，并作出理性的决策，同时研究和推断不同的情况下相互影响的结果，理解经济整体运行的客观规律。因此在实际课堂活动中，我在讲解金融概念和经济原理的时候，尽可能多联系同学们的生活实际，对身边的案例进行分析。在提升学生学习兴趣的同时，帮助学生理解所学的相关金融专业知识，进而使学生通过运用所学的知识为自己的学习提供外挂助力、为自己的生活提供创新策略。

2019 年，随着我校财经实验室的全面竣工投入使用，我带着同学们多次进实验室体验了通过使用金融软件来完成股票交易。有了体验，把课上的东西能付诸实践，纸上谈兵的空洞感一下子就扫除了。课堂气氛活跃了，知识点也活用了。

**（三）财经核心课程老师专业素养提升**

随着财经核心课程的开设与发展，教师的专业视野被打开，因而对学生的指导能力也大幅提升了。在教师记录的成长小结中，很多教师都提到了“财经融合课程拉近了与学生的距离，给予学生更多的帮助”，我们选取了一篇财经核心老师的小结，摘录如下：

**财经课程中的“教学相长”**

徐旭东

“财知社”作为学校财经核心课程的主要载体，是学校更名之初便成立的社团，虽然成立只有短短四年时间，却累积了丰富的理论实践和赛事经验，其中更离不开教师和学生的共同努力，俗话说“教学相长”，想必莫过于此。就课程而言，财经类型的课程与其他课程相比，最大的不同在于财经课程是集理论、实践及操作于一身的，在短短 45 分钟的课堂活动中，教师引导学生的不只是给学生讲多少理论知识，而是要给学生提供可以发挥所学知识的平台和空间，课上完成不了，可以课下进行，课下完成不了，可以利用周末实行，确实做到真正增强学生的动手实践能力及实际操作能力，孕育而出的便是财经实验室及商赛等线下活动。而教师要做到这一点，首先要提升自身的理论知识和实践经验以及分析问题和解决问题的灵活方式与方法，能真正引导和开发学生，是一名优秀指导教师所要具备的能力。

其次，作为一名财经课程指导教师最大的收获莫过于和学生的共同成长。我校普及财经教育才刚刚走过第四个年头，学生和教师从一开始也只是一张普通的“白纸”。然而面对前方未知的挑战，我们所能做的便是一步一个脚印，边摸索边前进。利用手头的资源，积极与上海财大接轨，开设专题讲座。组织学生参观上海财大校园，与高校学生们深入探讨和学习，这些无疑拓宽了我们的视野。自发组织的商业大赛，邀请其他学校同台竞技，从开始的筹备到比赛项目的规划，再到商赛题目的仔细筛选，我们力争将所有细节做到最好，两次的商赛举办，也为我们财经文化打下了扎实的基础，积累了宝贵的财富。

最后，我认为作为一名普通学科教师，为对接新时代教师所具备的“学习型、复合型”的要求，需要不断去摸索和探究如何将财经素养与自身学科特点相结合，在日常课中也能将财经知识潜移默化地传达给学生，让更多的学生对财经产生兴趣，鼓励更多的学生能参与到学校财经特色的建设中去。

学校开设财经课程，不仅发展了学生的财经素养，同时也提升了教师的专业素养，财经奠基课程老师拓展了专业知识，财经广域课程老师提升了课程开发能力，财经核心课程老师增强了商赛指导力，真可谓“教学相长”。

## 三、学校财经教育办学特色的彰显

我们从多角度展现财经融合教学对学校发展的深远影响。

### (一)形成办学特色

自 2016 年虹口区人民政府与上海财经大学合作共建北郊高中之后，学校明确提出“做强人文传统、凸显财经特色”的发展目标，力求在人文与财经教育等方面在全市发挥引领示范作用。北郊自 2005 年被评为市实验性示范性高中以来，坚持以“文化立校、素质立校”为办学理念，以“人文见长”为学校特色，近几年在人文学科领域市级以上奖项渐有突破。在高中毕业生中报考各级各类财经类院校、综合大学财经类专业的学生逐年上升。通过近年来师生的努力，学校已逐步形成财经教育办学特色，并向全国知名、上海一流的大学附中方向努力。

**（二）完善办学目标**

学校在原有基础上，继续扩大上财北郊“人文”“财经”特色教育在全区的引领示范效应，加强打造在全市的影响力。在稳定自主招生达线率和综评录取率的同时，我们有针对性地根据学生特长和学业发展水平，分梯队培养，分层打通各级各类财经高等教育院校升学通道，将学校财经教育特色转化为高考优势。此外，我们还聚焦人文学科特色项目，发挥人文学科教师专长，细化人文资优生培养内容，提升学生人文类竞赛获奖比例。

**（三）展示办学成效**

通过全校师生的共同努力，学校在财经教育方面收获颇丰，主要体现在组织架构、课程建设、活动布置和升学通道这四个方面的进步与发展。

1. 组织架构重组

上财北郊实行理事会领导下的校长负责制，学校通过建立财经教研组，开展一系列财经类教研教学活动，将活动做好、做精、做深、做亮、做透，同时鼓励各学科骨干教师参与到学校财经教育课程建设中。

2. 人文财经课程建设

（1）课程基础设施建设

学校在创建创新实验室之后，不断推进财经实验室硬件的改造，配足配齐财经金融软件，以满足高招不同层级财经院校对高中生财经教育不同的发展目标的需求。与此同时，学校还努力完善阅读实验室的功能建设，针对有财经兴趣的学生，开发阅读实验室的财经阅读写作指导功能、互动交流功能和个性化综合服务功能等。

（2）课程软环境建设方面：做强做实人文财经课程

对照《普通高中课程方案》，学校从课时总量、课程分类、科目安排、学分需求等方面，将国际都市公民素养课程群、财经特色课程体系等与之作照应联系，建立课程上位依托。

其次，学校不断地优化课程机制和平台。在学校整体课程计划中，我们明确核心素养，注重财经素养目标与内容的有机整合，控制课时总量，优化特色课程选科机制和平台，兼顾学生共性的同时关注人文、财经特长学生特需性发展需求。

再者，学校始终在为提升特色课程品质做努力。学校现有《闲财每周理》《财经视角》《财商发掘之翔解》等财经特色课程，以及《阅读上海》《文峰辩论》《放眼世界》等人文特色课程，所有课程都是按照"教育价值""学习过程""核心概念"逐一完善的。同时，在基础型课程中，由学校牵头，各科教研组都已仔细梳理学科素养与财经教育的关系，完成了全学科的财经学科统整表。

3. 活动布置

在高中生商业大赛的经验基础上，学校举办了上财北郊"中学生未来商业精英体验营"，这一活动扩大了我校财经教育在市级范围的影响力。另外，学校正在努力做好财经教育特色的生涯辅导。针对不同学生的发展需求，在财经课程体系中的相应学习环节，我们组织学生参加人文财经相关出版社、金融机构、电台的实践活动，同时与财大教授、北郊校友知名作家联合对学生特色生涯教育进行辅导和实训。

4. 打通财经升学通道，提升财经相关专业录取比例

学校针对不同层次的学生进行分梯队的升学指导，如上海财经大学、上海对外经贸大学、上海商学院、上海立信会计金融学院等。针对不同层次财经类院校招考目标，从 211 重点高校、综合大学的财经类专业，到一般普通财经专业高等学校，我们细化高中财经教育的培养目标、学生生涯发展规划指导内容，充分发挥财经教育特色，凸显学生财经素养在高考综合素质改革招生评价中的关键作用，"突破"财经类重点院校的高招录取率。

**表 7—1　近年重要成效列举**

| 学　年 | 财经教育主要办学成效例举 |
|---|---|
| 2018 | • 创建"财经教研组"<br>• 举办"中学生未来商业精英体验营"，扩大市级影响力<br>• 课程基础设施建设，发挥创新实验室的特色功能 |

续表

| 学　年 | 财经教育主要办学成效例举 |
|---|---|
| 2019 | ·做好财经教育特色生涯辅导<br>·建立课程依托，优化课程机制和平台<br>·提升人文竞赛获奖比例 |
| 2020 | ·打通财经升学通道，提升财经相关专业录取比例<br>·做强做实人文财经课程，提升特色课程品质，扩大特色课程品牌效应 |

## 第二节　财经融合课程的未来展望

如前所述，随着社会对财经素养教育重视程度的不断提升，学校设计开发了融合财经课程，过去四年的摸索实践不仅取得了显著的成效，而且为进一步提升财经融合课程发展积累了丰富经验，创造了更大的提升空间。

本节将从以下三个方面详细阐述财经融合课程的展望，分别是课程内容不断丰富、课程实施逐步优化、课程成效更为凸显。本节第一部分，我们进一步挖掘基础型课程中的财经教育生长点，进一步丰富财经广域课程，使其涵盖财经管理的更多方面，并普及财经广域课程，进一步深化财经核心课程。本节第二部分，我们将联合社会各界力量，包括高等院校、金融机构等与财经教育相关的单位，共同致力于学校财经课程的更好实施。同时，通过互联网在线教育平台的搭建，为学校师生提供国内外的财经资讯，拓宽学生的财经视野。本节第三部分，我们将从学校、教师和学生三个角度展望财经融合课程带来的突破和进步。

### 一、课程内容不断丰富

为了提高财经课程的教学质量，丰富财经课程的教学内容是重要的途径。我们将从以下三个方面进行优化：(1)新教材更新财经奠基课程；(2)新行业催化财经广域课程；(3)新资源深化财经核心课程。

在新教材中，进一步挖掘必修课程中的财经要素，同步更新财经奠基课程。2020 年秋季，我校各学科将采用新教材教学，新增的内容本身可能就是财经素材，新增的知识和技能可能与财经应用有关,新增的学科思想方法可能与财经问题有联系,这将成为每一位财经融合课老师思考和努力的方向。以数学教材为例,新教材要求学生掌握基础的微积分知识,那么在数学建模时就可以引入求最值的经济模型;新教材要求学生掌握基础的数学期望,这一数学知识是博弈论学习的基础,由此教师可向学生简单介绍一下博弈论,拓展学生的知识面。

借助新行业,发挥教师的智慧,进一步开发财经广域课程的内容,使其涵盖更多、更潮流的财经领域。随着新兴产业不断涌现,新现象、新问题、新机遇应运而生,我校将开设相关研究性学习,引导学生关注新动态、新发展,帮助学生认识新事物、探究新规律,鼓励学生创造新发明、新应用。举例而言,随着国家大力倡导大学生创业,加之高中学生的创新能力不断提升、商业意识不断增加,我校将开设创业类财经广域课,帮助学生有计划地将科研变成商业推广、有选择地进行市场融资、有意识地做强科研项目,使学生成为社会所需的复合型人才。

充分利用新资源,进一步深化财经核心课程的内容,使学生有更深更广的财经视角。随着学校财经实验室正式投入使用,学生可以获得实时财经数据,研究当下的财经问题,提出切实可行的解决方案,做真问题研究、做最前沿问题研究。与此同时,学生还可以利用上海财经大学的高校资源,向财大教授请教财经问题,参与财大学长的课题研究或课外实践,与财大校友交流生涯规划,在此学习过程中积累学习经验并提升财经素养。

## 二、课程实施逐步优化

为了提高财经课程的教学质量,扎扎实实进行课程的建设,提高整体的教学质量,才是我校打响财经特色的重要途径。我们对课程体系、课程内容及学生实践等多方面进行调整和建设,充分利用现代化教学手段逐步优化财经课程的实施。

首先是课程教材的优化。教材是教学思想、内容、水平的集中体现,也是学生获取知识的重要途径。但就财经课程而言,传统的文字教材已经无法满足教学的需求,财经知识的获取更多是强调在教学过程中通过实践与模拟进行操作,通过多方位的渠道进行学习。由于缺乏与实际财经教学相适应的环境,学生缺少获得知识的重要途径，其操作能力及动手能力难以得到有效的提升。因此，我们要充分利用财经实验室的资源，利用其多媒体的网络技术及先进的硬件设施，为学生营造出真实的模拟财商环境。同时，还积极联系银行负责人，力求将真实银行的环境在财经实验室中得以还原，实现将传统教学中以教师为主体的模式转变为以学生为主体，真正做到让学生玩在其中、学在其中。

其次是课程形式的优化。财经类专题讲座是普及财经知识的重要手段之一，如何将学生获得的知识加以活学活用，这便需要专业人士进行答疑解惑。因此，我校也将积极对接上海财经大学优势师资力量，邀请他们来我校开展专题讲座，让枯燥的知识变得有趣生动，大力激发学生的积极性。同时，我校也积极联系校友以及社会各界优秀的财经成功人士，让其为学生分享他们自身的成长经历，将真实的案例展现在学生的面前，真正做到"实践是检验真理的唯一标准"的战略方针。

最后是网络课程的建设及优化，随着 2020 年初新冠疫情的爆发，网络教学课程呼之欲出。我校积极响应号召，在全体教师的共同努力下，已经形成了一套规范的课程体系，并且线上课程所带来的便利性及成效性也是有目共睹的。同时，学校一周安排的财经类课程一共有"社团课、拓展课、财大教授讲座和超新平台的财经慕课"四节课时，而高中课程课时安排非常紧张，所以更应该着手开发和优化网络教学课程，让学生可以在周末空闲之余，随时点开学校的网站观看和学习，同时也可以安排指导教师针对国内外的第一手财经资讯进行整合，并第一时间分享在线上平台中，在周末指定的时间段里为学生进行线上答疑解惑。

## 三、课程成效更为凸显

通过进一步丰富课程内容和优化课程实施，我校财经课程的成效将会更加显著，学校文化环境会更丰富，教师专业视角会更开阔，学生财经意识会更深刻。

财经课程将进一步丰富学校文化环境，随着课程的展开，在基础课程中更多教师参与财经类教学研究，在视角的开阔、学科边界的突破、课程内容的丰富、提高自身学科素养等方面都将有更多的帮助。

财经课程将为社会提供更全面的人才，我校近年来在财经人才素养培养领域的探索，唤起了学生对经济的热情。郑观应说“欲制西人以自强，莫如振兴商务”（《盛世危言・商务》），随着一届届学生毕业离校，拥有财经意识的我校学生在今后的专业学习和人生道路上将为国家的强盛提供更全面的服务。

我校在财经课程方面的实践不仅拓展我校的发展路径，更符合时代发展的需要。中国自春秋战国以来强调“以农为本”，商鞅颁布《垦令》，制定“商无得籴”“声服无通于百县”“重关市之赋”等政策，意在抑商。刘汉后，贤良文学们在朝堂上疾呼“愿罢盐、铁、酒榷、均输，所以进本退末，广利农业，便也”（《盐铁论・本议第一》），处处重农。随着桑弘羊的死，儒家思想开始在经济领域占据统治地位，政府调控经济的手段常常被称为“与民争利”，儒生们家国天下的忧患意识固然维护了中华千年帝国的延续，但在客观上，也阻碍了商品经济的发展。商人逐利的本性也让白居易写下一句“商人重利轻别离”，更将普通商人的地位死死钉在了社会各阶层的末端。然而，时过境迁，全球化浪潮冲击下的中国在美国重新向新保守主义回转的背景下，如何把握自身的发展机遇，建立属于中国的话语体系，和平崛起以突破近代以来西方用殖民方式构建的世界体系，带动世界的发展的新潮流，都离不开财经人才的培养。

## 附录一

# 上财北郊高中财经素养量表①

指导语：

首先感谢同学们参与我们的调查工作，你们的回答对我们很有价值。

本问卷调查是用来了解我校学生的财经素养。本问卷总共40道题目，第1—19道为客观题，每题后面的4个选项中只有一个为正确答案；第20—40题为主观题(部分引用“赢帆”相关数据)，回答无对错之分，你们的回答好坏取决于你们的真实感受和想法，此类题每项后面的5个数字，分别代表与你实际情况相符的不同程度，每个数字相对应的符合度为：

1：非常不符合　　2：比较不符合　　3：不确定

4：比较符合　　5：非常符合

完成本问卷大约需要20分钟时间，请仔细思考，不要和别人讨论。对于你的回答，我们承诺严格保密！

**客观题：**

1. 参加了语文综合实践活动“走近外滩建筑群”后，下列建筑大楼中不具备典型的外滩金融元素的是(　　)。

A. 汇丰银行　　B. 和平饭店

C. 怡和洋行　　D. 招商局大楼

2. 2019年12月23日，商务部会同有关部门再次向市场投放4万吨中央储备冻猪肉，以稳定猪肉价格。此举运用的市场机制主要是(　　)。

A. 价格机制　　B. 供求机制

C. 竞争机制　　D. 以上都不对

3. 现今投资和理财已成为现代人经济生活中的重要内容。下列观点存在误区的是(　　)。

---

① 本套问卷第20—40题选自“上海赢帆学生生涯规划中心”相关题目。

A. 储蓄存款是一种既便捷又能获得一定利息收益的投资方式

B. 购买保险是规避风险的有效措施，能补偿因发生某些意外造成的重大损失

C. 投资股票既可能获得股息和红利收入，也可能获得股票价格上升带来的差价收入

D. 债券以中央政府的信誉为担保，因此风险小，收益较稳定

4. 某企业将现金 10000 元存入银行，期限为 3 年，年利率为 10%。银行有单利与复利两种计息方式，A 方式为单利计息，B 方式为复利计息，则该企业分别按照两种方式存款，到期时得到的本利和分别为（　　）。

A. 13000 元，13000 元　　B. 13000 元，13310 元

C. 13310 元，13000 元　　D. 13310 元，13310 元

5. 假设你储蓄账户的利率是每年 1%，通货膨胀率是每年 2%，1 年之后，你能用该账户的钱买到多少东西？（　　）

A. 买到比现在更多的东西　　B. 买到与现在相同的东西

C. 买到比现在更少的东西　　D. 不知道

6. 以下关于债券与股票的叙述中，不正确的是（　　）。

A. 股票风险较小，债券风险相对较大

B. 债券是一种有期投资，股票是一种无期投资

C. 债券通常有规定的利率，股票的股息红利不固定

D. 发行债券的经济主体很多，但能发行股票的经济主体只有股份有限公司

7. 昨日开盘价为 EUR/USD=1.2450，今日开盘价为 EUR/USD=1.2320，下列说法正确的是（　　）。

A. USD 升值，EUR 贬值　　B. USD 贬值，EUR 升值

C. USD 贬值，EUR 贬值　　D. USD 升值，EUR 升值

8. 我校财经创新实验室不可以实现以下哪个功能？（　　）

A. 模拟股票交易　　B. 模拟外汇交易

C. 体验用 ATM 转账　　D. 查阅金融知识

9. 在以下哪个时间段，我校学生可以进行实盘投资的模拟操作？（　　）

A. 周一下午 15:00—16:00　　B. 周三中午 12:00—13:00

C. 周五下午 13:30—14:30　　D. 周日上午 8:00—9:00

10. 在我校同花顺 iFinD 模拟投资平台，我想买 1000 股股票，要输入委托数量为(　　)。

A. 10　　B. 100

C. 500　　D. 1000

11. 在我校同花顺 iFinD 模拟投资平台选购沪深 A 股时，评分设置内不包括的指标是(　　)。

A. 盈利率　　B. 负债率

C. 收益标准差　　D. sharpe 指标

12. 小丽想要购买两种股票进行投资，以下选项中哪两种股票的投资组合风险相对较低？(　　)

A. 中国银行、工商银行　　B. 中石油、中石化

C. 中国移动、中国联通　　D. 中国人寿、中视传媒

13. 在"大众创业，万众创新"的政策号召下，小明和几名同学于 2017 年 10 月成立了一家有限责任公司，但在拓展业务的过程中公司出现了资金短缺的问题。下列能有效解决资金短缺的是(　　)。

A. 发行股票，公开募股集资　　B. 树立良好资信，申请商业贷款

C. 发行国债，寻求政策支持　　D. 购买商业保险，规避经营风险

14. 参加了语文综合实践活动"走访枫泾古镇"后，你认为与古镇相关的下列哪项内容还不具备明显的财经元素？(　　)

A. 引入路演活动，提升古镇吸引力

B. 打造现代农业综合体营销模式

C. 开发古镇双创基地，提高古镇竞争力

D. 加强绿化建设，营造生态环境

15. 你是一位对文具颇有研究的高中生，此时一位正在上初中的学妹向你倾诉了对文具购买的烦恼，她表示其母亲根据她上学的各种需要，每周给她适当的

80 元做零花钱，且对于开学一个学期后就要面临中考，成绩优异、爱看书、乐于刷题的她不知该如何分配自己的零花钱，你建议她每个月准备多少钱能维持一个学期每周的文具花费呢？（　　）

A. 2—10 元　　B. 20—50 元　　C. 100—120 元　　D. 200—250 元

16. 开学后，你将进入高考冲刺学期，你父母知道你喜欢骑自行车兜风的爱好，便答应你高考考完会给你买一台质量更好的自行车，所以你打算将你骑了三年 899 元买入的山地自行车出售，为了更快速地出售，并能以更高售价卖出，你的自行车在二手市场收到以下 4 条意向，根据你的判断，你选择的买家是（　　）。

A. 高一学生党，骑自行车上下学，原本的 200 元自行车坏了，急需自行车

B. 大学研究生，不想住宿舍便需要自行车往返家校，且希望 600 元以下买入

C. 普通上班族，为了节省开支打算买自行车上下班，并坚持一年

D. 中年家庭主妇，表示尝试给上初中的孩子买自行车，鼓励其自己上下学

17. 现在你作为一名正在应聘销售员的应届毕业生，你面前摆放了 4 件物品，如果你能够成功在一家高档餐厅给一对正在度蜜月且女子已怀孕的年轻夫妇售出这一物品，那么你就可以成功入职。那么你如何选择，能最方便你完成任务并入职？（　　）

A. 一瓶罗曼尼康帝（30000 元）　　B. 鲜榨橙汁（25 元）

C. 一件粉色的婴儿装（500 元）　　D. 包装精美的酒心巧克力（75 元）

18. 假设您现在即将去应聘房地产销售人员，现在你的面前有一对 40 多岁的夫妇，工作稳定，家庭年收入 60 万元，两人公司都位于市中心，17 岁的儿子在市中心上学，不住校，身边存款有 400 万元，且原住房大约市场价在 80 万元到 100 万元左右，请问您将会对他推荐以下哪种房型？（　　）

A. 市中心的学区房（1250 万元）　　B. 郊区小别墅（500 万元）

C. 外环公寓楼（700 万元）　　D. 市中心豪宅（5000 万元）

19. 如果你能卖给一位光头老爷爷一把梳子，你将会获得梳子卖出价 5 倍的酬劳，且你可以选择梳子的样式，为了获得最多的酬劳，你会选择以下哪种梳子？（　　）

A. 金镶玉制梳，价值3000元　　B. 黄桃香木梳，价值1200元

C. 牛角无柄梳，价值850元　　D. 猪鬃毛滚梳，价值250元

**主观题：**

| | 题　目 | 1 | 2 | 3 | 4 | 5 |
|---|---|---|---|---|---|---|
| 20 | 我会收集账单来核实自己的开销。 | | | | | |
| 21 | 我能理解做买卖有时赚钱有时也会亏损。 | | | | | |
| 22 | 购物时，我会考虑每件商品的单价。 | | | | | |
| 23 | 对于管理钱财方面，我不占优势。 | | | | | |
| 24 | 我能解释城市的蔬菜比乡下贵的原因。 | | | | | |
| 25 | 有陌生邮件显示我的银行信息出错时，我会按照提示操作。 | | | | | |
| 26 | 当遇到促销时，我会考虑实际需求而避免盲目购买。 | | | | | |
| 27 | 我会弄明白每年在学校里花费的住宿费和伙食费。 | | | | | |
| 28 | 对于自己家庭的收入和开销，我总是不太了解。 | | | | | |
| 29 | 在理财方面，我认为我的方法值得推崇。 | | | | | |
| 30 | 我能轻易理解所读内容所蕴含的讯息。 | | | | | |
| 31 | 我不太擅长用数据来分析一些产品。 | | | | | |
| 32 | 我认为闲置的物品被置换或出售是一个很好的习惯。 | | | | | |
| 33 | 我认为有必要养成和家人沟通经济状况的习惯。 | | | | | |
| 34 | 将来我愿意做和财经有关的工作。 | | | | | |
| 35 | 我通过与经济领域内的人交流来提升自我。 | | | | | |
| 36 | 我有理想通过自己的努力改善身边的经济环境。 | | | | | |
| 37 | 我有耐心讨论那些复杂的金融理论。 | | | | | |
| 38 | 我想要参加一些商业大赛来提升自己的财经知识。 | | | | | |
| 39 | 我能理解斯密《国富论》对当时市场经济的推动作用。 | | | | | |
| 40 | 我能想象我未来在经济领域的研究方向，如金融领域。 | | | | | |

附录二

# 调查数据与分析[①]

## 一、高中财经素养量表解读

高中财经素养量表(以下简称:财经量表)是基于前人在财经素养已有研究和我校特色财经素养教育而独立研发的学校特色指标量表,意在通过测评学生的财经素养,评估学校三类财经课程的实施成效,为今后改进课程、优化办学提供参考指导意见。

该财经量表由三个维度构成,分别是:知识理解力(K)、技能与运用(S)、专业志趣(A)。这三个维度分别从学生对于财经类知识的了解程度和理解能力、在学习到财经类知识或技能后的运用能力以及未来自己对财经类的专业或职业的兴趣与志向上对学生的财经素养做出整体评估,具有良好的有效性和结构。

财经量表向我们揭示了我校学生在财经素养能力上的多样化,财经素养类型的不同揭示了学生现阶段财经素养能力的高低以及在财经素养各个维度上的相对优劣势。不同时期进行测量的财经量表可以揭示同一学生不同时期的财经素养各个维度上的变化和整体水平的变化。

不难发现,学生财经素养能力的差异性可以反映出三类课程对学生财经素养提升的有效性和由课程本身承载的教学作用而引起的财经教育成效的差异性,财经奠基课程侧重于帮助学生积累财经知识,财经广域课程侧重于培养学生财经数据分析的技能和应用意识,财经核心课程侧重于发展学生的财经思维和对财经领域学习的志向与规划。

## 二、高中财经素养量表数据分析

### (一)本次测评样本概述

本次测评对象是上海财经大学附属北郊高级中学全体学生,共588人,其中有效测评问卷为588份。本报告研究对象为588份有效问卷所对应的学生。

---

① 该附录中的主观题数据汇总引用了“上海赢帆学生生涯规划中心”的数据统计。

## (二)测试数据反馈

客观题数据汇总

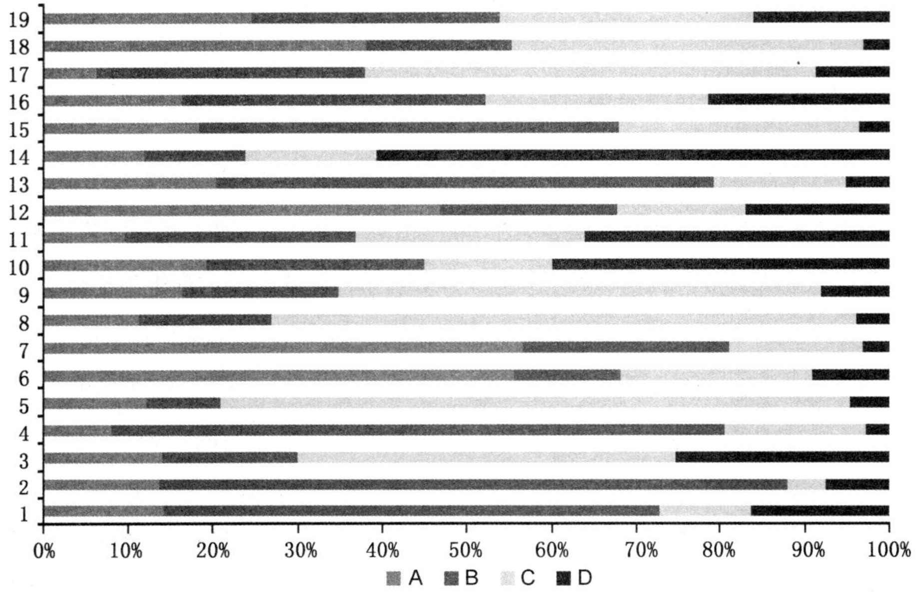


主观题数据汇总

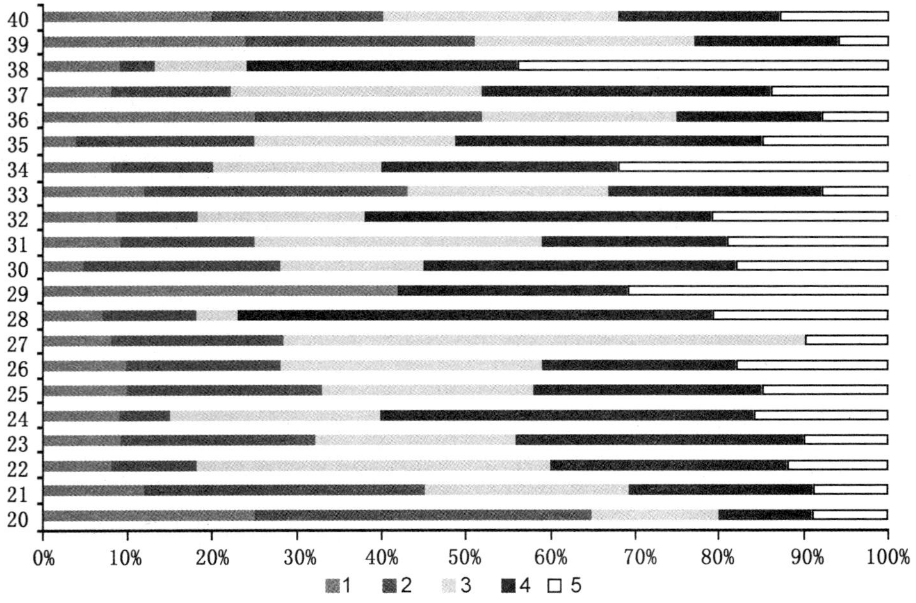


图 1　财经素养量表试题选择汇总

### (三)数据统计

根据学生在三个维度的得分情况，我们将其划分为三种财经素养类型，并进行了人数比例统计。各维度的显性比例为 53.11：62.15：55.37，可见在财经素养各维度上，我校学生略倾向于技能与运用。

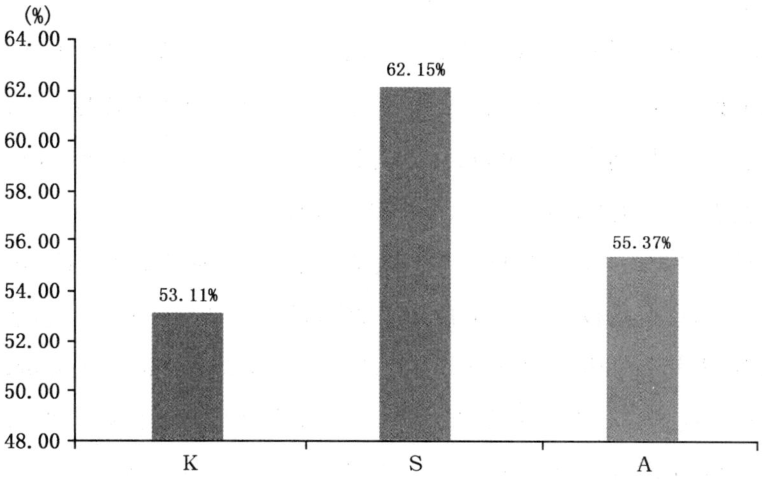


**图 2 财经素养 KSA 比例**

从这组数据中我们可以发现，总体而言，学生对于财经类知识的了解程度和理解能力具有较高水平，这得益于学校对财经教育的重视以及对特色课程的设置。相对而言，我校学生的财经素养的提升得益于在校接触到的财经类广域课程，学生在对于财经知识了解以及理解的基础上，可以在日常生活中运用相关知识和技能也有利于提升学生自我财经素养。同时，在学生了解财经知识、理解其含义后，需要进行适当的实践运用，在接触运用技能的过程中才能培养自我财经志趣，以全面提升自我。

### (四)数据分析

在财经素养量表中，与知识理解力相关的问题有 15 题，与技能与运用相关的问题有 14 题，与专业志趣相关的问题有 11 题。通过财经量表的测试不难发现，不同类别的学生在财经素养方面有着不同的表现。例如，选修过学校财经广域课程的学生在知识理解力相关题目中的得分，要比没有选修过财经广域课程的学生高。参加过“未来商业精英体验营”“校园大亨”等商业大赛活动的学生在技能与运用相关题目中的得分，要比没有参加过商赛活动的学生高。财经类社团的成员或是研究性学习选择与财经相关内容的学生在专业志趣相关题目中的得分，要比没有这些经历的学生高。

就财经量表题目的内容设计来看，涉及经济社会运行基本概念的题目有 9 道，货币金融工具类有 4 道，投资风险与收益类有 4 道，经济学思维类有 3 道，收入消费类有 4 道，理财规划类有 4 道，市场营销类有 6 道，职业生涯规划价值提升类有 6 道。基本涵盖了中国高中生财经素养标准的所有内容。

全校平均分为 46.66，知识理解力、技能与运用、专业志趣分别得分为 20.80、16.45 和 9.40，说明我校学生较好地理解并掌握了一些财经类知识，也能进行简单的理财操作，少部分学生已对财经类专业产生了极大兴趣。进一步分析，三个年级在知识理解力板块都取得了很高的分数，说明面向全校开设的财经奠基课程成效显著，通过此通识课程的培养，学生对财经类知识有了一定了解。

纵向比较三个年级，高一年级的平均分最高，达到 46.95 分，其主要原因是高一学生在技能与运用板块获得很高分数。随着去年年底我校财经实验室正式投入使用，我们高一学生有机会上机进行投资与理财操作，这一实战操作帮助学生对财经问题有了直观认识、对评估预期收益与风险有了经验积累、对解决问题时的策略选择有了足够把握。不难发现，每周一次的实战操作，看似只有 40 分钟，但潜移默化地培养学生分析和解决问题的能力，渐渐地，学生将这一能力应用于日后的学习、生活中了。与过去两年相比，我校开设的财经广域课程内容逐年丰富，高一学生是最大的受益者，这也显示出我校财经广域课程对学生财经素养发展起到了很重要的作用。

进一步分析，虽然高三年级的平均分是最低的，但是其专业志向板块得分最高，其主要原因是高三学生参加各项财经活动人数是最多的、参加活动的次数也是最多的。高三年级总共有 70 名学生参加了上海财经大学的先修课程，连续 2 年参加了一系列商业大赛，比如“校园大亨”商业大赛等，同时进行财经类问题的研究并撰写了相关论文。此外，近 30 名学生创建并组织了财经类社团，研读财经书籍，探讨投资问题。通过这些财经活动，学生对财经专业有了进一步认识，从中发现了财经类学习的乐趣和兴趣，三年的历练让学生选择财经专业作为未来从事的职业方向。与此同时，我们将这 70 名同学的数据与高三其余学生的数据进行比较，发现他们的平均成绩比一般学生的成绩高出 10 分之多，这再一次说明我校的财经核心课程对于学生的生涯规划起着举足轻重的作用。

测试结果的分析，为学校财经素养教育的成效分析提供了有力的数据依据。我校的财经融合课程对学生的财经素养发展起着重要的积极作用，基础融合课程助力全校学生的知识理解能力，财经广域课程助力高一学生的技能应用能力，财经核心课程助力高三学生的专业志向热情。同时，通过此次测试结果的分析，也为学校开设财经类课程、组织财经类活动提供参考指导意见。

附录三

# 财经教育在各学科课程中的统整表

## 语文学科与财经素养单元统整

上海财经大学附属北郊高级中学　语文教研组

### 一、统整目标

2013年，教育部启动了普通高中课程修订工作。《普通高中语文课程标准（2017年版）》（以下简称新课标）修订的内容以主题为引领，使课程内容情境化，促进学科核心素养的落实。新课标努力呈现经济、政治、文化、科技、社会、生态等发展的新成就、新成果，充实丰富培养学生社会责任感、创新精神、实践能力相关内容。

新课标强调既要关注知识技能的外显功能，更要重视课程的隐性价值，还要关注语文课程在社会信息化过程中新的内涵变化；通过改革，让学生多经历、体验各类启示性、陶冶性的语文学习活动，逐渐实现多方面要素的综合和内化，养成现代社会所需要的思维品质、精神面貌和行为方式。

基于以上对新课标的分析，我们将语文学科和财经素养作如下统整：

**中国青少年财经素养标准（上海财经大学中国财经素养研究中心）**

<table>
<tr><th colspan="2">学段知识模块</th><th>个体与社会</th><th>货币与金融</th><th>收入与消费</th><th>投资与风险</th><th>价值与提升</th></tr>
<tr><td rowspan="4">高中</td><td>知识</td><td>1. 个人在社会经济活动中的社会责任感。<br>2. 个体在社会经济活动中的精神面貌和正确的行为方式。<br>3. 个人消费需求与社会金融行业密不可分。</td><td></td><td>1. 会对自己的收入与消费能力进行评估。<br>2. 理解生产消费与个人消费的内涵。</td><td></td><td>1. 规划自己的财富，作出合理的投资方案。<br>2. 财富与人生的哲学化思考。<br>3. 了解创业与人生的关系。</td></tr>
<tr><td>能力</td><td colspan="5">1. 能合理判断个人行为背后的经济动机。<br>2. 初步确定未来职业目标。</td></tr>
<tr><td>思维</td><td colspan="5">1. 培养一定的投资决策思维。<br>2. 培养创新创业思维。</td></tr>
<tr><td>价值观</td><td colspan="5">1. 能深刻意识到社会经济产业的价值及必要性。<br>2. 引导高中生意识到利用经济手段创造社会价值和服务社会的重要性。</td></tr>
</table>

## 二、统整内容

2017 版新课标以语文学科核心素养为纲，以学生的语文实践为主线，设计“语文学习任务群”。“语文学习任务群”以任务为导向，以学习项目为载体，整合学习情境、学习内容、学习方法和学习资源，学习任务群的设计着眼于培养语言文字运用基础能力，充分顾及问题导向、跨文化、自主合作、个性化、创造性等因素，并关注语言文字运用的新现象和跨媒介运用的新特点。

新课标中完整的 18 个学习任务群如下：

| 学习任务群 | |
|---|---|
| 1 | 整本书阅读与研讨 |
| 2 | 当代文化参与 |
| 3 | 跨媒介阅读与交流 |
| 4 | 语言积累、梳理与探究 |
| 5 | 文学阅读与写作 |
| 6 | 思辨性阅读与表达 |
| 7 | 实用性阅读与交流 |
| 8 | 中华传统文化经典研习 |
| 9 | 中国革命传统作品研习 |
| 10 | 中国现当代作家作品研习 |
| 11 | 外国作家作品研习 |
| 12 | 科学与文化论著研习 |
| 13 | 汉字汉语专题研讨 |
| 14 | 中华传统文化专题研讨 |
| 15 | 中国革命传统作品专题研讨 |
| 16 | 中国现当代作家作品专题研讨 |
| 17 | 跨文化专题研讨 |
| 18 | 学术论著专题研讨 |

根据新课标的精神，以上 18 个学习任务群以自主、合作、探究性学习为主要学习方式。这些学习任务群追求语言、知识、技能和思想情感、文化修养等多方面多层次目标发展的综合效应，而不是学科知识逐点解析、学科技能逐项训练的简单线性排列和连接。

教师可根据学生的发展需求，围绕学习任务群创设能够引导学生广泛、深度参与的学习情境。通过多样的语文实践活动，积极倡导基于学习任务群的专题学习，组织学生开展合作探究、研讨交流活动，鼓励学生以各种形式相互协作，展示与交流学习成果。

基于以上描述，我们选定两个可以进行财经素养渗透的任务群，并与现有的语文综合实践活动和阅读写作活动相结合。

**学习任务群 2　当代文化参与**

本任务群旨在引导学生关注和参与当代文化生活，学习剖析、评价文化现象，积极参与中国特色社会主义先进文化的传播和交流，增强文化自信。

活动目标：

聚焦特定财经文化现象，自主梳理材料，确定调查问题，编制调查提纲，访问调查对象，记录调查内容，完成调查报告。

活动内容：

依托已有的语文综合实践活动“阅读上海”，在阅读、表达中探析有关财经文化现象，拓展视野，培养能力，积极参与当代财经文化生活。

**学习任务群 18　学术论著专题研讨**

本任务群旨在引导学生阅读学术论著，体验学者发现问题、探索解决问题的路径，以及陈述学术见解的思维过程和表述方式，尝试写作小论文。

活动目标：

根据个人的阅读兴趣和平时积累、思维特点以及未来发展方向，选择适宜的财经类著作或与财经相关的文章阅读。

活动内容：

将研读著作或文章过程中生成的关注点、问题点等进行梳理概括，或围绕相关话题，组织讨论活动，整理提炼研读成果，相互交流。

## 数学学科与财经素养单元统整

上海财经大学附属北郊高级中学　数学教研组

### 一、统整目标

2017年，教育部启动了普通高中课程修订工作。《普通数学课程标准（2017年版）》（以下简称新课标）进一步精选了学科内容，重视以学科大概念为核心，使课程内容结构化，以主题为引领，使课程内容情境化，促进学科核心素养的落实。结合学生年龄特点和学科特征，课程内容落实习近平总书记新时代中国特色社会主义思想，有机融入社会主义核心价值观，中华优秀传统文化、革命文化和社会主义先进文化教育内容，努力呈现经济、政治、文化、科技、社会、生态等发展的新成就、新成果，充实丰富培养学生社会责任感、创新精神、实践能力相关内容。

理念介绍：新课标强调既要关注知识技能的外显功能，更要重视课程的隐性价值，我国普通高中教育的任务是促进学生全面而有个性的发展，为学生适应社会生活、高等教育和职业发展作准备，为学生的终身发展奠定基础。普通高中的培养目标是进一步提升学生综合素质，着力发展核心素养，使学生具有理想信念和社会责任感，具有科学文化素养和终身学习能力，具有发展能力和沟通合作能力。

基于以上对新课标的分析，我们将数学学科和财经素养作如下统整（结合财经素养标准中与本学科关系最密切的修改）：

**中国青少年财经素养标准(上海财经大学中国财经素养研究中心)**

| 学段知识模块 | | 个体与社会 | 货币与金融 | 收入与消费 | 投资与风险 | 价值与提升 |
|---|---|---|---|---|---|---|
| 高中 | 知识 | 1. 个人在社会经济活动中的社会责任感。<br>2. 个体在社会经济活动中的精神面貌和正确的行为方式。<br>3. 个人消费需求与社会金融行业密不可分。 | 1. 了解电子货币、虚拟货币、数字货币等概念。<br>2. 掌握通货膨胀与通货膨胀紧缩的定义。<br>3. 理解中央银行的概念。理解国家货币政策与财政政策对社会经济的影响。 | 1. 会对自己的收入与消费能力进行评估。<br>2. 理解生产消费与个人消费的内涵。 | 1. 理解各种投资的市场运作的基本原理。<br>2. 理解互联网金融市场的基本原理与特征。<br>3. 了解金融诈骗的常见模式。 | 1. 规划自己的财富,作出合理的投资方案。<br>2. 财富与人生的哲学化思考。<br>3. 了解创业与人生的关系。 |
| | 能力 | 1. 能合理判断个人行为背后的经济动机。<br>2. 初步确定未来职业目标。 | | | | |
| | 思维 | 1. 培养一定的投资决策思维。<br>2. 培养创新创业思维。 | | | | |
| | 价值观 | 1. 能深刻意识到社会经济产业的价值及必要性。<br>2. 引导高中生意识到利用经济手段创造社会价值和服务社会的重要性。 | | | | |

## 二、统整内容

2017版新课标以数学学科核心素养为纲,以学生的数学实践为主线,设计“数学学习任务群”。“数学学习任务群”以任务为导向,以学习项目为载体,整合学习情境、学习内容、学习方法和学习资源,学习任务群的设计着眼于培养数学逻辑思维能力,充分顾及问题导向、跨文化、自主合作、个性化、创造性等因素,并关注学生应用数学的意识。

新课标中完整的18个学习任务如下:

| 学习任务群 | |
|---|---|
| 1 | 集合 |
| 2 | 常用逻辑用语 |
| 3 | 相等关系与不等关系 |
| 4 | 从函数观点看一元二次方程和一元二次不等式 |
| 5 | 函数概念与性质 |

续表

| 学习任务群 | |
|---|---|
| 6 | 幂函数、指数函数、对数函数 |
| 7 | 三角函数 |
| 8 | 函数应用 |
| 9 | 平面向量及其应用 |
| 10 | 复数 |
| 11 | 矩阵与行列式 |
| 12 | 算法初步 |
| 13 | 解析几何 |
| 14 | 立体几何初步 |
| 15 | 排列组合与二项式定理 |
| 16 | 概率 |
| 17 | 统计 |
| 18 | 数学建模活动与数学探究活动 |

根据新课标的精神，教师可根据学生的发展需求，围绕学习任务群创设能够引导学生广泛、深度参与的学习情境。通过多样的数学实践活动，积极倡导基于学习任务群的专题学习，组织学生开展合作探究、研讨交流活动，鼓励学生以各种形式相互协作，展示与交流学习成果。

基于以上描述，我们选定6个可以进行财经素养渗透的任务群，并与现有的数学综合实践活动和财经活动相结合。

**财经与学科统整 主题一：函数模型及其应用**

本任务群旨在结合数学与经济学之间的联系，将经济问题转化为数学问题，用数学方法对经济学问题进行分析，提高学生数学学科的应用意识，同时积累分析、解决财经问题的经验，提升财经素养。

该统整主题的实施目标：(1)掌握常见的函数模型及其图像与性质；(2)知道函数模型在现实经济环境中的应用，提升应用意识，增强分析、解决财经问题的能力。

聚焦特定财经文化现象，自主梳理材料，确定调查问题，编制调查提纲，访问调查对象，记录调查内容，完成调查报告。

该统整主题的活动内容：

【活动一】某批发商每次以 160 元/台的价格将 500 台电扇批发给零售商，在这个基础上零售商每次多进 100 台电扇，则批发价相应降低 2 元，批发商最大批发量为每次 1000 台，试将电扇批发价格 $P$ 表示为批发量的函数，并求零售商每次进 800 台电扇时的批发价格。

【活动二】为了保护环境，发展低碳经济，某单位在国家科研部门的支持下，进行技术攻关，采用新工艺，把二氧化碳转化为一种可利用的化工产品。已知该单位每月的处理量最少为 400 吨，最多为 600 吨，月处理成本 $y$(元)与月处理量 $x$(吨)的函数关系可以近似地表示为 $y=\frac{1}{2}x^2-200x+80000$，且每处理一吨二氧化碳得到价值为 100 元的可利用化工产品。该单位每月能否获利？如果能获利，求出每月最大利润。如果不能获利，则需要国家每月至少补助多少元才能使该单位不亏损？

【活动三】某创业投资公司拟投资开发某种新能源产品，估计能获得 25 万—1600 万元的投资收益。

现准备制定一个对科研课题组的奖励方案：奖金 $y$(单位：万元)随投资收益 $x$(单位：万元)的增加而增加，奖金不超过 75 万元，同时奖金不超过投资收益的 20%。(即：设奖励方案函数模型为 $y=f(x)$时，则公司对函数模型的基本要求是当 $x\in[25,1600]$时：①$f(x)$是增函数；②$f(x)\leqslant 75$ 恒成立；③$f(x)\leqslant\frac{x}{5}$ 恒成立。)

(1)判断函数 $f(x)=\frac{x}{30}+10$ 是否符合公司奖励方案函数模型的要求，并说明理由。

(2)已知函数 $g(x)=a\sqrt{x}-5(a\geqslant 1)$ 符合公司奖励方案函数模型要求，求实数 $a$ 的取值范围。

**财经与学科统整 主题二:数列应用性问题**

本任务群旨在结合数学与财经理财之间的联系,将财经问题转化为数学问题,用数学方法对财经学问题进行分析,提高学生数学学科的应用意识,同时积累分析、解决财经问题的经验,提升财经素养。

该统整主题的实施目标:(1)掌握数列极限的概念和性质;(2)知道数列极限在银行存贷款中的应用,提升应用意识,增强分析、解决财经问题的能力。

聚焦特定财经文化现象,自主梳理材料,确定调查问题,编制调查提纲,访问调查对象,记录调查内容,完成调查报告。

该统整主题的活动内容:

活动一:分期付款中的单、复利

【例1】某人从银行贷款 $a$ 万元,分五期等额还清,期利率为 $r$。

(1)按复利(本期的利息计入下期的本金生息)计算,每期须还多少万元?

(2)按单利(本期的利息不计入下期的本金生息)计算,每期须还多少万元?

活动二:在银行中存款

【例2】某同学若将每月省下的零花钱5元,在月末存入银行,月利按复利计算,月利率为0.2%,每够一年就将一年的本利和改存为年利按复利计算,年利为6%,问三年取出本利和共多少元?(保留到个位)。

活动三:分期付款中的收益比较

【例3】某商店为了促进商品销售,特定优惠方式,即购买某种家用电器有两种付款方式可供顾客选择,家用电器价值2150元。

第一种付款方式:购买当天先付150元,以后每月这一天都交付200元,并加付欠款利息,每月按复利计算,月利率1%。

第二种付款方式:购买当天先付150元,以后每个月付款一次,10个月付清,每月付款金额相同,每月利息按复利计算,月利率1%。

试比较两种付款方式,计算每月所付金额及购买这件家电总共所付金额。

活动四:个人收入

【例4】在一次人才招聘会上,有A、B两家公司分别开出它的工资标准:A公司允诺第一年月工资数为 1500 元，以后每年月工资比上一年月工资增加 230 元；B 公司允诺第一年月工资数为 2000 元，以后每年月工资在上一年的月工资基础上递增 5%，设某人年初被 A、B 两家公司同时录取，试问：

(1)若该人分别在 A 公司或 B 公司连续工作 $n$ 年，则他在第 $n$ 年的月工资收入分别多少？

(2)该人打算连续在一家公司工作 10 年，仅从工资收入总量较多作为应聘的标准(不计其他因素)，该人应该选择哪家公司，为什么？

**财经与学科统整 主题三：概率统计及其应用**

本任务群旨在结合数学与风险投资之间的联系，将财经问题转化为数学问题，用数学方法对财经学问题进行分析，提高学生数学学科的应用意识，同时积累分析、解决财经问题的经验，提升财经素养。

该统整主题的实施目标：(1)掌握概率的概念；(2)知道概率在风险投资决策中的应用，提升应用意识，增强分析、解决财经问题的能力。

聚焦特定财经文化现象，自主梳理材料，确定调查问题，编制调查提纲，访问调查对象，记录调查内容，完成调查报告。

该统整主题的活动内容：

活动一：彩票中的概率应用

【例 1】从目前的体育彩票行业中可以得知，大多数地区中奖的号码都是从 0—9 这 10 个数字产生，根据彩票购买的行业规则，提交的 7 个彩票数字，可以是任意的，建立起数学概率模型：可重复抽取 7 个数字依次排列组成，从中我们可以根据高中数学中概率公式进行，推导出一些有利的结论：通过古典概率的计算方法进行推导，如果中奖号码中的 7 个数字全部都是不同的数字的概率为 $10\times9\times8\times7\times6\times5\times4/10^7=0.06048$。由此，我们可以进一步推导出 7 个数字中至少有 2 个数字相同的概率为 $1-0.06048=93.952\%$，从中我们可以得知，7 个中奖号都是不一样的可能性非常低，几乎为不可能发生的事件，但是中奖号码中至少有 2 个数字相同的概率却高达 93.952%，已经接近了确定事件，通过概率的知识的求解，帮人们了解到其中的秘密，购买彩票的时候知道中奖的号码至少会有 2 个是一样的数字，便多了一种技巧，增加中奖的可能性。

活动二：金融风险防范中的概率应用

【例 2】一家企业拥有 3 只股票，而这 3 只股票都是相对独立的，它们获得利润的概率分别是 0.8、0.6 以及 0.5，需要求得任两只股票至少有一只获得利润的概率以及在这三只股票中至少有一只股票是可以获得利润的概率分别是多少。

活动三

【例 3】以投资基金项目为例，若企业或个人将一笔资金投入三个不同的项目甲、乙、丙中，不同的基金项目在不同的经济环境下收入不同，假设对应的外部经济环境可以大致分为良好、一般、较差三个级别，根据每个基金不同的数据参数可以得到不同的经济环境下甲、乙、丙三个基金的收益及发生概率，其分布情况如下表所示：

| | $P_{良好}=0.2$ | $P_{一般}=0.7$ | $P_{较差}=0.1$ |
|---|---|---|---|
| 基金甲 | 30(万元) | 15(万元) | −5(万元) |
| 基金乙 | 20(万元) | 14(万元) | −4(万元) |
| 基金丙 | 18(万元) | 15(万元) | −3(万元) |

**财经与学科统整 主题四：线性规划及其应用**

本任务群旨在结合数学与企业管理的联系，将财经问题转化为数学问题，用数学方法对财经问题进行分析，提高学生数学学科的应用意识，同时积累分析、解决财经问题的经验，提升财经素养。

该统整主题的实施目标：(1)掌握线性规划的概念；(2)知道线性规划在消费生产决策中的应用，提升应用意识，增强分析、解决财经问题的能力。

聚焦特定财经文化现象，自主梳理材料，确定调查问题，编制调查提纲，访问调查对象，记录调查内容，完成调查报告。

该统整主题的活动内容：

【活动一】某人地有楼房一幢，室内面积共 $180m^2$，拟分隔成两类房间作为旅游客房，大房间每间面积为 $18m^2$，可住游客 5 名，每名游客每天住宿费为 40 元；小房间每间面积为 $15m^2$，可住游客 3 名，每名游客每天住宿费为 50 元；装修大房间每间需 1000 元，装修小房间每间需 600 元。如果他只能筹款 8000 元用于装修，且游客能住满客房，则他应隔出大房间和小房间各多少间才能获得最大收益？

【活动二】A，B 两种规格的产品需要在甲、乙两台机器上各自加工一道工序才能成为成品。已知每件 A 产品需要在甲机器上加工 3 小时，在乙机器上加工 1 小时；每件 B 产品需要在甲机器上加工 1 小时，在乙机器上加工 3 小时。在一个工作日内，甲机器至多只能使用 11 小时，乙机器至多只能使用 9 小时。A 产品每件利润 300 元，B 产品每件利润 400 元，则这两台机器在一个工作日内创造的最大利润是多少元？

【活动三】设某工厂有甲、乙、丙、丁四种机床，生产 A、B、C、D、E、F 六种产品，假定每种产品要经过机床加工，如产品 A 要经过甲、乙两种机床加工等，根据机床性能和以前的生产情况，知道制造每一单位产品机床所需工作时数，每台机床最大工作能力及每种产品的单价如下表所示，则在机床能力许可的条件下，每种产品各应生产多少才能使这个工厂的生产总值达到最大？

**财经与学科统整 主题五：导数在经济分析中的应用**

本任务群旨在结合数学与经济学的联系，将财经问题转化为数学问题，用数学方法对财经学问题进行分析，提高学生数学学科的应用意识，同时积累分析、解决财经问题的经验，提升财经素养。

该统整主题的实施目标：(1)掌握导数的概念；(2)知道导数在经济分析中的应用，提升应用意识，增强分析、解决财经问题的能力。

聚焦特定财经文化现象，自主梳理材料，确定调查问题，编制调查提纲，访问调查对象，记录调查内容，完成调查报告。

该统整主题的活动内容：

活动一：边际成本

【例 1】某机械厂，生产某种机器配件的最大生产能力为每日 100 件，假设日产

品的总成本 $C$(元)与日产量 $x$(件)的函数为 $C(x)=\frac{1}{4}x^2+60x+2050$,求:(1)日产量 75 件时的总成本和平均成本;(2)当日产量由 75 件提高到 90 件时,总成本的平均改变量;(3)当日产量为 75 件时的边际成本。

活动二:边际收益

【例 2】某企业产品的市场需求函数为 $P+0.1Q=80$,其中 $P$ 为价格,$Q$ 为需求量。求:(1)总收益函数;(2)边际收益函数;(3)计算 $Q=200$ 和 $Q=450$ 时的边际收益,并解释其经济意义。

活动三:边际利润

【例 3】某糕点加工厂生产 A 类糕点的总成本函数和总收入函数分别是 $C(x)=100+2x+0.02x^2$ 和 $R(x)=7x+0.01x^2$,求边际利润函数当日产量分别是 200 千克、250 千克和 300 千克时的边际利润,并说明其经济意义。

**财经与学科统整 主题六:概率统计的拓展——博弈论分析**

本任务群旨在结合数学与经济学的联系,将财经问题转化为数学问题,用数学方法对财经问题进行分析,提高学生数学学科的应用意识,同时积累分析、解决财经问题的经验,提升财经素养。

该统整主题的实施目标:(1)掌握概率统计的概念;(2)知道逻辑推理在博弈论中的应用,提升应用意识,增强分析、解决财经问题的能力。

聚焦特定财经文化现象,自主梳理材料,确定调查问题,编制调查提纲,访问调查对象,记录调查内容,完成调查报告。

该统整主题的活动内容:

【活动一】囚徒困境:在一次严重纵火案发生后,警察抓到两名嫌疑人。事实上正是他们为了报复而一起放火的,但警察没有掌握足够的证据。于是,将他们隔离审问,两个人都明白警方的政策:如果两人都坦白,入狱 5 年;如果两人都不坦白,由于证据不充分,他们只会被认定为妨碍公务罪而入狱 1 年;如果一人抵赖,而另一人坦白,则抵赖者入狱 8 年,坦白者无罪释放。两名嫌疑人会怎么选择?

# 英语学科与财经素养单元统整

上海财经大学附属北郊高级中学　英语教研组

## 一、统整目标

2017年，教育部启动了普通高中课程修订工作。《普通高中英语课程标准(2017年版)》(以下简称新课标)强调对学生语言能力、文化意识、思维品质和学习能力等核心素养的综合培养，具有工具性和人文性融合统一的特点。普通高中英语课程应在义务教育的基础上，帮助学生进一步学习和运用英语基础知识和基本技能，发展跨文化交流能力，为他们学习其他学科知识、汲取世界文化精华、传播中华文化创造良好的条件。普通高中英语课程同时还应帮助学生树立人类命运共同体意识和多元文化意识，形成开放包容的态度，树立正确的世界观、人生观和价值观，为学生未来参与知识创新和科技创新，更好地适应世界多极化、经济全球化和社会信息化奠定基础。

英语学科核心素养，即语言能力、文化意识、思维品质和学习能力，与高中生财经素养之间既有显性的关联，也有隐性的关联。首先，也最为显而易见的是，通过英语学科的学习，学生能提高其语言能力、语言意识和语感。PISA测试曾发现：语言能力中的阅读能力与财经素养之间的相关度高达0.82。具体来说，学生通过学习能掌握一定的英语语言基础知识，其中包括积累与财经有关的表达方式；同时发展听、说、读、看、写各项语言技能，为学生理解并掌握财经方面的基本知识以及在财经行业活动中实际使用英语进行交际打下基础。其次，英语语言能力的提高也蕴含着文化意识的提升，而文化意识的培育有助于学生获得文化知识、理解文化内涵、比较文化异同、汲取文化精华、坚定文化自信、塑造优秀品格、形成正确的价值观。例如，新课程在选择性必修类别中要求学生了解英美等国家政治和经济等方面情况的基本知识；比较中外差异，认同人类共同发展的理念。又如，在选修类别中要求学生了解中国对外经济的积极影响，树立中华文化自觉、坚定文化自信等。在学习的过程中，学生能形成对待财富世界的正确方式和良好的生活态度，包括金钱观、义利观、财富观等。在思维层面上，学生通过英语学习，能够辨析语言和文化中的具体现象，梳理、概括信息，构建新概念，分析、推断信息的逻辑关系，正确评判各种思想观点，创造性地表达自己的观点，具备多元思维的意识和创新思维的能力。而这些思维品质正是学生在解决实际财经问题时所需要的分析和决策能力，同时与中国财经素养教育的思维目标高度一致——养成基于现实问题的实践导向思维和初步的创新精神，养成在瞬息万变的经济世界中不确定性应对思维。最后，学生在英语学习过程中，能够树立正确的英语学习观，保持对英语的学习兴趣，具有明确的学习目标，能够多渠道获取学习资源，有效规划学习时间和学习任务，选择恰当的策略与方法，监控、评价、反思和调整自己的学习内容和进程。这种学习能力的形成不仅有助于英语学科的学习，也能逐步提高用英语学习包括财经类在内的其他学科知识的意识和能力。

基于以上对新课标以及英语学科素养与财经素养之间关系的分析，我们将英语学科和财经素养作如下统整：

**中国青少年财经素养标准(上海财经大学中国财经素养研究中心)**

<table>
<tr><th colspan="2">学段知识模块</th><th>个体与社会</th><th>货币与金融</th><th>收入与消费</th><th>投资与风险</th><th>价值与提升</th></tr>
<tr><td rowspan="4">高中</td><td>知识</td><td>1. 个人在社会经济活动中的社会责任感。<br>2. 个体在社会经济活动中的精神面貌和正确的行为方式。</td><td></td><td>1. 了解电子商务及其对消费方式的影响。<br>2. 综合个人兴趣、能力、现有条件及机会成本等要素规划职业选择与制作英语求职简历。</td><td>粗略看懂英语财务报表的重要内容。</td><td>1. 财富与人生的哲学化思考。<br>2. 了解创业与人生的关系。<br>3. 了解财富与生命自然的关系。</td></tr>
<tr><td>能力</td><td colspan="5">1. 培养学生在财经行业职场活动中实际使用英语进行交际的能力。<br>2. 具备初步的分析和决策能力。<br>3. 能够初步确定未来职业目标并制作英语求职简历。</td></tr>
<tr><td>思维</td><td colspan="5">1. 养成基于现实问题的实践导向思维和初步的创新精神。<br>2. 能够从跨文化视角观察和认识世界，对事物作出正确的价值判断。</td></tr>
<tr><td>价值观</td><td colspan="5">1. 能形成对待财富世界的正确方式和良好的生活态度。<br>2. 能够汲取中外文化精华、树立中华文化自觉、坚定文化自信。<br>3. 能够树立人类共同发展的理念。</td></tr>
</table>

## 二、统整内容

2017 年版新课标以英语学科核心素养为纲，提出了由主题语境、语篇类型、语言知识、文化知识、语言技能和学习策略六要素构成的课程内容以及指向学科核心素养发展的英语学习活动观。具体而言，指向学生学科核心素养发展的英语教学应以主题意义为引领，以语篇为依托，整合语言知识、文化知识、语言技能和学习策略等学习内容，创设具有综合性、关联性和实践性的英语学习活动，并从中学习语言知识，发展语言技能，汲取文化营养，促进多元思维，塑造良好品格，优化学习策略，提高学习效率，确保语言能力、文化意识、思维品质和学习能力的同步提升。

所有的语言学习活动都应该在一定的主题语境下进行。普通高中英语课程主题语境包括人和自我、人与社会和人与自然，具体如下：

| 主题语境 | 主题群 | 主题语境内容要求 |
|---|---|---|
| 人与自我 | 生活与学习 | 1. 个人、家庭、社区及学校生活；<br>2. 健康的生活方式、积极的生活态度；<br>3. 认识自我，丰富自我，完善自我；<br>4. 乐于学习，善于学习，终身学习；<br>5. 语言学习的规律、方法等； |
| | 做人与做事 | 6. 优秀品行，正确的人生态度，公民义务与社会责任；<br>7. 生命的意义与价值；<br>8. 未来职业发展趋势，个人职业倾向、未来规划等；<br>9. 创新与创业意识。 |
| 人与社会 | 社会服务与人际沟通 | 1. 良好的人际关系与社会交往；<br>2. 公益事业与志愿服务；<br>3. 跨文化沟通、包容与合作； |
| | 文学、艺术与体育 | 4. 小说、戏剧、诗歌、传记、文学简史、经典演讲、文学名著等；<br>5. 绘画、建筑等领域的代表性作品和人物；<br>6. 影视、音乐等领域的概况及其发展；<br>7. 体育活动、大型体育赛事、体育与健康、体育精神； |
| | 历史、社会与文化 | 8. 不同民族文化习俗与传统节日；<br>9. 对社会有突出贡献的人物；<br>10. 重要国际组织与社会公益机构；<br>11. 法律常识与法制意识等；<br>12. 物质与非物质文化遗产；<br>13. 社会热点问题；<br>14. 重大政治、历史事件、文化渊源；<br>15. 社会进步与人类文明； |
| | 科学与技术 | 16. 科技发展与信息技术创新、科学精神、信息安全。 |

续表

| 主题语境 | 主题群 | 主题语境内容要求 |
| --- | --- | --- |
| 人与自然 | 自然生态<br>环境保护<br><br>灾害防范<br><br><br>宇宙探索 | 1. 主要国家地理概况；<br>2. 自然环境、自然遗产保护；<br>3. 人与环境、人与动植物；<br>4. 自然灾害与防范，安全常识与自我保护；<br>5. 人类生存、社会发展与环境的关系；<br>6. 自然科学研究成果；<br>7. 地球与宇宙奥秘探索。 |

根据新课标的精神，在以主题意义为引领的课堂上，教师要通过创设与主题意义密切相关的语境，充分挖掘特定主题所承载的文化信息和发展学生思维品质的关键点，基于对主题意义的探究，以解决问题为目的，整合语言知识和语言技能的学习与发展，将特定主题与学生的生活建立密切关联，鼓励学生学习和运用语言，开展对语言、意义和文化内涵的探究，特别是通过对不同观点的讨论，提高学生的鉴别和评判能力；同时，通过中外文化比较，培养学生的逻辑思维和批判性思维，引导学生构建多元文化视角。

基于以上描述，我们选定四个可以进行财经素养渗透的任务群，并与现有的英语课程综合实践活动相结合。举例如下：

**财经与学科统整 主题一：Commercial English**

本任务群旨在加强学生的英语语言基础知识和基本技能的训练，同时使学生接触并了解一些财经方面的基本知识，培养学生在财经行业职场活动中实际使用英语进行交际的能力，为今后进一步提高在财经行业职场活动中的英语应用能力打下基础。

该统整主题的实施目标：

依据中国青少年财经素养标准（高中）涉及的知识模块，选取财经主题的文本，并借鉴大学财经英语课程，形成适合本校学生的校本教材。在帮助学生掌握基本语言知识和技能的同时，了解财经行业的一些基本知识以及一些常用术语的英语表达，培养专业兴趣和在财经行业职场活动中的英语应用能力。

该统整主题的活动内容：

该课程依托校本教材“商务英语”，以面授和自主学习相结合的方式进行。面授辅导以学生为中心来组织教学活动，针对教学中的重难点进行讲解和答疑，同时还应注重培养学生的英语语言学习策略和技巧，引导学生养成良好的英语学习习惯，能够提高并维持较高的学习热情和兴趣。在强调英语基本技能提高的同时，也要注重行业背景下语言交际能力的培养。此外，要努力优化学生的英语学习环境，营造良好的英语学习氛围。通过组织传统学习小组，线上学习小组、班级微信或QQ群、班级博客等形式多样的课外趣味活动，使学生有更多的运用英语进行操练的机会。

**财经与学科统整 主题二：读英语外刊，看世界经济**

本任务群旨在加强学生的英语语言基础知识和基本技能的训练的同时，帮助学生了解中、英、美等国家经济方面情况的基本知识，比较中外差异，认同人类共同发展的理念。同时，帮助学生了解中国对外经济的积极影响，树立中华文化自觉、坚定文化自信。

该统整主题的实施目标：

通过选取反映中、英、美等国家经济概况、对社会经济有突出贡献的人物、社会经济热点等主题的文本，组织学生进行阅读和讨论。

该统整主题的活动内容：

将研读文本过程中生成的关注点、问题点进行梳理概括，或围绕相关话题，组织讨论活动，整理提炼研读成果，相互交流。

## 物理学科与财经素养单元统整

上海财经大学附属北郊高级中学　物理教研组

### 一、统整目标

2013年，教育部启动了普通高中课程修订工作。《普通高中物理课程标准（2017年版）》（以下简称新课标）修订的内容由必修三个模块、选择性必修三个模块、选修三个模块构成。

理念介绍：新课标强调既要关注知识技能的外显功能，更要重视课程的隐性价值，新课标中关于课程基本理念的叙述中强调了要注重体现物理学科本质，培养学生物理核心素养注重课程的基础性和选择性，满足学生终身发展的需求注重课程的时代性，关注科技进步和社会发展需求引导学生自主学习，提倡教学方式多样化注重过程评价，促进学生核心素养的发展。

基于以上对新课标的分析，我们将物理学科和财经素养作如下统整：（结合财经素养标准中与本学科关系最密切的修改）

**中国青少年财经素养标准（上海财经大学中国财经素养研究中心）**

<table>
<tr><th colspan="2">学段知识模块</th><th>个体与社会</th><th>货币与金融</th><th>收入与消费</th><th>投资与风险</th><th>价值与提升</th></tr>
<tr><td rowspan="4">高中</td><td>知识</td><td>1. 个人在社会经济活动中的社会责任感。<br>2. 个体在社会经济活动中的精神面貌和正确的行为方式。<br>3. 个人消费需求与社会金融行业密不可分。</td><td>掌握国际重要金融市场间的运营时差，合理选择投资时机。</td><td>1. 会对自己的收入与消费能力进行评估。<br>2. 理解生产消费与个人消费的内涵。</td><td>理解投资的市场运作基本原理。</td><td>1. 规划自己的财富，作出合理的投资方案。<br>2. 财富与人生的哲学化思考。<br>3. 了解创业与人生的关系。</td></tr>
<tr><td>能力</td><td colspan="5">1. 能合理判断个人行为背后的经济动机。<br>2. 初步确定未来职业目标。</td></tr>
<tr><td>思维</td><td colspan="5">1. 培养一定的投资决策思维。<br>2. 培养创新创业思维。</td></tr>
<tr><td>价值观</td><td colspan="5">1. 能深刻意识到社会经济产业的价值及必要性。<br>2. 引导高中生意识到利用经济手段创造社会价值和服务社会的重要性。</td></tr>
</table>

## 二、统整内容

2017 年版新课标以物理学科核心素养为纲，以学生的物理实践为主线，设计“物理学习任务群”。“物理学习任务群”以任务为导向，以学习项目为载体，整合学习情境、学习内容、学习方法和学习资源。学习任务群的设计着眼于培养“物理观念”“科学思维”“科学探究”“科学态度与责任”四个方面的物理学科核心素养。通过质疑与探究、体验与实践、自主与合作、个性规划与创造性设计等学习过程，引导学生关注社会科技经济发展、关注国家重大发展战略经济背景中物理学科的重要作用，进而提升高中生财经素养。

按照新课标的要求，高中物理课程结构中必修课程是全体学生必须学习的课程，是高中学生物理学科核心素养发展的共同基础，由必修 1、必修 2 和必修 3 三个模块构成。选择性必修课程是学生根据个人需求与升学要求选择学习的课程，由选择性必修 1、选择性必惨 2 和选择性必修 3 三个模块构成。选修课程是学生自主选择学习的课程，由选修 1、选修 2 和选修 3 三个模块构成。无论是必修课程还是选修课程都应贯彻落实立德树人根本任务，注重发展学生的物理学科核心素养。

根据新课标关于高中物理课程内容的阐述及《新课标解读》一书关于内容要求的详细阐述，汇总以下与高中生财经素养相关的物理学科知识：

| 学科财经素养框架 | | 新课标内容 | | |
| --- | --- | --- | --- | --- |
| | | 必修 1 | 必修 2、3 | 选修 |
| 1 | 分析物理学引发三次工业革命对经济发展的影响 | 1.1.1 了解近代实验科学产生的背景，认识实验对物理学发展的推动作用。 | 3.3.1 能列举磁现象在生产、生活中的应用。了解我国古代在磁现象方面的研究成果及其对人类文明的影响。关注与磁相关的现代技术发展。 | 1.1 物理学与人类认识<br>1.2 物理学与社会变革 |
| 2 | 物理分析方法在财经领域的应用 | | 2.3.1 了解伽利略的实验方法和逻辑方法对牛顿力学诞生的贡献。了解牛顿力学的成就和局限性。 | |
| 3 | 物理绿色环保科技促进经济的发展 | | | 1.3 物理学与公民生活 |
| 4 | 共享经济的发展与物理科技的关系 | | | 1.3 物理学与公民生活 |
| 5 | 投资现代物理创新技术的财富收益与风险 | | | 2.3 物理学与新材料<br>2.4 物理学与信息技术 |
| 6 | 能源开发与利用对经济发展的影响 | | | 2.2 物理学与新能源 |

根据新课标的精神，教师可根据学生的发展需求，围绕学习任务群创设能够引导学生广泛、深度参与的学习情境。通过多样的物理实践活动，积极倡导基于学习任务群的专题学习，组织学生开展合作探究、研讨交流活动，鼓励学生以各种形式相互协作，展示与交流学习成果。

基于以上描述，根据常规教学活动的内容安排与物理特设校本课程及活动相结合，本教研组选定两个可以进行财经素养渗透的任务群。

**财经与学科统整 主题一：物理学的变革与经济发展**

本任务群旨在让高中生结合物理学发展史中物理学理论的发展、人类对新科技知识的认识、物理引发社会变革等探究与财经的内在联系。任务群包括三项子任务："物理学与人类认识对经济发展的推动""物理学引发的社会变革中经济活动的变化""三次工业革命对经济发展的影响"。

该统整主题的实施目标：

聚焦特定财经文化现象，自主梳理材料，确定调查问题，编制调查提纲，访问调查对象，记录调查内容，完成调查报告。聚焦物理科技与产业经济关系，自主梳理材料，确定调查问题，编制调查提纲，查找文献资料，记录调查内容，完成调查报告。

该统整主题的活动内容：

查阅资料，明确物理理论重大变革前后社会经济发展状况；

收集推动经济发展和引发经济活动方式变化的原因资料，探寻与物理学的内在联系；

调查整理三次工业革命对经济发展的影响的案例资料。

在系列资料查阅、收集、调查整理等活动中探析有关财经与物理学科的内在联系，拓展视野，培养能力，积极融入当代社会的财经生产生活。

**财经与学科统整 主题二：新能源与新技术的开发对经济增长的影响**

本任务群旨在让高中生了解新能源与新技术的开发对经济增长的影响。它不仅会创造新的经济增长点，也可以带来更高的经济收益或社会效益。任务群包括两项子任务："技术创新带来的经济快速增长"和"新能源开发带来的经济效应和社会效益"。

该统整主题的实施目标：

聚焦新技术和新能源引发的经济发展与创新现象，自主梳理材料，确定市场调查问题，编制市场调查问卷，访问调查对象，统计汇总调查数据，完成调查报告。

该统整主题的活动内容：

收集资料——经济现象："电动汽车的发展对汽车产业的震动""由共享单车、共享汽车等引发的共享经济的产生对社会发展的影响""新能源的开发对能源产业的冲击和经济发展的影响"。

市场调查——问卷设计、抽样调查对象、数据汇总。

实地走访——观察商场、查阅企业发展报告；走访电厂等企业调查发展现状。

在系列调查、走访活动中探析有关新能源、新技术的经济收益与社会效益（教育、警醒意义），拓展视野，培养能力，积极参与当代财经生活。

## 化学学科与财经素养单元统整

上海财经大学附属北郊高级中学　化学教研组

### 一、统整目标

2013年，教育部启动了普通高中课程修订工作。《普通高中化学课程标准(2017年版)》(以下简称新课标)修订的内容和变化：首先，在课程方案方面，进一步明确了普通高中教育的定位、优化了课程结构、强化了课程有效实施的制度建设；再次，在学科课程标准方面，凝练了学科核心素养，更新了教学内容，研制了学业质量标准，增强了指导性。

新课标的基本理念：

1. *以发展化学学科核心素养为主旨*

立足于学生适应现代生活和未来发展的需要，充分发挥化学课程的整体育人功能，构建全面发展学生化学学科核心素养的高中化学课程目标体系。

2. 设置满足学生多元发展需求的高中化学课程

通过有层次、多样化、可选择的化学课程，拓展学生的学习空间，在保证学生共同基础的前提下，引导不同的学生学习不同的化学，以适应学生未来发展的多样化需求。

3. 选择体现基础性和时代性的化学课程内容

结合人类探索物质及其变化的历史与化学科学发展的趋势，引导学生进一步学习化学的基本原理和方法，形成化学学科的核心观念；结合学生已有的经验和将要经历的社会生活实际，引导学生关注人类面临的与化学有关的社会问题，培养学生的社会责任感、参与意识和决策能力。

4. 重视开展“素养为本”的教学

倡导真实问题情境的创设，开展以化学实验为主的多种探究活动，重视教学内容的结构化设计，激发学生学习化学的兴趣，促进学生学习方式的转变，培养他们的创新精神和实践能力。

5. 倡导基于化学学科核心素养的评价

依据化学学业质量标准，评价学生在不同学习阶段化学学科核心素养的达成情况，积极倡导“教、学、评”一体化，使每个学生化学学科核心素养得到不同程度的发展。

基于以上对新课标的分析，我们将化学学科和财经素养作如下统整：

**中国青少年财经素养标准(上海财经大学中国财经素养研究中心)**

| 学段知识模块 | | 个体与社会 | 货币与金融 | 收入与消费 | 投资与风险 | 价值与提升 |
|---|---|---|---|---|---|---|
| 高中 | 知识 | / | / | / | 必修 5.4 了解关于污染防治、环境治理的相关国策、法规，强化公众共同参与环境治理的责任。 | 必修 5.5 认识经济发展与环境保护等的关系。树立自觉遵守国家关于化学品应用、化工生产、环境保护、食品与药品安全等方面的法律法规的意识。 |

续表

<table>
<tr><th colspan="2">学段知识模块</th><th>个体与社会</th><th>货币与金融</th><th>收入与消费</th><th>投资与风险</th><th>价值与提升</th></tr>
<tr><td rowspan="3">高中</td><td>能力</td><td colspan="5">选修系列 1 主题 3　以真实的化工生产过程为研究对象，借助相关资料对化工生产的原理、流程进行复原和模拟。<br>选修系列 1 主题 4　围绕资源、能源与环境等与可持续发展密切相关的问题开展中和实验项目；围绕材料性质与性能探究、材料开发与生产以及新型材料设计等开展综合实验项目；围绕生命健康相关问题，以食物成分的检测、食品加工过程探究、天然药物提取、药物成分检验、药物设计与合成，以及化妆品等日用化学品的制备等为载体开展综合实验项目。<br>选修系列 2 主题 1　化学与生活、主题 2　化学与技术、主题 3　STSE 综合实践。</td></tr>
<tr><td>思维</td><td colspan="5">必修 1.4　科学态度与安全意识。<br>选必修 2.4　结合生产、生活实际了解某些烃、烃的衍生物对环境和健康可能产生的影响。体会“绿色化学”思想在有机合成中的重要意义，关注有机化合物的安全使用。<br>选修系列 3 主题 3　实现化工过程的院系经济性，发展安全高效和节能环保的物质转化工艺和系统。</td></tr>
<tr><td>价值观</td><td colspan="5">必修 2.5　认识氯、硫、氮及其重要化合物化合物在生产中的应用和对生态环境的影响。<br>必修 2.6　认识物质及其转化在促进社会文明进步、自然资源综合利用和环境保护中的重要价值。<br>必修 3.4　体会提高燃料的燃烧效率、开发高能清洁燃料和研制新型电池的重要性。<br>必修 5.1　树立建设美丽中国、为全球生态安全作出贡献的信念。结合实例认识化学原理、化工技术对于节能环保、清洁生产、清洁能源等产业发展的重要性。树立“绿色化学”的观念，形成资源全面节约、物能循环利用的意识。<br>必修 5.2　初步建立依据物质性质分析健康问题的意识。<br>必修 5.3　结合合成氨、工业制硫酸、石油化工等实例了解化学在生产中的具体应用，认识化学工业在国民经济发展中的重要地位。以海水、金属矿物、煤、石油等的开发利用为例，了解依据物质性质及其变化综合利用资源和能源的方法。认识化学对于构建清洁低碳、安全高效的能源体系所能发挥的作用，体会化学对促进人与自然和谐相处的意义。<br>必修 5.4　认识物质及其变化对环境的影响，依据物质的性质及其变化认识环境污染的成因、主要危害及其防治措施，以酸雨的防治和废水处理为例，体会化学对环境保护的作用。</td></tr>
</table>

## 二、统整内容

2017 年版新课标以化学学科核心素养为纲，以学生的化学实践为主线，设计“化学学习任务群”。“化学学习任务群”以任务为导向，以学习项目为载体，整合学习情境、学习内容、学习方法和学习资源，学习任务群的设计着眼于培养语言文字运用基础能力，充分顾及问题导向、跨文化、自主合作、个性化、创造性等因素，并关注语言文字运用的新现象和跨媒介运用的新特点。

新课标中完整的 11 个学习任务如下：

| 学习任务群 | |
| --- | --- |
| 1 | 必修主题 1:化学科学与实验探究 |
| 2 | 必修主题 2:常见的无机物及其应用 |
| 3 | 必修主题 3:物质结构基础与化学反应规律 |
| 4 | 必修主题 4:简单的有机化合物及其应用 |
| 5 | 必修主题 5:化学与社会发展 |
| 6 | 选择性必修模块 1:化学反应原理 |
| 7 | 选择性必修模块 2:物质结构与性质 |
| 8 | 选择性必修模块 3:有机化学基础 |
| 9 | 选修系列 1:实验化学 |
| 10 | 选修系列 2:化学与社会 |
| 11 | 选修系列 3:发展中的化学科学 |

根据新课标的精神,教师可根据学生的发展需求,围绕学习任务群创设能够引导学生广泛、深度参与的学习情境。通过多样的实践活动,积极倡导基于学习任务群的专题学习,组织学生开展合作探究、研讨交流活动,鼓励学生以各种形式相互协作,展示与交流学习成果。

基于以上描述,我们选定两个可以进行财经素养渗透的任务群,并与现有的化学综合实践活动和财经素养活动相结合。

**财经与学科统整 主题一:价值与提升**

本任务群旨在认识到化学科学与技术对我国走生产发展、收获富裕、生态良好的文明发展道路将发挥重要作用,树立建设美丽中国、为全球生态安全作出贡献的信念。

该统整主题的实施目标:

1. 化学可促进可持续发展;

2. 化学在材料科学、人类健康等方面的重要作用;

3. 化学在自然资源和能源综合利用方面的重要价值;

4. 化学在环境保护中的作用；

5. 化学应用得安全与规则意识。

聚焦特定财经文化现象，自主梳理材料，确定调查问题，编制调查提纲，访问调查对象，记录调查内容，完成调查报告。

**财经与学科统整 主题二：化工生产的投资与风险**

本任务群旨在认识到化学工程将化学研究转化为生产力的重要途径之一。化学工程研究在不断探索如何揭示物质转化过程中传递、分离、过程强化和反应之间的关系及其对产品组成、结构和性质的影响；实现化工过程的原子经济性，发展安全高效和节能环保的物质转化化工工艺和系统。围绕相关典型研究成果，引导学生了解化学工程前沿研究的问题与思路。

该统整主题的实施目标：

1. 了解产品开发的过程

2. 了解企业发展的融资问题

3. 体验化工生产的成本核算

聚焦特定财经文化现象，自主梳理材料，确定调查问题，编制调查提纲，访问调查对象，记录调查内容，完成调查报告。

## 思政学科与财经素养单元统整

上海财经大学附属北郊高级中学　思政教研组

### 一、统整目标

2013 年教育部启动了普通高中课程修订工作。《普通高中思想政治课程标准（2017 年版 2020 年修订）》（以下简称新课标）修订的主要内容和变化：首先，关于课程方案。进一步明确了普通高中教育的定位；进一步优化了课程结构；强化了课程有效实施的制度建设。其次，关于学科课程标准。凝练了学科核心素养；更新了教学内容；研制了学业质量标准；增强了指导性。

理念介绍：新课标强调坚持正确的思想政治方向；构建以培育思想政治学科核心素养为主导的活动型学科课程；尊重学生身心发展规律，改进教学方式；建立促进学生思想政治学科核心素养发展的评价机制。

基于以上对新课标的分析，我们将思想政治学科和财经素养作如下统整：

中国青少年财经素养标准（上海财经大学中国财经素养研究中心）

| 学段知识模块 | 个人收入与分配 | 货币与市场 | 收入与支出 | 投资与理财 | 企业与就业 | 当代国际经济发展 |
|---|---|---|---|---|---|---|
| 高中 | 1.1 了解我国个人收入的方式与合法途径；了解初次分配和再分配，按劳分配和按要素分配的方式。 | 1.1 描述货币形态的变迁；了解货币的职能；树立正确的金钱观。 | 1.1 归纳影响个人收入和消费水平的主要因素；分析消费结构变迁的主要规律。 | 1.1 运用实例描述主要的金融市场，分析它们在我国经济生活中发挥的主要功能。 | 1.1 对比不同类型的企业；了解公司的组织机构；理解成本、收益和利润。 | 1.1 围绕经济全球化议题辨识国际经济中的比较优势；描述当代国际经济发展的基本特点和趋势。 |
| | 1.2 探究实现共同富裕、完善个人收入分配政策的意义和途径。 | 1.2 知道影响货币供求的主要因素；解析中央银行和商业银行在货币供应中的作用。 | 1.2 概括影响消费决策的主要因素；解析绿色低碳的生活方式，反对奢侈浪费和不合理的消费；坚定走生产发展、生活富裕、生态良好的文明发展道路。 | 1.2 比较各种常见的投资理财方式；探讨投资理财风险的管控与规避，合理确定投资理财组合；树立正确的财富积累观念。 | 1.2 探讨增强企业竞争力的途径；了解企业失信联合惩戒制度措施；剖析企业诚信经营的价值。 | 1.2 分析经济全球化的机遇和挑战，坚持正确义利观；阐释推动建设开放型世界经济的意义。 |
| | 1.3 评析实现共同富裕，促进社会公平正义的收入分配与社会保障政策；列举完善社会保障体系的措施。 | 1.3 说明市场供求与价格的关系；解析市场价格如何引导资源合理配置；阐释维护市场竞争与交易秩序的意义。 | 1.3 说明政府筹集收入的途径；了解政府的主要支出；了解依法纳税的意义。 | 1.3 运用实例阐释财务管理的基本原则；了解财务管理的根本方法。 | 1.3 评述提高就业率的措施；树立正确的就业观，弘扬劳模精神和工匠精神，营造劳动光荣的社会风尚和精益求精的敬业风气。 | 1.3 引用实例说明中国如何推动经济全球化朝着更加开放、包容、惠普、平衡、共赢的方向发展。 |

## 二、统整内容

2017 年版新课标以思想政治学科核心素养为纲，以学生的学科实践为主线，设计“学科学习任务群”。“学科学习任务群”以任务为导向，以学习项目为载体，整合学习情境、学习内容、学习方法和学习资源，学习任务群的设计着眼于培养材料分析能力，充分顾及问题导向、跨文化、自主合作、个性化、创造性等因素，并及时关注各类时政热点。

新课标中完整的18个学习任务如下：

| 学习任务群 | |
|---|---|
| 1 | 了解我国个人收入的方式与合法途径；了解初次分配和再分配，按劳分配和按要素分配的方式。 |
| 2 | 探究实现共同富裕、完善个人收入分配政策的意义和途径。 |
| 3 | 评析实现共同富裕，促进社会公平正义的收入分配与社会保障政策；列举完善社会保障体系的措施。 |
| 4 | 描述货币形态的变迁；了解货币的职能；树立正确的金钱观。 |
| 5 | 知道影响货币供求的主要因素；解析中央银行和商业银行在货币供应中的作用。 |
| 6 | 说明市场供求与价格的关系；解析市场价格如何引导资源合理配置；阐释维护市场竞争与交易秩序的意义。 |
| 7 | 归纳影响个人收入和消费水平的主要因素；分析消费结构变迁的主要规律。 |
| 8 | 概括影响消费决策的主要因素；解析绿色低碳的生活方式，反对奢侈浪费和不合理的消费；坚定走生产发展、生活富裕、生态良好的文明发展道路。 |
| 9 | 说明政府筹集收入的途径；了解政府的主要支出；了解依法纳税的意义 |
| 10 | 运用实例描述主要的金融市场，分析它们在我国经济生活中发挥的主要功能。 |
| 11 | 比较各种常见的投资理财方式；探讨投资理财风险的管控与规避，合理确定投资理财组合；树立正确的财富积累观念。 |
| 12 | 运用实例阐释财务管理的基本原则；了解财务管理的根本方法。 |
| 13 | 对比不同类型的企业；了解公司的组织机构；理解成本、收益和利润。 |
| 14 | 探讨增强企业竞争力的途径；了解企业失信联合惩戒制度措施；剖析企业诚信经营的价值。 |
| 15 | 评述提高就业率的措施；树立正确的就业观，弘扬劳模精神和工匠精神，营造劳动光荣的社会风尚和精益求精的敬业风气。 |
| 16 | 围绕经济全球化议题辨识国际经济中的比较优势；描述当代国际经济发展的基本特点和趋势。 |
| 17 | 分析经济全球化的机遇和挑战，坚持正确义利观；阐释推动建设开放型世界经济的意义。 |
| 18 | 引用实例说明中国如何推动经济全球化朝着更加开放、包容、惠普、平衡、共赢的方向发展。 |

根据新课标的精神，教师可根据学生的发展需求，围绕学习任务群创设能够引导学生广泛、深度参与的学习情境。通过多样的实践活动，积极倡导基于学习任务群的专题学习，组织学生开展合作探究、研讨交流活动，鼓励学生以各种形式相互协作，展示与交流学习成果。

基于以上描述，我们选定三个可以进行财经素养渗透的任务群，并与现有的综合实践活动和综合探究活动相结合。

**财经与学科统整 主题一：收入与支出**

本任务群旨在让学生理解影响个人收入与支出的主要因素，并树立正确的消费观，了解公民依法诚信纳税对政府收入以及支出的重要作用。帮助学生学习、获得相关的财经知识以及培养财经素养。

该统整主题的实施目标：1.1 归纳影响个人收入和消费水平的主要因素；分析消费结构变迁的主要规律。1.2 概括影响消费决策的主要因素；解析绿色低碳的生活方式，反对奢侈浪费和不合理的消费；坚定走生产发展、生活富裕、生态良好的文明发展道路。1.3 说明政府筹集收入的途径；了解政府的主要支出；了解依法纳税的意义。

聚焦特定财经文化现象，自主梳理材料，确定调查问题，编制调查提纲，访问调查对象，记录调查内容，完成调查报告。

**财经与学科统整 主题二：投资与理财**

本任务群旨在让学生通过了解对比几种常见的投资理财方式，学会合理组合投资方式从而规避防范投资风险，增强财务管理的能力和掌握财务管理的方法，促使学生的财商得到发展和提高。

该统整主题的实施目标：

1.1 运用实例描述主要的金融市场；分析它们在我国经济生活中发挥的主要功能。1.2 比较各种常见的投资理财方式；探讨投资理财风险的管控与规避，合理确定投资理财组合；树立正确的财富积累观念。1.3 运用实例阐释财务管理的基本原则;了解财务管理的根本方法。

聚焦特定财经文化现象,自主梳理材料,确定调查问题,编制调查提纲,访问调查对象,记录调查内容,完成调查报告。

**财经与学科统整 主题三:企业与就业**

本任务群旨在让学生了解企业的类型,公司在运营过程中的一些关键因素等财经常识,作为未来的劳动者,树立正确的就业观,丰富和发展学生的财经素养。

该统整主题的实施目标:

1.1 对比不同类型的企业;了解公司的组织机构,理解成本、收益和利润。1.2 探讨增强企业竞争力的途径;了解企业失信联合惩戒制度措施;剖析企业诚信经营的价值。1.3 评述提高就业率的措施;树立正确的就业观,弘扬劳模精神和工匠精神,营造劳动光荣的社会风尚和精益求精的敬业风气。

聚焦特定财经文化现象,自主梳理材料,确定调查问题,编制调查提纲,访问调查对象,记录调查内容,完成调查报告。

## 历史学科与财经素养单元统整

上海财经大学附属北郊高级中学　历史教研组

### 一、统整目标

2013 年,教育部启动了普通高中课程修订工作。《普通高中历史课程标准(2017 年版)》(以下简称新课标)提出了历史课程学习的主要目标,历史五大核心素养成为教师教学的理论依据和指导。历史五大核心素养指的是:唯物史观、时空观念、史料实证、历史解释和家国情怀。这五个核心素养构成了中学历史教学的基本要求和任务,也是学生学习的目标和内容。

理念介绍:新课标强调既要关注知识技能的外显功能,更要重视课程的隐性价值等。

基于以上对新课标的分析,我们将历史学科和财经素养作如下统整:

**中国青少年财经素养标准(上海财经大学中国财经素养研究中心)**

<table>
<tr><th colspan="2">学段知识模块</th><th>个体与社会</th><th>货币与金融</th><th>收入与消费</th><th>投资与风险</th><th>价值与提升</th></tr>
<tr><td rowspan="4">高中</td><td>知识</td><td>1. 个人在社会经济活动中的社会责任感。<br>2. 个体在社会经济活动中的精神面貌和正确的行为方式。<br>3. 个人消费需求与社会金融行业密不可分。</td><td></td><td>1. 会对自己的收入与消费能力进行评估。<br>2. 理解生产消费与个人消费的内涵。</td><td></td><td>1. 规划自己的财富,作出合理的投资方案。<br>2. 财富与人生的哲学化思考。<br>3. 了解创业与人生的关系。</td></tr>
<tr><td>能力</td><td colspan="5">1. 能合理判断个人行为背后的经济动机。<br>2. 初步确定未来职业目标。</td></tr>
<tr><td>思维</td><td colspan="5">1. 培养一定的投资决策思维。<br>2. 培养创新创业思维。</td></tr>
<tr><td>价值观</td><td colspan="5">1. 能深刻意识到社会经济产业的价值及必要性。<br>2. 引导高中生意识到利用经济手段创造社会价值和服务社会的重要性。</td></tr>
</table>

## 二、统整内容

2017年版新课标以历史学科核心素养为纲,选修课《经济与社会生活》从经济与社会生活的角度,揭示人类社会的发展,有助于学生充分认识生产方式的变革对人类社会发展所具有的革命性意义。本课程由6个专题组成,是在必修课程基础上的递进与拓展。

在人类社会发展进程中,劳作与经济活动是人们赖以生存和发展的基础。了解自古以来中外不同人群的生产活动、经济活动和日常生活方式的变迁,将有利于学生认识经济与社会、经济与生活的互动关系,深化对人类社会发展历程的认识。

**财经与学科统整 主题一:第一课 经济处处有民俗**

基本问题:你知道什么是经济民俗吗?

疏导问题:这门课是学什么的?

为什么要学这门课?

民俗的内容是什么?

为什么要知道民俗?

活动：展示历届学生作业；征集学生对课程的意见。

综合：民俗学、历史学。

**财经与学科统整 主题二：第二课 生产民俗——农业**

基本问题：农业、渔业、山林业的民俗是什么？

疏导问题：农业民俗是什么？

活动：你知道十二节气吗？

综合：民俗学。

**财经与学科统整 主题三：第三课 生产民俗——手工业**

基本问题：手工业有哪些风俗？

疏导问题：什么属于手工业的风俗？

活动：你知道这些行业的祖师爷是谁吗？

综合：民俗学、社会学、历史学。

**财经与学科统整 主题四：第四课 生产民俗——畜牧业**

基本问题：畜牧业有哪些风俗？

疏导问题：畜牧业有哪些禁忌和习俗？

活动：上网搜一下相关知识和内容。

综合：民俗学、社会学、历史学。

**财经与学科统整 主题五：第五课 生产民俗——渔业**

基本问题：渔业、山林业的民俗是什么？

疏导问题：渔业、山林业有哪些禁忌和习俗？

活动：辩论——在当代社会农林牧渔产业风俗的去留？有价值保存吗？

综合：民俗学、社会学。

**财经与学科统整 主题六:第六课 生产民俗——科技**

基本问题:科技民俗是什么?

疏导问题:“互联网+”改变了我们的生活。

活动:思考互联网时代的民俗可能有哪些?

综合:民俗学、历史学。

**财经与学科统整 主题七:第七课 消费民俗——商业**

基本问题:商业有哪些风俗?

疏导问题:古老的广告、现代的广告。

活动:找一找身边的传统广告;钱币的发展史。

综合:民俗学、社会学、历史学。

**财经与学科统整 主题八:第八课 消费民俗——衣食**

基本问题:人类的穿衣吃饭习惯有什么?

疏导问题:中国传统服饰有哪些? 中国有哪些吃饭的礼仪习俗?

活动:自己动手制作或展示中国历代服饰。你知道怎么使用筷子吗?

综合:民俗学、历史学。

**财经与学科统整 主题九:第九课 消费民俗——住行**

基本问题:人们住房、出行的民俗是什么?

疏导问题:人类的出行涉及哪些方面?

活动:了解一下风水学,想一想风水学出现的原因。

综合:民俗学、历史学。

**财经与学科统整 主题十:第十课 消费民俗——人生礼俗**

基本问题:人生礼俗有哪些?

疏导问题:出生、成年、结婚、丧葬的风俗有哪些?

活动：说说你经历的人生四礼的相关风俗，你认为这些习俗哪些值得保留？

综合：民俗学、社会学、历史学。

**财经与学科统整 主题十一：第十一课 消费民俗——节日**

基本问题：我们有哪些节日？

疏导问题：传统节日和现代节日风俗的不同？

活动：节日风俗大展示。

综合：民俗学、历史学、社会学。

**财经与学科统整 主题十二：第十二课 我们身边的经济民俗**

基本问题：我们生活中的经济民俗有哪些？

疏导问题：在我的生活中发现一些民俗。

活动：展示一下你收集的民俗活动，并作自己的思考和判断。

综合：民俗学、社会学、经济学。

## 地理学科与财经素养单元统整

上海财经大学附属北郊高级中学　地理教研组

### 一、统整目标

2013年，教育部启动了普通高中课程修订工作。《普通高中地理课程标准（2017年版）》（以下简称新课标）修订的课程内容包含地理1、地理2、选择性必修和选修四大课程。

新课标强调既要关注知识技能的外显功能，更要重视课程的隐性价值。新课标中关于课程基本理念的叙述中强调了创新培育地理学科核心素养的学习方式，科学设计教学过程，引导学生通过自主、合作、探究性学习方式，在自然、社会等真实情境中开展丰富多样的地理实践活动，营造直观、实时、生动的地理教学环境。

基于以上对新课标的分析，我们将地理学科和财经素养作如下统整：（结合财

经素养标准中与本学科关系最密切的修改）

**中国青少年财经素养标准（上海财经大学中国财经素养研究中心）**

<table>
<tr><th colspan="2">学段知识模块</th><th>个体与社会</th><th>货币与金融</th><th>收入与消费</th><th>投资与风险</th><th>价值与提升</th></tr>
<tr><td rowspan="4">高中</td><td>知识</td><td>1. 个人消费需求与行业布局；<br>2. 上海“四个中心”建设与自由贸易区试点；<br>3. 社会经济的发展对个人职业规划的影响。</td><td>掌握国际重要金融市场间的运营时差，合理选择投资时机。</td><td>1. 会分析市场条件因素对产业经济效益的影响；<br>2. 会对自己的收入与消费能力进行评估。</td><td>理解投资的市场运作基本原理。</td><td>1. 规划自己的财富，作出合理的投资方案；<br>2. 初步了解个人的职业倾向，制定合理的职业规划。</td></tr>
<tr><td>能力</td><td colspan="5">1. 应用产业经济原理分析实际经济现象，提升个人的社会参与度。<br>2. 运用现代地理信息技术收集资料。<br>3. 分析商品保值能力及增值空间，形成理性消费行为习惯。</td></tr>
<tr><td>思维</td><td colspan="5">1. 培养一定的投资决策思维能力。<br>2. 培养多角度整合的理性思维。</td></tr>
<tr><td>价值观</td><td colspan="5">1. 能深刻意识到产业经济在国家发展战略中的重要地位。<br>2. 引导高中生意识到合理布局产业，创造经济价值和服务社会的重要性。有意识地将所学知识应用于社会、服务于社会。</td></tr>
</table>

## 二、统整内容

2017 年版新课标以地理学科核心素养为纲，以学生的地理实践为主线，设计“地理学习任务群”。“地理学习任务群”以任务为导向，以学习项目为载体，整合学习情境、学习内容、学习方法和学习资源。学习任务群的设计着眼于培养地理综合思维与地理实践力的核心素养，充分顾及问题导向、跨不同空间尺度、自主与合作、个性化与创造性等因素，应用现代地理信息技术等媒介，关注地理自然、人文要素分析融合于国家重大发展战略的经济背景，进而提升高中生财经素养。

按照新课标的要求，高中地理课程结构将由必修、选择性必修、选修三类课程组成。必修地理 1、2 为后续选择性必修课程打好一定的基础，选择性必修的“自然地理基础”模块是对“地理 1”的加深，“区域发展”模块是对“地理 2”的拓展，“资源、环境与国家安全”模块是从地理的角度落实国家安全教育的举措。根据新课标关于高中地理课程内容的阐述及《新课标解读》一书关于内容要求的详细阐述，汇总以下与高中生财经素养相关的地理学科知识：

| 学科财经素养框架 | | 新课标内容 | | |
|---|---|---|---|---|
| | | 地理1 | 地理2 | 选择性必修 |
| 1 | 自然地理因素与产业经济效益涉及农业、工业、服务业、交通、等领域）。 | 太阳对地球的影响；<br>大气成分和垂直分层；<br>海水运动对人类活动的影响；<br>常见自然灾害的灾情。 | | 岩石圈物质循环；<br>人类活动与地表形态的关系；<br>洋流对人类活动的影响；<br>全球气候和人类活动；<br>自然资源开发与利用；<br>环境保护；<br>国家安全（能源、粮食、海洋、生态）。 |
| 2 | 人文地理因素驱动下的区域经济（包含人口、城乡、文化、产业区位分析、国家战略规划等方面）；<br>人口红利、人口机会窗口、刘易斯拐点。 | | 人口、城乡结构、地域文化、城镇化、产业区位因素、可持续发展、地理信息技术。 | 结合实例（不同尺度区域、大都市、资源枯竭型城市、生态脆弱区、流域、“一带一路”建设）分析产业或区域经济发展与变化地球运动的地理意义。 |
| 3 | 地球运动与财经（包含时差与金融投资、四季与农业效益、太阳高度与房地产开发等子任务、旅游经济的时令性）。 | | 产业区位 | |

根据新课标的精神，教师可根据学生的发展需求，围绕学习任务群创设能够引导学生广泛、深度参与的学习情境。通过多样的地理实践活动，积极倡导基于学习任务群的专题学习，组织学生开展合作探究、研讨交流活动，鼓励学生以各种形式相互协作，展示与交流学习成果。

基于以上描述，根据常规教学活动的内容安排与学校开设的《经济地理》拓展型课程设计活动与地理专用教室志愿者队伍建设及活动相结合，本教研组选定三个可以进行财经素养渗透的任务群。

**财经与学科统整 主题一：地球运动与经济活动**

本任务群旨在让高中生结合生活中地球自转、公转运动的规律与现象，探寻时间与财经的内在联系。任务群包括三项子任务:“时差与金融投资业”“节气与农业生产效益”“太阳高度与房地产开发”。

该统整主题的实施目标:

聚焦特定金融与产业经济现象,自主梳理材料,确定调查问题(测量对象),编制调查(测量)提纲,走访调查对象(实地测量),记录调查(测量)内容,完成调查(测量)报告。

该统整主题的活动内容:

收集纽约、伦敦、东京、上海等重要金融市场开市、收市时间,换算时差;

收集农业谚语、节气歌等资料,探寻农业生产的时令性;

测量学校所在地正午太阳高度角,总结其日变化、年变化规律;

调查南北方不同城市居住用房建设的楼间距规定。

在系列资料收集、整理、测量实验、社会调查等活动中探析有关财经与地理学科的内在联系。

**财经与学科统整 主题二:自然灾害与社会经济效益**

本任务群旨在让高中生两面性看待自然灾害,它不仅会造成经济损失,也可以带来经济收益或社会效益。任务群包括如下子任务:“寒潮经济影响下的消费习惯”“厄尔尼诺与拉尼娜事件的全球经济效应”等。

该统整主题的实施目标:

聚焦特定自然灾害预警下的商品经济现象,自主梳理材料,确定市场调查问题,编制市场调查问卷,访问调查对象,统计汇总调查数据,完成调查报告。

该统整主题的活动内容:

收集资料——经济现象:“2016 年 1 月中国各地气温大幅下降,羽绒服、家庭取暖设施等热销,催生寒潮经济”“2019 年 5 月以来欧洲遭遇酷暑考验,中国产电风扇热销,催生高温经济”;“厄尔尼诺与拉尼娜事件的全球经济效应”;“地震、火山遗址公园博物馆分布及详情”。

市场调查——问卷设计、抽样调查对象、数据汇总。

实地走访——观察商场、网络热销商品；走访地质灾害类场馆。

在系列调查、走访活动中探析有关自然灾害的经济收益与社会效益（教育、警醒意义），拓展视野，培养能力。

**财经与学科统整 主题三：产业经济与区位选择**

本任务群旨在让高中生掌握分析影响不同产业经济活动的区位因素。作为财经融合地理学科知识的主题任务链，本主题活动需要延续应用主题一所测太阳高度成果，任务群包括三项子任务："应用 excel 量表评估自家房屋采光情况及绘制楼市价格走势图""步测法、卷尺法、百度地图（遥感地图）虚拟测量法测量楼间距""角色扮演实践开发农工商等行业部门时需要考虑的重要区位因素"。

该统整主题的实施目标：

聚焦特定产业部门的开发案例，通过自主资料收集，关注生产资料价格走势合算成本、测量楼间距、调查楼盘特色、观察不同经济行业从业人员的工作流程及实践职业体验。

该统整主题的活动内容：

环境调查——产业部门选址地的周边设施条件。

市场跟踪——绘制生产资料成本、地价曲线，商品市场调查。

职业体验——观察各行各业从业人员的工作日常，实践各种经济活动的职业人。

在系列调查、体验等走访活动中全面探析有关影响各产业部门经济效益的区位因素。

## 生物学科与财经素养单元统整

上海财经大学附属北郊高级中学　生物教研组

### 一、统整目标

2017 年，教育部启动了普通高中课程修订工作。《普通高中生物学课程标准（2017 年版）》包含前言、课程性质与基本理念、学科核心素养与课程目标、课程结构、课程内容、学业质量、实施建议、附录等部分。与《普通高中生物课程标准（实验稿)》和《义务教育生物学课程标准(2011 年版)》相比,存在继承与发展的关系,下面针对修订的主要内容和变化进行解读。

**(一)课程名称的修订**

在 2003 年发布的《普通高中生物课程标准(实验稿)》(以下简称“实验稿课程标准”)中,课程名称为“生物”,与 2001 年发布的《义务教育生物课程标准(实验稿)》相同;2011 年发布的《义务教育生物学课程标准(2011 年版)》(以下简称“2011 年版课程标准”)中首次对中学生物学课程名称修订为“生物学”;《普通高中生物学课程标准(2017 年版)》(以下简称“2017 年版课程标准”)沿用了“生物学”这一课程名称。从“生物”到“生物学”并非一字之差,而是课程理念的变革。修订后的“生物学”课程,从课程内容、课程结构等角度均有调整,课程内容的内在联系更为紧密,学科特色凸显。

**(二)前言的调整**

实验稿课程标准及 2011 年版课程标准前言部分均针对课程性质、课程理念及课程设计思路进行说明;2017 年版课程标准前言部分针对课程方案与课程标准修订工作的指导思想和基本原则、修订的主要内容和变化进行说明,一线教师及准教师可根据前言,快速了解课程标准修订的核心内容,方向性更明确。

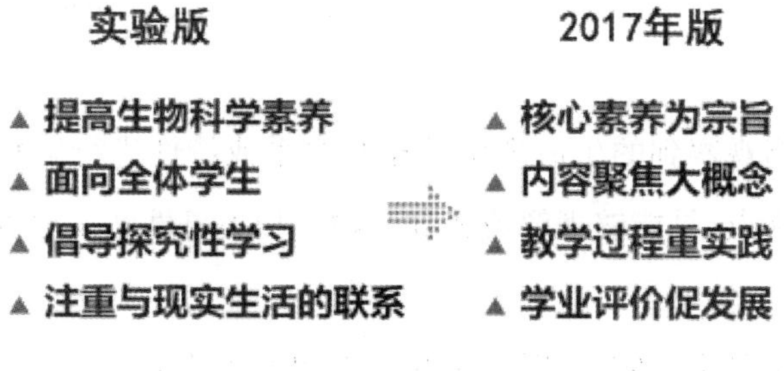


**(三)课程理念的更新**

与实验稿课程标准和 2011 年版课程标准相比,2017 年版课程标准对于生物学课程性质的概括基本相同,即生物学是自然科学的基础学科,是研究生命现象和生命活动规律的科学。课程理念修订范围较大,如上图所示。2017 年版课程标准继承并发展了原有的课程理念,“核心素养”涵盖了“生物科学素养”,生物学课程从生命观念、科学思维、科学探究和社会职责等方面发展学生的学科核心素养，这是课程的基本要求。课程设计在必修和选择性必修课程模块中聚焦“大概念”，让学生理解并应用重要的生物学概念，“大概念”是在2011年版课程标准“重要概念”基础上发展而来的。教学过程方面更加重视学生的实践经历。在学业评价方面，课程重视以评价促进学生的学习与发展。

**(四)学科核心素养与课程目标解读**

学科核心素养融合了原有的“三维目标”(知识、能力、情感态度与价值观)，是学科育人价值的集中体现，是学生通过学科学习而逐步形成的正确价值观念、必备品格和关键能力。生物学学科核心素养是学生在生物学课程学习过程中逐渐发展起来的，在解决真实情境中的实际问题时所表现出来的价值观念、必备品格与关键能力，是学生知识、能力、情感态度与价值观的综合体现，包括生命观念、科学思维、科学探究和社会责任。

生命观念是指观察到的生命现象及相互关系或特性进行解释后的抽象，是人们经过实证后的观点，是能够理解或解释生物学相关事件和现象的意识、观念和思想方法。

科学思维是指尊重事实和证据，崇尚严谨和务实的求知态度，运用科学的思维方法认识事物、解决实际问题的思维习惯和能力。

科学探究是指能够发现现实世界中的生物学问题，针对特定的生物学现象，进行观察、提问、实验设计、方案实施以及对结果的交流与讨论的能力。

社会责任是指基于生物学的认识，参与个人与社会事务的讨论，做出理性解释和判断，解决生产生活问题的担当和能力。

生物学学科核心素养满足“面向全体学生”“提高生物科学素养”“倡导探究性学习”“注重与现实生活的联系”等原有课程理念，同时加强了原有“三维目标”的融合，综合性提升，关注范围更加广泛。

基于以上对新课标的分析，我们将生物学学科和财经素养作如下统整：

**中国青少年财经素养标准（上海财经大学中国财经素养研究中心）**

<table>
<tr><th colspan="2">学段知识模块</th><th>个体与社会</th><th>货币与金融</th><th>收入与消费</th><th>投资与风险</th><th>价值与提升</th></tr>
<tr><td rowspan="4">高中</td><td>知识</td><td>1. 个人在社会经济活动中的社会责任感。<br>2. 个体在社会经济活动中的精神面貌和正确的行为方式。<br>3. 个人消费需求与社会金融行业密不可分。</td><td></td><td>1. 会对自己的收入与消费能力进行评估。<br>2. 理解生产消费与个人消费的内涵。</td><td></td><td>1. 规划自己的财富，作出合理的投资方案。<br>2. 财富与人生的哲学化思考。<br>3. 了解创业与人生的关系。</td></tr>
<tr><td>能力</td><td colspan="5">1. 能合理判断个人行为背后的经济动机。<br>2. 初步确定未来职业目标。</td></tr>
<tr><td>思维</td><td colspan="5">1. 培养一定的投资决策思维。<br>2. 培养创新创业思维。</td></tr>
<tr><td>价值观</td><td colspan="5">1. 能深刻意识到社会经济产业的价值及必要性。<br>2. 引导高中生意识到利用经济手段创造社会价值和服务社会的重要性。</td></tr>
</table>

## 二、统整内容

2017 年版新课标以生物学学科核心素养为纲，以学生的生物学实践为主线，设计“生物学学习任务群”。“生物学学习任务群”以任务为导向，以学习项目为载体，整合学习情境、学习内容、学习方法和学习资源，学习任务群的设计着眼于培养语言文字运用基础能力，充分顾及问题导向、跨文化、自主合作、个性化、创造性等因素，并关注语言文字运用的新现象和跨媒介运用的新特点。

新课标中完整的 6 个学习任务如下：

<table>
<tr><th colspan="2">学习任务群</th></tr>
<tr><td>1</td><td>光合作用与细胞呼吸</td></tr>
<tr><td>2</td><td>植物成长发育的调节</td></tr>
</table>

续表

| 学习任务群 | |
|---|---|
| 3 | 基因工程与转基因生物 |
| 4 | 细胞的全能性与克隆 |
| 5 | 微生物 |
| 6 | 生物工程 |

根据新课标的精神，教师可根据学生的发展需求，围绕学习任务群创设能够引导学生广泛、深度参与的学习情境。通过多样的生物实践活动，积极倡导基于学习任务群的专题学习，组织学生开展合作探究、研讨交流活动，鼓励学生以各种形式相互协作，展示与交流学习成果。

基于以上描述，我们选定三个可以进行财经素养渗透的任务群，并与现有的学生综合实践活动相结合。

**财经与学科统整 主题一：光合作用与呼吸作用在农业生产中的应用及结果**

本任务群旨在：众所周知，农业生产获利的多少取决于植物体内有机物的积累量，而有机物的积累量则与植物的两大生命活动——光合作用和呼吸作用密切相关（即有机物的积累量＝光合作用－呼吸作用）。也就是说，只要扩大光合作用和呼吸作用的差值，就可以提高作物产量。那么，光合作用和呼吸作用在农业生活中究竟有什么应用呢？对此进行探究。

该统整主题的实施目标：

农业生产的目的是以较少的投入获得较高的产量，根据光合作用的原理，改变光合作用的某些条件就可以达到这个目的。

聚焦特定财经文化现象，自主梳理材料，确定调查问题，编制调查提纲，访问调查对象，记录调查内容，完成调查报告。

该统整主题的活动内容：

1. 大棚种植的常见做法蕴含着哪些对光合作用的应用？

2. 大棚种植的常见做法蕴含着哪些对细胞呼吸的应用？

3. 细胞呼吸在水果蔬菜的储存上的应用。

在农业生产中中探析有关财经文化现象，拓展视野，培养能力，积极参与当代财经文化生活。

**财经与学科统整 主题二：微生物的经济生活**

本任务群旨在：了解微生物对于人类的生存和发展有哪些至关重要的作用。

该统整主题的实施目标：

理解 21 世纪是微生物科学发展的时代。

聚焦特定财经文化现象，自主梳理材料，确定调查问题，编制调查提纲，访问调查对象，记录调查内容，完成调查报告。

该统整主题的活动内容：

1. 微生物与农业生产。

2. 微生物与环境保护。

3. 微生物与制药。

在社会生活中探析有关财经文化现象，拓展视野，培养能力，积极参与当代财经文化生活。

**财经与学科统整 主题三：基因工程与转基因生物**

本任务群旨在：孰轻孰重？基因编辑的利益和风险如何衡量？

该统整主题的实施目标：

科学正确地看待转基因生物。

聚焦特定财经文化现象，自主梳理材料，确定调查问题，编制调查提纲，访问调查对象，记录调查内容，完成调查报告。

该统整主题的活动内容：

1. 收集转基因生物的案例。

2. 整理提炼基因编辑的弊与利。

3. 组队对基因编辑进行辩论。

在现实生活中探析有关财经文化现象，拓展视野，培养能力，积极参与当代财经文化生活。

# 主要参考文献


[1]OECD. Improving Financial Literacy：Analysis of Issues and Policies[M]. Paris：OECD，2005.

[2]杨玉东，陆璟. PISA 2012 测试新领域“财经素养”的动向和启示[J]. 上海教育科研，2012(10)：40－43.

[3]雷雅缨，郑智潇，江婷婷. 各国财经素养教育的实践及启示[J]. 科教导刊，2014(9S)：39－40.

[4]中国财经素养教育标准的研制：思想及框架[J]. 大学大学(研究版)，2017(2)：13－17＋12.

[5]陈启山，李文蕊，黄彬彬，原露，杨舒婷. PISA 财经素养测评对我国财经教育与财经素养研究的启示[J]. 全球教育展望，2017(3)：6－15.

[6]阴祖宝，倪胜利. PISA 财经素养教育的美国实践及启示[J]. 上海教育科研，2013(6)：49－52.

[7]中国教育科学研究院财经素养教育调研组. 中小学实施财经素养教育认知的调查报告[J]. 大学(研究版)，2018(11)：53－67.

[8]辛涛，姜宇，林崇德. 论学生发展核心素养的内涵特征及框架定位[J]. 中国教育学刊，2016(6)：3－28.

[9]应望江，吴建金. 韩国财经素养教育实践及启示[J]. 大学(研究版)，2017(7/8)：27－35.

[10]韩国教育课程评价院. 基于国家教育课程的学生评价标准研究及课程内容开发(高中经济)[M]. 韩国教育课程研究院，1998：29－34.

[11]刘志阳，杨超. 财经素养教育的国际经验借鉴与中国标准建构[J]. 广西财经学院学报，2019，32(3)：116－126.

[12]辛自强，张红川，孙铃，等. 财经素养的内涵与三元结构[J]. 心理技术与应用，2018，006

(008):449—458.

[13]佚名.国外财经素养教育管窥[J].基础教育论坛,2018.

[14]陈勇,季夏莹,郑欢.国外青少年财商教育研究梳要及其启示[J].外国中小学教育,2015(2):24—28.

[15]佘妍文,朴钟鹤.澳大利亚青少年理财教育及其对我国的启示[J].教育探索,2015(6):150—154.

[16]APEC. Guidebook on Financial and Economic Literacy in Basic Education [EB/OL]. http://publications.apec.org/publication-detail.php? pub_id=1592. 2014—11—25/2016—10—20.

[17]王春春.国内外财经素养教育政策概述[J].全球教育展望,2017,46(6):35—43.

[18]甄丹蕾.财经素养及其影响因素:基于国外实证研究的综述[J].世界教育信息,2019(16):53—60.

[19]李昶辉.高中生财经素养调查与自我修炼[J].现代经济信息,2019(2):449.

[20]张建城.新时代高中生财经素养培育探析[J].中学政治教学参考,2018(12):14—15.

[21]曾凡.案例教学法在财经类课程教学中的应用[J].金融理论与教学,2017(6):102—104.

[22]张瑞军.情境教学在财经教学中的应用分析[J].中外企业家,2018(6):174.

[23]增浏幸男等.现代教育学的视野[M].东京:南窗社,2001:63—69.

[24]金荷华.对国外新世纪"语文课程标准"的透视与反思[J].全球教育展望,2011(12):5—8.

[25]钟启泉.课程的逻辑[M].上海:华东师范大学出版社,2008:3.

# 后 记

上海财经大学附属北郊高级中学是一所拥有 120 多年历史的名校。20 世纪 90 年代，我曾在这里工作过七年，时任校长朗建中提出的“科研兴校”理念深入人心，给予我非常深刻的启示。

我在校长岗位 20 多年，在全面贯彻党的教育方针前提下，执着地坚持“科研兴校”的理念和实践，无论是在职业学校、区实验性示范性高中，还是市实验性示范性高中主持工作，我始终坚持每一个阶段设计并领衔一个学校主课题研究，先后主持了《综合高中校本课程框架建构与实践》《问题与突破：基于教研组三位一体机制的高中教学环节针对性研究》《教学、科研、培训三位一体校本研修课程化的实践研究》《高中生阅读素养发展的实践研究》《在高中校本化课程建设与实践中有意注意学生思维品质培养的实践研究》等市区级课题。这些课题紧密围绕学校课程建设和阶段性的中心工作。在研究过程中，凝聚和培育了学校科研骨干，引领和促进了教师群体的科研意识和专业成长，有力推动了学校持续发展，不断提高了办学质量。这些课题全部成功结题，并出版专著，其中 6 个课题获得上海市教育科研成果奖。

2014 年，教育局领导安排我回到北郊高级中学担任校长。2016 年，虹口区人民政府和上海财经大学合作共建北郊高级中学，学校更名为上海财经大学附属北郊高级中学。学校实行理事会领导下的校长负责制，学校确立了“做强人文传统，凸显财经特色”的发展目标。合作共建以来，我们抓住机遇，充分依托上海财经大学，在学校治理、课程设置、师资配备、活动开展、资源共享、商赛推进等多个方面进行了大量有效的探索。上海财经大学委派了 20 多位教授走进上财北郊高中，为高中学生无偿授课，拓宽了学生的视野、提升了学生的财经素养。经过几年不懈的努力，学校财经特色逐步凸显，多数学生在财经素养方面有了长足的进步。学生对于财经类课题研究的数量与质量不断提升;学生参与各类商赛的热情不断提高,在“校园大亨”等商赛中屡屡获奖;学生选择财经类院校的数量不断攀升。在这个基础上,为了进一步推进“做强人文传统,凸显财经特色”目标的发展,我们决定设计一个学校主课题,全面开展财经课程体系建设研究。

2018年初,学校主课题《基于融合的高中财经课程体系建设研究》成功立项上海市教育科学研究一般项目;2019年,学校依托上海市课程领导力项目,进一步加深财经教育探索,架构了财经奠基课程、财经广域课程、财经融合课程三大类型九个模块的课程群,积极探索高中大学财经贯通式人才培养模式。2020年12月,学校举办了上海市第三轮课程领导力项目“高中财经融合课程的建设与实施”展示活动。与会专家和嘉宾对我校财经教育特色予以充分肯定。上海市教育学会会长尹后庆在点评中给予高度评价:项目汇报结构性强、框架完善。他对我校财经特色的推进提出了具体的建议,鼓励教师从课程的综合化、学科与学科之间的联系以及教学过程的优化方面做出更多的尝试。浦东教育发展研究院原院长顾志跃高度肯定我校财经课程架构有非常成熟的思考,称赞它在学校发展过程中具有里程碑意义,也给其他学校如何呈现办学特色提供了借鉴。市教委教研室党总支书记纪明泽赞扬上财北郊高中通过非常有特色的校本课程,细化了财经素养,升级了课程图谱,增强了学生课程体验,并建议把这种融合的思路和理念落实在今后“双新”实验推进过程中。

经过三年多的努力,课题到了结题的时候。我重点考虑如何完善该课题成果的框架,如何依靠团队的力量完美呈现我们的研究成果。于是,我们组建了编委会,利用暑假,大家认领任务,发挥自身特长,按照课题呈现的框架与目录,分门别类梳理研究过程。我们反思该课题的申报、论证、实施、评估的全过程;我依靠团队的力量,完成了几乎不可能完成的任务。

现在该课题已经成功结题,按照惯例,我们将编撰出版。本书共七章,第一章为课题总报告;第二章呈现我们对高中财经融合课程的总体结构的研究,包括课程目标、课程结构、资源开发和实施评价;第三至第五章分别呈现财经奠基课程、财经广域课程、财经核心课程的设计与实施,其中呈现了若干典型案例研究和学生案例;第六章回顾总结了该课题研究的管理与保障;第七章阐述了该研究的成效与展望。

在本课题研究的全过程中,我忘不了那么一群人,他们对财经类的知识或许没有多大的基础，但却凭着自己的学习热情和聪明才智，在学校的财经教育中发挥了很大的作用，逐步成为学校财经教育的专家。我们依托学校的财经教研组，这群有着共同志向的中青年教师走到了一起。大家共同梳理财经奠基课程、财经广域课程、财经核心课程的经典案例，共同承担本课题的梳理工作，共同负责书稿的修改校对工作。我要感谢李梅、金罗兰两位老师，她们在该课题的实施与成果的编撰过程中发挥了重要的作用，我们共同负责该课题的编撰、统稿、修改、校对等工作。我要感谢参与该课题编撰的戴世懿、刘学腾、谢晶、方丽、宋蕊等老师。我要感谢参与课题管理与实施的陈寅、茆颖萍、陈雪斌、曾盛、何莎莎、周义钦、李伟等老师以及各学科教研组长和财经教研组成员。我要感谢所有参与课题研究与实践的上财北郊高中的老师们。我要感谢上海财经大学方华副校长领衔的管理团队以及教师团队对学校财经课程建设的大力支持和帮助。同时，我也要感谢在该课题立项、实施、推进过程中给予我们指导和帮助的尹后庆、顾志跃、汤林春、熊立敏、王洋、纪明泽、金京泽、邵骥顺、张立茂、张智霞、季恒、刘美文等老师。

该课题研究虽然已告一段落，但学校的财经教育之路才刚刚起步。如何进一步对标国家现代化建设需求，培养德智体美劳全面发展的社会主义建设者和接班人，我们仍要坚守立德树人的育人宗旨，继续探索高中财经教育的发展方向，通过立体课程、多元途径、实践体验，使上财北郊高中学生比同学段普通学生更具有财经素养的必备品格，如诚信、友善、契约精神；其中部分学生更具备财经素养的关键能力，如市场分析能力、金融决断能力。正如我在本书总论中所言：高中财经融合课程的建设，不仅是为了增长学生的财经知识，更重要的是培育学生的财经思维、财经品质，使他们意识到利用经济手段创造社会价值和服务社会的重要性，助力学生全面提升财经素养，最终能够拥有幸福人生。

2021 年 2 月 11 日于上财北郊晏沪楼